AF245032

TRAITÉ PRATIQUE

ET

FORMULAIRE

DES

CONTRATS DE MARIAGE

contenant

LES RÉGIMES AVEC LEURS COMBINAISONS,
LES APPORTS DES FUTURS, LES DONATIONS AUX ÉPOUX,
LES DONATIONS ENTRE ÉPOUX, LES HONORAIRES
ET LES DROITS D'ENREGISTREMENT

PAR

Albert ANDRÉ

ANCIEN NOTAIRE

TROISIÈME ÉDITION

Refondue et augmentée

PARIS

IMPRIMERIE ET LIBRAIRIE GÉNÉRALE DE JURISPRUDENCE

MARCHAL & BILLARD

ÉDITEURS, LIBRAIRES DE LA COUR DE CASSATION

27, Place Dauphine

—

1905

TRAITÉ PRATIQUE

DES

CONTRATS DE MARIAGE

OUVRAGES DU MÊME AUTEUR

Traité des partages d'ascendants, 2ᵉ éd., 1899, un vol. in-8°.

Formulaire général du Notariat, 4ᵉ éd., (2ᵉ tir.) 1903, 2 vol. in-8°.

Traité des Inventaires, 3ᵉ éd., 1904, 1 vol. in-8°.

Déclarations de Successions, 5ᵉ éd., 1901, vol. in-8°.

Traité des Testaments, 2ᵉ éd., 1891, vol. in-8°.

Traité du Régime hypothécaire, 2ᵉ éd., 1898, 1 vol. in-8°.

Dictionnaire de Droit, appliqué au notariat, 1890, 4 vol. in-8°.

Le Régime dotal dans la pratique, 1888, vol. in-8°.

Traité des Liquidations et Partages, 2ᵉ éd., 1903, 2 vol. in-8°.

Traité des Ventes d'immeubles, 1894, 2 vol. in-8°.

Code annoté du Notariat, 1895, vol. in-18.

Coutumes sur les Servitudes, 2ᵉ éd. 1905, vol. in-18.

Traité des Droits d'Enregistrement, 1901, vol. in-8°.

Tarif des Droits d'Enregistrement, 1901, broch. in-8°.

TRAITÉ PRATIQUE

ET

FORMULAIRE

DES

CONTRATS DE MARIAGE

contenant

LES RÉGIMES AVEC LEURS COMBINAISONS,
LES APPORTS DES FUTURS, LES DONATIONS AUX ÉPOUX,
LES DONATIONS ENTRE ÉPOUX, LES HONORAIRES
ET LES DROITS D'ENREGISTREMENT

PAR

Albert ANDRÉ

ANCIEN NOTAIRE

TROISIÈME ÉDITION

Refondue et augmentée

PARIS

IMPRIMERIE ET LIBRAIRIE GÉNÉRALE DE JURISPRUDENCE

MARCHAL & BILLARD

ÉDITEURS, LIBRAIRES DE LA COUR DE CASSATION

27, *Place Dauphine*

—

1905

RENNES. — IMP. EDONEUR, 10, PLACE DU PALAIS

TRAITÉ PRATIQUE

CONTRATS DE MARIAGE

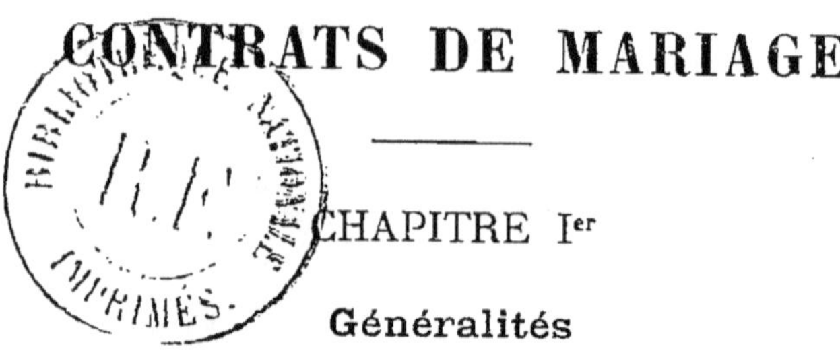

CHAPITRE Ier

Généralités

1. Le contrat de mariage est la convention par laquelle les futurs époux règlent, relativement à leurs biens, les conséquences de l'association conjugale (C. civ., 1387).

2. Parmi les divers actes de la vie civile dont l'importance a appelé d'une manière spéciale l'attention du législateur, le contrat de mariage est celui qui a l'influence la plus considérable sur l'harmonie intérieure de la famille et sur la conservation du rang social.

Aussi les parties sont-elles obligées légalement de recourir à l'expérience du notaire pour formuler leurs conventions écrites.

Le devoir de ce fonctionnaire est de s'attacher non seulement à comprendre les vues des parties, mais surtout à les diriger dans un intérêt bien entendu, suivant la situation de famille et de fortune, sans se laisser influencer par des idées préconçues attachées au simple nom d'un régime.

3. Toute liberté est laissée aux parties pour l'adoption de leurs conventions, pourvu qu'elles respectent les mœurs, l'ordre public et l'autorité paternelle et maritale (C. civ., 1388, 1389).

4. Un contrat de mariage comprend ordinairement quatre parties : 1° les conditions relatives à l'administration et au sort de la fortune des époux ; c'est le régime matrimonial ; 2° l'énumération des biens de toute nature appartenant aux futurs époux ; ce sont les apports en mariage ; 3° les donations faites aux futurs par des parents ou des amis, c'est-à-dire les constitutions de dot ; 4° les avantages entre époux, notamment les donations en faveur du survivant.

5. Le lieu et la date de naissance des futurs époux sont indiqués ; toutefois, s'il existe entre eux une grande différence d'âge, ou s'ils ont tous deux depuis longtemps dépassé la jeunesse, la date de naissance est remplacée par le mot majeur.

Le contrat énonce aussi les noms des pères et mères des futurs ; mais ce renseignement n'étant pas obligatoire, hors les cas de minorité ou de donation, on peut se dispenser de rappeler la filiation, notamment pour un enfant naturel.

Dans un milieu bourgeois, il est important de mentionner soigneusement les titres, qualités et distinctions honorifiques des futurs, comme de leurs pères et mères, même décédés.

6. Le mot dot, fréquemment employé dans les contrats de mariage, se présente sous quatre acceptions distinctes :

1° Au sens très large, dot est synonyme de apport et s'applique alors aux biens apportés en mariage par le mari et la femme (C. civ., 1501, 1502).

2° Dans un autre sens, on entend par dot, les biens donnés au mari ou à la femme, par des parents ou des étrangers (C. civ., 1438, 1439, 1544 à 1548).

3° Sous la communauté, l'exclusion de communauté et le régime dotal, le mot *dot*, s'applique aux biens apportés par la femme au mari pour supporter les charges du mariage (C. civ., 1428, 1530, 1540).

4° Enfin, la *dot* sous le régime dotal, soumise à des règles spéciales de protection, comprend les biens que la femme s'est spécialement constitués, ou qui lui ont été donnés par le traité anté nuptial (C. civ., 1540, 1554, 1560).

7. Pour 290.000 mariages célébrés chaque année en France, il est dressé seulement 83.000 contrats de mariage, soit comme moyenne 3 contrats sur 10 mariages.

En examinant les nombres de contrats par département, on remarque des différences considérables; notamment dans 8 départements : Côtes-du-Nord, Morbihan, Ille-et-Vilaine, Loire-Inférieure, Mayenne, Vendée, Haute-Marne, Haute-Saône, les contrats de mariage sont presque inconnus. A l'inverse, dans 8 autres départements : Ain, Allier, Gironde, Loire, Loiret, Nord, Pas-de-Calais, Somme, les contrats sont très nombreux.

Le défaut de contrat, se rattache aux préjugés et à l'ignorance des populations. Les préjugés : parler de faire un contrat de mariage dans certains milieux aisés ou même riches, est considéré comme une défiance injurieuse. La différence entre la communauté d'acquêts, généralement adoptée par contrat, et la communauté légale imposée à défaut de contrat, n'est pas comprise. C'est seulement lorsque la fortune mobilière de l'un des époux est partagée avec les héritiers de l'autre, que les intéressés arrivent à saisir la distinction. Il y a tout un enseignement à faire sur ce point.

8. Sur 82.346 contrats de mariage passés en 1898, d'après l'enquête du Ministère des Finances, la division par régimes matrimoniaux se fait ainsi :

Comunmauté	68.412
Exclusion de communauté. . .	1.694
Séparation de biens	2.128
Dotalité.	10.112

La statistique ministérielle a négligé un côté intéressant pour la pratique; elle ne fait pas connaître le nombre de contrats de mariage portant adoption du régime de la communauté, et renfermant des clauses de dotalité partielle ou d'emploi obligatoire. Les stipulations de cette nature, très fréquentes en Normandie, à Paris et dans toutes les régions de communauté, auraient cependant mérité d'être relevées.

9. Fréquemment, le contrat de mariage, dressé en projet, est communiqué aux parties et à leurs conseils, puis modifié après conférence, avant d'être mis sur timbre. Il est à peine besoin de dire que le rédacteur d'un projet de contrat communiqué, ne doit jamais apporter de changements sans prévenir son client [1].

D'autres fois, les intéressés font préparer le projet par des conseils en dehors du notariat; la forme, en pareil cas, laisse toujours plus ou moins à désirer; néanmoins, il faut la respecter autant que possible,

---

1. Comp. Cass., 22 janvier 1890, Sirey, 1890, 1re partie, page 460, Dalloz, 1891, 1re partie, page 195, Revue du Notariat, no 8220.

afin de ne pas froisser sans nécessité l'amour-propre de l'auteur.

____

CHAPITRE II

Consentement et capacité des parties

10. Dans le contrat de mariage, sont parties : 1° les futurs époux ; 2° les personnes dont l'autorisation est obligatoire ou qui font des libéralités aux futurs.

A l'égard des futurs, le consentement et la capacité se trouvent soumis à diverses règles particulières. En ce qui concerne les autres parties, le droit commun est à observer.

I. — Consentement

11. Pour consentir au contrat, les futurs époux doivent, en principe, y être présents.

Ils ont d'ailleurs la faculté de se faire représenter par mandataire, porteur d'une procuration authentique et détaillant les conditions du contrat [1].

12. Tout contrat, passé en l'absence de l'un des futurs, par ses père et mère ou par d'autres porte fort, serait sans aucune valeur [2].

II. — Capacité

13. Par faveur spéciale, les mineurs ayant l'aptitude légale de contracter mariage, à partir d'un

____

1. Rodière et Pont, *Contrat de mariage,* 145 ; Aubry et Rau, *Droit civil français*, § 411, note 7 ; Laurent, *Droit civil français*, XXI, 50 ; Planiol, *Droit civil*, III, 780.

2. Cass., 11 juillet 1853, 6 avril 1858, 10 avril 1866, S. 66, 1, 190, D. 66, 1, 350.

certain âge, sont autorisés à régler le régime de leurs biens.

14. En cas d'empêchement au mariage, pour parenté ou alliance, susceptible d'être levé par une dispense, le contrat dressé avant de l'avoir obtenue, est valable [1].

15. Quoique la veuve et la femme divorcée ne puissent se remarier avant dix mois, le contrat de mariage dressé pendant le cours du délai fixé, n'est pas vicié [2].

16. D'autre part, il n'existe pas d'indivisibilité entre la validité du mariage et celle du contrat. Le mariage peut être valable ou sa nullité a pu disparaître dans certains cas, alors que la nullité du contrat subsiste, par exemple pour vice de forme, incapacité [3].

1° *Mineurs*

17. Le mineur habile à contracter mariage, fait personnellement ses conventions matrimoniales, auxquelles il doit être assisté des personnes dont le consentement est nécessaire pour le mariage.

Le mineur capable de se marier, c'est la femme âgée de plus de 15, et l'homme de 18 ans accomplis (C. civ., 144, 1398).

---

1. Paris, 9 février 1860, S. 60, 2, 65, D. 60, 2, 73 ; Aubry et Rau, § 502, note 17 ; Laurent, XXI, 11 ; Planiol, III, 784 ; Baudry-Lacantinerie, Lecourtois et Surville, *Contrat de mariage*, 161.

2. C. civ., 228, 296. comp. Paris 18 Janvier 1873, S. 73, 2, 144, D. 73, 2, 40, ; Versailles, 14 août 1889, S. 90, 2, 95.

3. C. civ., 183, 185 ; Cass., 23 décembre 1856, S. 57, 1, 244, D. 57, 1, 17 ; 13 juillet 1857, S. 57, 1, 801, D. 57, 1, 334 ; Laurent, XXI, 15.

18. De même, le mineur qui aurait obtenu une dispense d'âge pour se marier, serait habilité à passer son contrat de mariage [1].

A. — Assistance

19. Qu'il soit émancipé ou non, le mineur a toujours besoin de l'assistance des personnes qui sont, dans l'ordre légal : le père et la mère, le survivant des père et mère, les ascendants du degré supérieur et le conseil de famille [2].

20. Quand les ascendants n'exercent pas la tutelle, ce sont eux néanmoins, qui doivent assister le mineur, à l'exclusion du tuteur ou curateur. Il en est ainsi, même pour la mère remariée [3].

21. Si l'un des père et mère se trouve dans l'impossibilité de manifester sa volonté, l'assistance de l'autre est suffisante, notamment en cas d'interdiction, folie, absence, relégation [4].

En supposant le père déchu de la puissance paternelle, le concours de la mère suffirait.

Dans le cas de puissance paternelle déléguée à l'assistance publique, et si le tribunal peut, sur le refus du père, autoriser le mariage du mineur, il a aussi le droit de consentir aux conventions matrimoniales [5].

---

1. C. civ., 145 ; Bastia, 3 février 1836, sous Cass., S. 36, 2, 247 ; Aubry et Rau, § 502, note 20.

2. C. civ., 148, 150, 152, 159, 160.

3. Bastia, 3 février 1836, précité ; Riom, 11 juillet 1864, S. 64, 2, 161, D. 67, 1, 476 ; Rodière et Pont, 42 ; Laurent, XXI, 23.

4. C. civ., 149, 153 ; Baudry-Lacantinerie, *Droit civil*, I, 428.

5. L. 24 juillet 1889, art. 1 et 2, 17.

Lorsque les parents sont divorcés ou séparés de corps, il n'est besoin que de l'assistance de celui des deux au profit duquel le divorce ou la séparation a été prononcé et qui a, en outre, obtenu la garde de l'enfant [1].

22. Au refus de la mère, le consentement du père suffit, mais il faut que le désaccord soit constaté, au moyen d'un acte respectueux dressé à la requête de l'enfant assisté du père et mentionnant les jour, heure et lieu de passation du contrat. Si la mère, n'avait pas été consultée, le contrat de mariage serait vicié [2].

23. Quand les père et mère sont l'un et l'autre décédés, déchus ou dans l'impossibilité de manifester leur volonté, le droit d'assister le mineur passe aux ascendants d'un degré plus éloigné. Dans ce cas, s'il y a dissentiment entre l'aïeul et l'aïeule de la même ligne, il suffit du consentement de l'aïeul; le dissentiment entre les deux lignes emporte consentement (C. civ., 150).

24. Un acte respectueux est toujours nécessaire pour constater que l'enfant a consulté les diverses personnes auxquelles la loi veut qu'il demande conseil.

25. Le pouvoir donné aux ascendants n'est relatif

---

1. C. civ., 152 ; Planiol, III, 65.

2. Comp., Aubry et Rau, § 402, note 26 ; Demolombe, *Code Napoléon*, III, 38 ; Baudry-Lacantinerie, I, 426 ; Laurent, II, 312 ; Viglé, *Droit civil français*, I, 332. *Contrà*, Agen, 21 décembre 1888, S. 92, 2, 310, D. 90, 2, 105 ; Massigli, *Rev. crit.*, 1891, page 570 ; Planiol, III, 786.

qu'aux conventions matrimoniales. Il ne saurait donc être étendu à des clauses étrangères au règlement de l'association conjugale [1].

Mais, dans la limite des conventions de mariage, le pouvoir de l'ascendant n'est pas modifié par la circonstance qu'il aurait des intérêts opposés à ceux du mineur [2].

26. C'est le conseil de famille du mineur, enfant légitime, n'ayant plus d'ascendants, qui doit consentir au contrat de mariage et non le tuteur [3].

Lorsque la délibération du conseil n'a pas été prise à l'unanimité elle est susceptible de recours devant le tribunal civil [4].

27. Le mineur, enfant naturel non reconnu, ou bien dont les père et mère qui l'ont reconnu sont

1. Cass., 23 février 1869, S. 69, 1, 193, D. 69, 1, 179 ; 11 décembre 1882, S. 83, 1, 411 ; Aubry et Rau, § 502, note 23 ; Laurent, XXI, 23.

2. Cass., 23 février 1869 précité ; Amiens, 26 février 1890 ; Aubry et Rau, § 502, note 22 ; Laurent, XXI, 23 ; Guillouard, *Contrat de mariage*, 310 ; Planiol, III, 787. *Contrà*, Riom, 11 juillet 1864, S. 64, 2, 161, D. 67, 1, 476 ; comp. Lyon, 24 juin 1866, S. 69, 2, 41, D. 68, 2, 177.

3. C. civ., 160 ; Cass., 20 juillet 1859, S. 59, 1, 849, D. 59, 1, 279 ; Bourges, 18 novembre 1856 ; Agen, 28 mai 1894, S. 96, 2, 293 ; Rodière et Pont, 43.

4. C. Pr. 883 ; Paris, 24 avril 1837, S. 37, 2, 225 ; Seine, 6 août 1869, S., 70, 2, 189 ; Colmet de Santerre, *Code civil*, I, 216 bis ; Laurent, IV, 470 ; Huc, *Commentaire du Code civil*, II, 321. *Contrà*, Duranton, *Droit civil*, II, 101 ; Aubry et Rau, § 462, note 40 ; Demolombe, III, 86, selon lesquels il n'existe aucun recours contre la délibération.

décédés, doit obtenir l'assistance d'un tuteur ad hoc, nommé par un conseil de famille [1].

28. Il est utile que la délibération choisissant le tuteur ad hoc de l'enfant naturel, spécifie les conventions matrimoniales [2].

29. Quant à l'enfant mineur, pupille de l'assistance publique, il a besoin du consentement de son conseil de famille spécial [3].

30. D'ailleurs, la présence réelle des personnes qui doivent assister le mineur, n'est point indispensable ; elle peut être suppléée :

1° Par les ascendants ou le tuteur ad hoc, par une procuration passée devant notaire, énumérant avec précision les dispositions du contrat auxquelles ces personnes donnent leur approbation [4].

2° Pour le conseil de famille, par une délibération détaillant les clauses du contrat à faire, et chargeant le tuteur ou une autre personne d'assister le mineur [5].

La délibération ainsi prise, n'est pas soumise à l'homologation du tribunal [6].

1. C. civ., 159 ; Nîmes, 9 mars 1875, S. 76, 2, 181 ; Demolombe, III, 89 ; Aubry et Rau, § 462, note 71.

2. Riom, 13 Mars 1864, S. 64, 2, 9. *Contrà*, Bordeaux, 9 juin 1863, S. 64, 2, 9 ; Demolombe, III, 89.

3. L. 27 juin 1904, art. 13.

4. Aubry et Rau, § 502, note 28 ; Colmet de Santerre, VI, 15 bis ; Planiol, III, 788.

5. Cass., 15 novembre 1858, S. 59, 1, 385, D. 58, 1, 439 ; 20 juillet 1859, S. 59, 1, 849, D. 59, 1, 279 ; 16 juin 1879, S. 80, 1, 160, D. 80, 1, 415, R. N. 6100, Lebret, *Rev. civil.* IX, p. 577.

6. Demolombe, III, 86 ; Rodière et Pont, 45 ; Aubry et Rau, § 462, note 39.

31. Le mineur, dûment assisté, est libre de choisir comme il lui plaît, le régime de ses biens; de faire à son futur conjoint telles donations que bon lui semble; d'accepter les libéralités faites à son profit et en général d'arrêter toutes stipulations non étrangères au règlement de l'association conjugale [1].

32. En adoptant le régime dotal, la femme mineure a le droit de stipuler l'aliénabilité de ses biens dotaux [2].

33. Par exception, il n'est pas permis à la future non majeure de restreindre son hypothèque légale; mais à ce point de vue, il importe peu que le futur soit majeur ou mineur [3].

2° *Prodigue*

34. Relativement au contrat de mariage de l'individu pourvu d'un conseil judiciaire, il avait d'abord été dit que le prodigue étant capable de se marier sans assistance, avait par cela même, capacité de consentir toutes conventions dont le contrat de mariage est susceptible, même des donations en faveur de son conjoint [4].

---

1. Cass., 10 décembre 1867, 25 février 1869, 11 décembre 1882, S. 83, 1, 411, D. 83, 1, 132 ; Laurent XXI, 29.

2. Cass., 7 novembre 1826 ; 12 janvier 1847, S. 47, 1, 241, D. 47, 1, 225 ; Rodière et Pont, 41 ; Aubry et Rau, § 502, note 25 ; Laurent, XXI, 28.

3. C. civ., 2140 ; Cass., 19 juillet 1820 ; Limoges, 2 avril 1887, S. 88, 2, 216, R. N. 7727 ; Aubry et Rau, § 502, note 24 ; Thézard, *Privilèges et hypothèques*, 100 ; Baudry-Lacantinerie et de Loynes, *Privilèges et hypothèques*, 1018.

4. Cass., 24 décembre 1856, 5 juin 1889, S. 89, 1, 413, D. 91, 1, 449 ; Troplong, *Contrat de mariage*, 297.

Ce système est abandonné, et on admet maintenant que le prodigue peut faire seul un contrat de
mariage, pourvu que cet acte ne renferme aucune
aliénation directe ou indirecte de sa fortune [1].
Mais l'assistance du conseil est indispensable pour :
1° toute clause extensive de la communauté légale,
notamment un ameublissement [2] ; 2° Un préciput ;
3° une donation en usufruit au conjoint, même
par le cas de survie [3].

3° Aliéné

35. L'aliéné non interdit, conserve la faculté de se
marier et de faire son contrat de mariage dans un
intervalle lucide. Cet acte pourrait être attaqué si
l'interdiction venant à être prononcée par la suite,
il était prouvé que la cause en existait anté-
rieurement à l'époque du contrat [4].

4° Sourd-muet

36. Malgré son infirmité, le sourd-muet est pleinement capable de faire son contrat de mariage,
pourvu qu'il exprime par signe ou autrement d'une

1. Cass., 21 juin 1802, S. 04, 1, 440, D. 02, 1, 360, R. N. 8708,
Aubry et Rau, § 502, note 13 ; Laurent, XXI, 42 ; Colmet de Santerre,
VI, 15 bis.

2. Rodière et Pont, 48 ; Aubry et Rau, § 502, note 12 ; Planiol,
III, 793.

3. Amiens, 21 juillet 1852 ; Bordeaux, 5 février 1855 ; Pau,
31 juillet 1855 ; Orléans, 11 décembre 1890, S. 91, 2, 199, D. 91,
2, 362, R. N. 8397.

4. Comp., Cass., 28 décembre 1831 ; Riom, 17 juillet 1839, S.
40, 2, 66 ; Aubry et Rau, § 502, notes 15 et 16 ; Laurent, XXI, 38.

façon suffisante pour être pleinement éclairé sur la portée de l'acte qu'il accomplit [1].

CHAPITRE III

Liberté des conventions matrimoniales

I. — STIPULATIONS PERMISES

37. Les futurs époux peuvent faire leurs conventions comme ils le jugent à propos (C. civ., 1387).

38. Ils ont le droit d'adopter tel régime que bon leur semble : communauté, exclusion de communauté, séparation de biens, dotalité, et aussi de combiner plusieurs régimes entre eux [2].

39. En faveur de l'union conjugale, la loi autorise dans le contrat de mariage des conventions qui partout ailleurs seraient prohibées, savoir :

1° Les donations : de biens à venir ; sous des conditions protestatives de la part du donateur; à charge de payer d'autres dettes que celles existant au temps de la donation ; par un mineur [3] :

2° La communauté : de tous biens présents et à venir ; attribuée en entier à l'un des époux [4].

3° La clause d'inaliénabilité dotale [5].

---

1. Paris, 3 août 1855, S. 57, 2, 443, D. 57, 2, 175; Laurent, XXI, 39 ; comp., Demolombe, III, 25.

2. C. civ., 1391. 1392, 1400, 1497, 1530, 1536, 1540 ; Cass., 13 Novembre 1895, S. 99, 1, 267, D. 96, 1, 14.

3. C. civ., 904, 943 à 945, 1082, 1084 à 1086, 1095.

4. C. civ., 1401, 1525, 1526, 1837, 1855.

5. C. 1554, 1560.

II. — CONVENTIONS INTERDITES

1° *Clauses contraires aux mœurs ou à l'ordre public*

40. A l'entière liberté qu'elle accorde aux époux, la loi apporte cependant plusieurs restrictions. Ainsi elle interdit les clauses contraires aux bonnes mœurs (C. civ., 1387).

A cette catégorie se rattache la condition, apposée à une donation entre époux ou à un gain de survie, pour le conjoint survivant, de ne pas se remarier, sous peine de perdre le bénéfice de l'avantage stipulé en sa faveur.

Une pareille condition est jugée valable quoiqu'elle puisse souvent inciter le survivant à la situation irrégulière qui lui permettrait tout en bénéficiant de la disposition contractuelle, de satisfaire les appels de la chair [1].

41. La stipulation modifiant la capacité légale des époux ou portant que la femme sera incapable de s'obliger envers les tiers, même avec l'autorisation de son mari ou de la justice, est nulle comme contraire à l'ordre public [2].

Dans cet ordre d'idées, la seule clause permise est celle établissant le régime dotal et rendant par cela même indisponibles les biens de la femme qui y sont soumis (C. civ., 1554).

---

1. Cass., 22 décembre 1896, S. 97, 1, 397, R. N. 9711; Caen, 4 août 1851, S. 52, 2, 216, D. 52, 2, 293.

2. Cass., 22 décembre 1879, S. 80, 1, 125, D. 80, 1, 112; 13 mai 1885, S. 85, 1, 312, D. 86, 1, 204.

2° *Atteinte aux droits du mari*

42. Il est interdit aux époux de déroger aux droits résultant de la puissance maritale et à ceux appartenant au mari comme chef de l'association conjugale (C. civ., 1388).

Telle serait une autorisation générale donnée à la femme, d'emprunter ou d'aliéner ses biens propres [1].

43. Par exception, le mari pourrait autoriser sa femme à faire le commerce, mais cette autorisation serait révocable malgré toute clause certaine [2].

44. La clause disant que la femme administrera certains de ses immeubles est valable, sous la communauté comme sous le régime dotal [3].

45. Toute dérogation aux droits résultant de la puissance paternelle serait entachée de nullité, par exemple l'engagement de diriger dans tel ou tel sens, l'éducation religieuse des enfants [4].

3° *Prohibitions diverses*

46. Il est interdit aux époux de faire aucune convention ou renonciation relative à une succession non encore ouverte [5].

---

1. C. civ., 223, 1538, 1576 ; Cass., 14 décembre 1840, S. 40, 1, 315.

2. Bordeaux, 12 novembre 1873, S. 74, 2, 193 ; Rodière et Pont, 62 ; Laurent, XXI, 29.

3. Cass., 18 février 1868, S. 68, 1, 212, D. 68, 1, 278 ; 17 février 1886, S. 86, 1, 161, D. 86, 1, 249 ; Rodière et Pont, 70. *Contrà*, Aubry et Rau, § 535, note 16.

4. C. civ., 1388 ; Demolombe, VI, 295 ; Laurent, XXI, 120 ; Colmet de Santerre, VI, 5 bis ; de Folleville, *Contrat de mariage*, 17 bis.

5. C. civ., 791, 1130, 1389 ; Cass., 16 janvier 1838, S. 38, 1, 225 ; 10 mars 1869, S. 69, 1, 319, D. 69, 1, 336.

47. Comme aussi d'avantager l'aîné de leurs enfants, ou les mâles au préjudice des filles [1].

48. Les époux ne peuvent stipuler que leur association sera réglée par une ancienne coutume [2].

49. Dans leurs conventions matrimoniales, les futurs époux doivent respecter toutes les règles impératives ou prohibitives du droit civil.

Ainsi seraient viciées les stipulations portant :

1° Que la communauté commencera avant ou après le jour du mariage, ou se terminera à une autre époque que celle fixée par la loi (C. civ., 1441) [3].

2° Que la femme ne pourra demander en justice la séparation de biens, ni renoncer à la communauté, ni recourir au bénéfice d'émolument [4].

3° Que l'un des époux supportera dans les dettes de communauté une part supérieure à sa portion d'actif [5].

4° Que la femme n'aura pas d'hypothèque légale [6], ou ne la fera valoir qu'à un rang autre que celui déterminé par la loi [7], ou encore que l'hypothèque restreinte pourra, d'un commun accord entre les époux, être transportée sur d'autres immeubles [8].

1. Laurent, XXI, 131.

2. C. civ., 1390; Laurent, XXI, 138; Colmet de Santerre, VI, 7 bis.

3. C. civ., 1399 ; Caen, 5 juin 1876 ; Cass., 22 janvier 1878, S. 78, 1, 300, D. 78, 1, 154 ; Durantou, XX, 20 ; Rodière et Pont, 1865.

4. C. civ., 1443, 1453, 1483.

5. C. civ., 1482, 1521.

6. C. civ., 2140, 2144.

7. C. civ., 2135, Grenoble, 7 mars 1868, S. 68, 2, 339, D. 68, 2, 171; Aubry et Rau, § 504, note 13.

8. Cass., 5 mai 1852, S. 52, 1, 289, D. 52, 1, 129 ; Lyon, 26 janvier 1854, S. 54, 2, 245, D. 54, 2, 147; Aubry et Rau, § 264 ter, note 46.

5° Que les reprises de la femme ne s'exerceront pas avant celles de son mari et, qu'en cas d'insuffisance de la communauté, elle sera privée de recours sur les propres du mari [1].

6° Que les époux renoncent à se faire des libéralités pendant le mariage [2].

7° Que les donations qu'ils se feront au cours de l'union seront irrévocables [3].

8° Que les époux adoptent pendant 10 ans le régime dotal et ensuite la communauté, ou inversement [4].

9° Que le régime de la communauté d'acquêts, sera substitué à celui de la séparation de biens adopté, si les époux ont des enfants ou héritent de parents désignés [5].

10° Que les enfants ne pourront invoquer les dispositions légales écrites en leur faveur pour la réserve [6].

11° Que les créanciers ou autres tiers seraient privés des mesures protectrices édictées par le législateur [7].

---

1. C. civ., 1436, 1471, 1472.

2. Cass., 31 juillet 1809, 15 juillet 1812, 21 décembre 1818 ; Duranton, XIV, 30 ; Laurent, XXI, 135.

3. C. civ., 1096 ; Laurent, XXI, 134.

4. Laurent, XXI, 206.

5. Comp., Cass., 15 mai 1878, S. 78, 1, 449, D. 78, 1, 294 ; Aubry et Rau, § 504, notes 9 et 10 ; Rodière et Pont, 89 ; de Folleville, 83 bis.

6. C. civ., 1094, 1098, 1496, 1527.

7. C. civ., 1410, 1413, 1416, 1419, 1424, 1426, 1427, 1510, 1512, 1514, 1519, 1524.

CHAPITRE IV

Formes du contrat

I. — SOLENNITÉS

50. Le contrat de mariage est un acte solennel qui doit être passé devant notaire, de sorte que des conventions matrimoniales constatées par acte sous signature privée seraient sans valeur [1].

51. Encore qu'il contienne des donations, le contrat de mariage est valablement reçu par un seul notaire lorsque toutes les parties signent. Et, si l'une des parties ne sait ou ne peut signer, le contrat doit être soumis à la signature d'un second notaire ou de deux témoins français [2].

52. La présence réelle du notaire en second ou des deux témoins n'est pas nécessaire, quelles que soient les clauses du contrat [3].

53. Il est prescrit au notaire de rédiger le contrat de mariage en langue française, mais l'infraction de cette règle ne vicie pas l'acte ; elle entraîne seulement une pénalité contre l'officier public [4].

54. Tout notaire récepteur est obligé de donner

1. C. civ., 1394 ; comp., Rouen, 11 janvier 1826 ; Rodière et Pont, 140 ; Laurent, XXI, 45.

2. L. 25 ventôse an XI, art. 9, modifié le 12 août 1902.

3. Comp., Bordeaux, 27 mai 1853 ; Lyon, 1er juin 1883, S. 84, 2, 153, D. 84, 2, 110 ; Aubry et Rau, § 503, note 7.

4. Décr., 2 thermidor an II ; arr., 24 prairial an XI ; Bastia, 14 décembre 1874, 17 Janvier 1876, S. 75, 2, 100, 76, 2, 164 ; Laurent, XIX, 115 ; Demolombe, XXI, 252 bis.

lecture aux parties du dernier alinéa des articles 1391 et 1394 du Code civil, et de mentionner cette lecture dans le contrat, à peine de 10 fr. d'amende.

55. Le contrat doit mentionner : les noms et résidence du notaire; les noms, professions et domiciles des parties; la lecture par le notaire ; la signature par les parties; la date; le lieu de passation. Enfin, il faut observer toutes les formalités réglementaires des actes notariés [1].

56. Un contrat de mariage ne serait aucunement vicié par la pluralité de dates, quoiqu'il soit bon de l'éviter autant que possible [2].

57. Le contrat de mariage n'est pas un acte simple susceptible de délivrance en brevet; la conservation en minute, se trouve rigoureusement obligatoire [3].

58. Les contrats de mariage sont souvent signés par des parents et amis des futurs, en qualité de témoins honoraires; la présence de ces personnes est mentionnée par noms, qualités, titres honorifiques et parentés, sans domiciles ni prénoms ; il est inutile de leur faire parapher les renvois et ratures.

Dans les familles riches, les signatures des parents et amis ne sont pas toujours reçues au moment du contrat, mais à la soirée qui le suit. Un espace a été ménagé pour inscrire les noms des invités sur le contrat [4].

---

1. L. 25 ventôse an XI, art. 12 à 14.

2. Comp., Tr. Toulouse, 10 décembre 1902, Rev. not., 11212 ; Caen, 23 juillet 1861, S. 62, 2, 59.

3. L. 25 ventôse an XI, art. 20 ; C. civ., 1397.

4. A Rouen, les signatures des parents et amis sont souvent apposées sur une feuille à part qui est jointe à l'expédition du contrat.

Parfois encore, la famille désire que le notaire reçoive à domicile les signatures de personnages marquants; dans ces visites, il sera accompagné du futur époux ou du père de la future. Un acte spécial est alors dressé.

II. — Force légale

59. Comme tout autre acte notarié, le contrat de mariage fait foi de son contenu, jusqu'à inscription de faux, pour les déclarations et constatations émanées du notaire lui-même dans l'exercice de ses fonctions.

Quant aux déclarations, conventions et dispositions qui sont l'œuvre des parties, le contrat ne fait foi que jusqu'à preuve contraire.

60. Le contrat prouve bien l'existence des déclarations reçues par le notaire, mais il n'est pas une preuve de leur sincérité. En conséquence, les tiers intéressés sont admis à combattre les énonciations du contrat, notamment à prouver la simulation des apports reconnus au profit des futurs époux, au moyen de présomptions graves, précises et concordantes, sans qu'il soit besoin d'un commencement de preuve par écrit [1].

61. En ce qui concerne les personnes parties au contrat, notamment les futurs époux, la preuve de la simulation est également admissible, mais il faut

1. Cass., 31 juillet 1833; Toulouse, 15 mars 1834; Rouen, 3 décembre 1846, 23 décembre 1871; Poitiers, 18 août 1872, S. 72, 2, 230, D. 73, S. 138; Alger, 12 mai 1894. *Contrà*, Angers, 6 août 1809; Paris, 24 février 1865; Rouen, 13 mai 1868, S. 72, 2, 101.

une preuve écrite, car il leur était possible de l'obtenir [1].

62. Cependant, la quittance de la dot attribuée à l'évènement prochain du mariage, peut être combattue par des actes ou faits de toute nature [2].

63. Le contrat constituant un titre éxécutoire, la veuve créancière de ses reprises se trouve fondée :

1° A requérir l'inventaire, quoique n'ayant pas été commune en biens.

2° Après avoir inscrit son hypothèque légale, à faire sommation à un acquéreur d'immeubles du mari, de la payer ou de délaisser l'immeuble [3].

III. — Publicité

1° Pour tous les contrats

64. Le notaire qui a rédigé un contrat de mariage, n'importe sous quel régime, est obligé : 1° de donner lecture aux parties des dispositions légales relatives à la publicité du contrat, et aux conséquences d'une omission ; 2° de mentionner cette lecture dans le contrat, sous peine d'amende ; 3° de délivrer aux parties, au moment de la signature de ce contrat, un certificat sur papier libre et sans frais, énonçant ses noms et lieu de résidence, les noms, prénoms, qualités et demeures des futurs époux,

---

1. C. civ., 1341 ; Aubry et Rau, § 765 ; Laurent, XXI, 155.

2. Cass., 22 août 1882, 7 mai 1884, S. 85, 1, 28, D. 84, 1, 285, R. N., 7003.

3. C. Pr., 909, 2° ; C. civ., 2135, 2166 ; Baudry-Lacantinerie et de Loynes, 2054 ; Thézard, 165.

ainsi que la date du contrat, et la nécéssité de remettre le certificat, avant la célébration du mariage, à l'officier de l'état civil (C. civ., 1391, 1394).

65. De son côté, l'officier de l'état civil doit interpeller les futurs époux, ainsi que les personnes présentes qui autorisent le mariage, d'avoir à déclarer s'il a été dressé un contrat de mariage, et énoncer dans l'acte l'interpellation et la réponse : si elles déclarent n'avoir pas fait de contrat l'acte le porte formellement; s'il en a été dressé un, l'officier de l'état civil réclamera le certificat délivré par le notaire, et l'acte indiquera la date du contrat, ainsi que les noms et lieu de résidence du notaire rédacteur.

A défaut d'interpellation ou de mention de la réponse, l'officier de l'état civil encourt une amende de 100 fr. (C. civ., 75, 76).

Mais cette omission n'a aucune influence sur les conventions matrimoniales; elles restent valables même à l'égard des tiers dont l'attention est d'ailleurs éveillée par le silence de l'acte de mariage relativement au contrat [1].

66. Si les époux ont déclaré faussement à l'officier de l'état civil s'être mariés sans contrat, la femme est réputée, à l'égard des tiers, capable de contracter dans les termes du droit commun, c'est-à-dire qu'elle ne pourra invoquer les clauses de dotalité stipulées dans le contrat; ni exercer ses reprises

1. Aubry et Rau, § 503, note 16; Colmet de Santerre, VI, 12 bis; de Folleville, 84.

dotales [1] sur l'immeuble acquis par un tiers de son mari [2].

Dans les rapports des époux entre eux, la fausseté de leur déclaration n'a pas d'influence sur la validité des conventions matrimoniales [3].

2° *Contrats des commerçants*

67. Une publicité particulière est prescrite pour les contrats de mariage des commerçants.

A. — Qualité de commerçant

68. D'après la définition légale, est commerçant, celui qui exerce des actes de commerce et en fait sa profession habituelle, comme achat et vente de marchandises [4].

Sont réputés commerçants :

1° Les agents d'affaires, agents de change, banquiers, changeurs, coulissiers, courtiers, commissionnaires et mandataires aux halles [5].

2° Les armateurs de navires, les patrons pêcheurs et les directeurs d'assurances à primes, contre les risques de mer ou contre l'incendie [6].

1. Aubry et Rau, § 503, note 17 ; Colmet de Santerre, VI, 11 bis ; de Folleville, 85 bis ; Planiol, III, 811.

2. Cass., 5 février 1894, S. 95, 1, 21, Rev. not., 9145.

3. De Folleville, 86 ; Baudry-Lacantinerie, Le Courtois et Surville, 182.

4. C. co., 1, 632, 633.

5. C. co., 632 ; Cass., 12 janvier 1863, 5 juillet 1888, S. 89, 1, 408, D. 89, 1, 120 ; Paris, 6 décembre 1821, 22 janvier 1875, S. 77, 2, 37, D. 75, 2, 123 ; 12 novembre 1903, S. 04, 2, 245 ; Montpellier, 26 janvier 1832 ; Rennes, 29 Janvier 1839.

6. Paris, 1er août 1810 ; Bordeaux, 1er août 1831 ; Caen, 24 février 1892, S. 92, 2, 104, D. 92, 2, 244.

3° Les aubergistes, cafetiers, restaurateurs, maîtres d'hôtels, limonadiers, débitants de boissons et logeurs [1].

4° Les manufacturiers, négociants et marchands en gros ou en détail.

5° Les maréchaux-ferrants, serruriers en bâtiments, bourreliers, arquebusiers [2].

6° Les bateliers, blanchisseurs, blatiers, fariniers, bouchers, charcutiers, boulangers, pâtissiers [3].

7° Les entrepreneurs de confections, constructions, transports de personnes ou de marchandises, pompes funèbres, théâtres, battage de grains, fournitures et travaux publics, carrières appartenant à autrui [4].

8° Les fabricants d'étoffes, briques, voitures, chaussures, vêtements, meubles [5].

9° Les distillateurs et marchands de vins, cidres, biéres, eaux de vie, liqueurs [6].

---

1. Cass., 23 avril 1813, 26 juin 1821 ; Nantua, 10 décembre 1845, J. E., 14073; Seine, 29 novembre 1854 ; Rouen, 2 janvier 1858, S. 59, 2, 159, D. 59, 5, 10; Lyon, 10 mars 1903, J. Enreg., 26753.

2. Paris, 22 novembre 1833 ; Fontainebleau, 28 décembre 1843; Poitiers, 17 décembre 1849 ; Douai, 30 juillet 1850, S. 50, 2, 481.

3. Aix, 15 janvier 1825 ; Paris, 16 juillet 1828 ; Dijon, 16 mars 1838; Grenoble, 26 mai 1852.

4. C. Co., 632; Cass., 29 novembre 1842, 8 août 1867, 2 février 1869, 30 juillet 1901, 3 février 1902, S. 02, 1, 72 et 84; Lyon, 30 juin 1827; Limoges, 21 novembre 1835 ; Poitiers, 17 décembre 1840, 20 février 1851, S. 51, 2, 637, D. 52, 2, 120; Rouen, 26 décembre 1840; Orléans, 14 mai 1844; Nantes, 17 février 1869.

5. Douai, 3 avril 1841 ; Grenoble, 26 mai 1852, J. N., 14788 ; Toulouse, 27 février 1893, S. 93, 2, 140.

6. Bordeaux, 26 janvier 1835, J. E., 11187 ; Douai, 9 avril 1841.

10° Les pharmaciens, droguistes, herboristes, parfumeurs, bijoutiers, opticiens [1].

11° Les imprimeurs, libraires, bouquinistes, papetiers, photographes [2].

12° Les coiffeurs-parfumeurs, gantiers, modistes-marchandes, chapeliers, bonnetiers, merciers [3].

13° Les tanneurs, mégissiers, corroyeurs, chausseurs, marchands de crépins, peaussiers, pelletiers [4].

69. La qualité de commerçant, ne saurait être attribuée aux ouvriers qui reçoivent des matières premières pour les travailler et les rendre façonnées, tels que cordonniers, menuisiers, tailleurs d'habits, tapissiers [5]. Mais, si les mêmes personnes fournissaient habituellement les matières premières, elles seraient commerçantes [6].

70. En exploitant leurs récoltes, les propriétaires, cultivateurs, herbagers, vignerons, pépiniéristes, champignonistes, ne sont point commerçants. Ils le deviennent en transformant leurs produits [7].

1. Rouen, 30 mars 1840; Caen, 28 décembre 1840; Paris, 25 mars 1858, R. P., 1048, 30 janvier 1886, S. 87, 2, 129, D. 86, 2, 70; Grenoble 28 mars 1859, S, 59, 2, 257, D. 59, 2, 71, J. E., 16938,

2. Cass., 18 janvier 1853, S. 53, 1, 432, D. 53, 1, 261; Agen, 5 juillet 1843; Toulouse, 7 juin 1845; Comm., Seine, 14 décembre 1860, D. 61, 3, 40.

3. Paris, 18 juillet 1877, J. E., 20887, S. 78, 2, 241; Nantes, 14 mai 1902.

4. Cass., 24 juin 1835.

5. Cass., 15 décembre 1830; Rouen, 14 mai 1825; Orléans, 31 décembre 1835; Pithiviers, 6 décembre 1838, J. E., 12511.

6. Bordeaux, 19 janvier 1835, 22 juin 1836; Orléans, 25 janvier 1850, S. 51, 2, 13; Pau, 27 décembre 1859, S. 60, 2, 543, D. 61, 5, 113; Largentière, 11 juin 1378, J· E., 20835.

7. Angers, 26 décembre 1855, D. 56, 2, 114; Paris, 11 février 1880, J. E., 21473; Pau, 4 février 1884, S. 86, 2, 205, D. 85, 2, 249; Bourges, 9 février 1885, S. 85, 2, 216, D. 86, 2, 88; Montpellier 7 mai 1887, S. 88, 2, 216, D. 88, 2, 48.

71. Ne sont pas commerçants : 1° les agréés au tribunal de commerce [1] ; 2° les médecins et vétérinaires revendant des drogues à leur clientèle, alors qu'ils ne tiennent aucune officine ouverte [2] ; 3° les chefs d'institution, bien qu'ils achètent les objets nécessaires à la nourriture de leurs élèves [3] ; 4° les dentistes, quoique fournissant à leurs clients des dents et rateliers artificiels, s'ils n'ont pas de magasin ouvert au public [4] ; 5° les architectes ne faisant aucune construction à forfait [5] ; 6° ceux qui achètent des immeubles pour les revendre ; mais, il en serait autrement, s'ils élevaient des constructions et les revendaient avec le terrain. [6].

B. — Un époux est commerçant

72. Dans le cas où l'un des époux serait commerçant au moment du contrat de mariage, des extraits de ce contrat devraient être déposés : 1° au greffe du tribunal civil de l'arrondissement dans lequel le mari a son domicile [7] ; 2° au greffe du tribunal de commerce du même arrondissement,

---

1. Paris, 10 février 1883, S. 83, 2, 197 ; Rennes, 25 juin 1903.

2. Cass., 9 juillet 1850, D. 50, 1, 221, J. N., 12263 ; Rennes, 20 janvier 1859, D. 59, 5, 10, R. P., 1173 ; Nancy, 19 juillet 1876, S. 76, 2. 289 ; Caen, 6 mai 1901, S. 02, 2, 293.

3. Cass., 23 novembre 1827 ; Paris, 21 avril 1838, 13 juin 1843

4. Paris, 24 janvier 1849, 8 avril 1858, S. 59, 2, 24, D. 58, 2, 203.

5. Cass., 14 décembre 1897, S. 98, 1, 136.

6. Orléans, 16 mars 1839 ; Bourges, 10 mai 1843 ; Nancy, 30 novembre 1843 ; Paris, 10 juillet 1873, S. 73, 268, D. 76. 5, 10 ; Poitiers. 30 janvier 1889, S. 89, 2, 80. Comp., Aix, 23 juillet 1881, J. E., 22145.

7. Il a été décidé, par erreur pensons-nous, que le dépôt devrait avoir lieu au domicile de l'époux commerçant (Sainte-Menehould, 11 janvier 1858, J. E., 17124, R. P., 1293, D. 60, 3, 31 ; Lyon-Caen et Renault, *Dr. comm.*, 96.

et à défaut de tribunal de commerce, l'extrait est affiché dans la principale salle de la maison commune du domicile; 3° à la chambre des notaires; 4° et à la chambre des avoués de cet arrondissement [1].

73. Au point de vue de la forme, les extraits doivent contenir : les noms, prénoms, professions et domiciles des futurs époux; la date du contrat; le nom et la résidence du notaire rédacteur; la relation de l'enregistrement; l'indication du régime adopté et de ses modifications [2].

74. Le délai pour déposer les extraits est de un mois, à partir de la date du contrat et non de celle du mariage [3].

75. C'est au notaire, rédacteur du contrat que la loi impose l'obligation de faire le dépôt, à peine de 20 francs d'amende.

En outre, à défaut de dépôt, s'il y avait eu collusion entre le notaire et les époux, il serait passible de destitution et responsable envers les créanciers du préjudice causé ; les époux seraient aussi responsables de la fraude à l'égard des tiers [4].

76. L'amende encourue par le notaire pour défaut de publicité est relevée par les agents de l'enregis-

1. C. com., 67 ; C. pr., 872 ; Comp., Saint-Pol, 8 mai 1862, D. 63, 3, 72, R. P., 1638, J. N., 17484.

2. C. com., 67 ; Laurin, *Dr. comm.*, 792.

3. C. Com., 67 ; Grenoble, 26 mai 1852, J. N. 14788 ; Yvetot, 14 août 1875, D. 77, 3, 7 ; Lyon-Caen, Renault, 316.

4. C. Co. 68 ; Avesnes, 3 novembre 1860, D. 62, 3, 16 ; Lyon-Caen et Renault, 244.

trement qui dressent procès-verbal et le transmettent au procureur de la République. Ce magistrat poursuit le notaire devant le tribunal civil de sa résidence, et l'amende est recouvrable seulement après le jugement de condamnation [1].

77. Le notaire qui reçoit le contrat de mariage d'un commerçant, alors que les qualifications et stipulations de ce contrat ne laissent aucun doute sur cette qualité, est obligé de déposer [2].

Quand même un futur serait qualifié d'ouvrier dans son contrat, il y aurait amende contre le notaire, en cas de publicité tardive comme à défaut de publicité, si ce futur était notoirement commerçant [3].

Le notaire apprécie, d'après les renseignements fournis par les contractants, s'il y a lieu ou non de publier le contrat [4], et dans les cas douteux la prudence commande de faire les publications.

78. Il est prescrit aux secrétaires des Chambres des notaires et des avoués, comme aux greffiers des tribunaux de constater la remise des extraits par acte inscrit sur un registre spécial [5].

79. Souvent, pour justifier de la publicité, il est délivré par les greffes et chambres, des certificats

1. Cass., 10 décembre 1822 ; Déc. min. fin., 25 avril 1808.
2. Lyon, 10 mars 1903, J. E. 26753.
3. Bordeaux, 22 juin 1836, J. E. 11909, J. M. 9412 ; Douai, 24 juillet 1848, J. E. 14722, J. N. 13682 ; Avesnes, 3 novembre 1860, D. 62, 3, 76.
4. Déc. min., 5 mai 1812.
5. Décis. minis. just., 5 mai 1813.

que le notaire dépose toujours au rang de ses minutes, comme si la formalité était obligatoire.

Lorsqu'il s'agit des contrats de petits commerçants, le notaire serait bien inspiré en retirant, au lieu de certificats, de simples quittances des sommes versées pour les dépôts ; ces quittances jointes aux minutes des contrats couvriraient suffisamment le notaire et réaliseraient une économie notable pour de modestes clients.

C. — Epoux devenu commerçant après le mariage

80. Si un époux qui n'était pas commerçant au jour du mariage, entreprend plus tard cette profession, le notaire qui a reçu le contrat n'est soumis à aucune obligation ; seul, l'époux débutant dans le commerce est obligé de faire publier son contrat de mariage dans le mois du jour où il a ouvert son commerce, et seulement si le contrat porte : séparation de biens ou régime dotal [1].

En cas de publication faite lors du contrat, le mari étant alors seul commerçant, la femme n'est pas dispensée de publier de nouveau quand elle entreprend, pour son compte personnel, un commerce distinct de celui du mari [2].

81. L'inobservation par la femme mariée sous le régime dotal, devenue commerçante depuis son mariage, des formalités de publicité prescrites par la loi, constitue un quasi délit dont elle est tenue sur ses biens dotaux [3].

1. C. Co., 69 ; Lyon-Caen et Renault, 318.
2. Cass., 29 juillet 1869, S. 70, 1, 11, D. 71, 1, 237.
3. Cass., 24 décembre 1860, 29 juillet 1869, 27 février 1883, 29 mars 1893, S. 93, 1, 288, D. 93, 1, 349 ; Lyon-Caen et Renault, 319 ; Aubry et Rau, § 503, note 15. *Contrà*, Rennes, 4 mars 1880, S. 81, 2, 265, D. 81, 1, 210.

IV. — FORMALITÉS D'EXÉCUTION

82. Toutes les fois qu'un contrat de mariage renferme une donation d'immeubles ou de valeurs mobilières nominatives, une affectation hypothéaire, un nantissement ou autre garantie au profit de l'un des futurs époux, il faut, dans le plus bref délai, remplir les formalités prescrites pour l'efficacité de la disposition à l'égard de tous.

83. En cas de donation d'immeubles en pleine propriété, en une propriété ou en usurfruit, un extrait du contrat de mariage doit être transcrit au bureau des hypothèques, de la situation, afin que la libéralité soit opposable aux tiers [1].

Il est aussi utile de transcrire la donation de biens présents et à venir, pour permettre au donataire de s'en tenir aux immeubles présents qu'il est alors indispensable de désigner dans le contrat [2].

84. Lorsque la donation a pour objet des créances ou rentes sur particuliers, il est nécessaire de la signifier aux débiteurs, par acte d'huissier, ou de la faire accepter devant notaire [3].

En outre, si les créances ou rentes sont garanties hypothécairement, le nom du donataire sera porté en marge des inscriptions, sur la production d'un

1. C. civ., 939 ; Cass., 10 avril 1815 ; Douai, 16 février 1846 ; Rouen, 24 novembre 1852, S. 53, 2, 263, D. 54, 2, 75.

2. C. civ., 1084 ; Duranton, IX, 737 ; Bonnet, II, 534 ; Demolombe, XXIII, 358, 363 ; Aubry et Rau, § 740, note 21 ; Laurent, XV, 260, 279 ; Huc, VI, 462.

3. C. civ., 1090 ; Cass., 6 février 1878, S. 78, 1, 108, D. 78, 1, 275 ; Dijon, 9 février 1847 ; Rennes, 29 juillet 1861 ; Laurent, XII, 367, 374.

extrait du contrat de mariage, accompagné d'une expédition de l'acte civil de mariage.

85. La donation d'une rente sur l'Etat ou d'une valeur de bourse au nominatif, n'approprie le donataire à l'égard des tiers que par le transfert à son nom.

Pour les rentes sur l'Etat, le notaire délivre un certificat de propriété visant le contrat de mariage et une expédition déposée de l'acte de mariage.

86. A l'égard des valeurs industrielles nominatives, le transfert s'opère sur un extrait littéral du contrat de mariage, avec expédition de l'acte de mariage.

87. La constitution d'une hypothèque ne produisant effet que par l'inscription, elle doit être prise dans le plus bref délai [1].

88. Le nantissement en rente sur l'Etat est à signifier au Trésor public, bureau des oppositions, et en outre à mentionner sur le titre pour satisfaire à la double prescription résultant de l'article 2075, Code civil, et de l'article 6, loi du 28 floréal an VII.

89. La signification du nantissement en créances sur particuliers, remplacée par l'acceptation du débiteur, ne serait pas à l'abri de critique, car l'article 2075 paraît déroger à l'article 1690, Code civil [2].

---

1. C. civ., 2134, 2146 à 2148.

2. Cass., 11 Août 1869, S. 69, 1, 397, D. 70, 1, 81 ; Paris, 18 Août 1881, S. 82, 2, 25 ; Laurent, XXVIII, 464 ; Baudry- Lacantinerie, III, 1025. *Contrà*, Aubry et Rau, § 432, note 15 ; Thézard, 13 ; Colmet de Santerre, VIII, 311 bis ; Planiol, II, 2409.

90. Il est encore utile de transcrire le contrat de mariage, lorsqu'il contient : 1° Ameublissement total ou partiel d'un immeuble [1]; 2° estimation d'un immeuble constitué en dot à la femme dotale, avec déclaration que l'estimation transporte la propriété au mari [2]; 3° stipulation d'une communauté universelle, en ce qui concerne les immeubles des époux [3].

91. L'accomplissement des formalités d'exécution n'est pas imposé au notaire rédacteur par la nature de ses fonctions [4]; mais les tribunaux trouvant, sur le plus léger indice, la preuve d'un mandat donné au notaire, la prudence lui commande de ne rien négliger pour éviter des ennuis en pareille matière.

CHAPITRE V

Caractère du contrat

I. — EPOQUE DE RÉDACTION

92. Les conventions matrimoniales doivent être rédigées avant le mariage, celles qui seraient faites

---

1. C. civ., 1507; Verdier, *Transcription*, 133; Flandin, *Transc.*, 277; Mourlon, *Transc.*, 49 ; Baudry-Lacantinerie et Barde, *Obligations*, I, 886 ; Huc, IX, 876 ; Aubry et Rau, § 209, notes 23 et 24. *Contrà*, Rivière, *Transc.* 37 ; Trolong, *Transc.*, 66.

2. C. civ., 1552 ; Verdier, 131 ; Gauthier, 64 ; Flandin, 355.

3. C. civ., 1526 ; Mourlon, 52 ; Flandin, 291 ; Aubry et Rau, § 209, note 27 ; Verdier, 140.

4. Rouen, 24 novembre 1852, S. 53, 2, 263, D. 54, 2, 75 ; Bordeaux, 25 mai 1869, S. 60, 2, 204 ; Paris, 4 août 1873, S. 73, 2, 216, D. 74, 2, 85 ; Toulouse, 24 mars 1879, S. 79, 2, 149, D. 79, 2, 244 ; Comp., Cass., 22 août 1864, S. 64, 1, 449, D. 65, 1, 64 ; 22 août 1890, S. 90, 1, 460, D. 91, 1, 195.

après l'union se trouveraient dépourvues de toute valeur légale [1].

93. Cette nullité de l'acte en tant que contrat de mariage, n'atteindrait pas les autres stipulations, d'ailleurs régulières en la forme, notamment : 1° une donation de biens présents par un tiers à l'un des conjoints ; 2° une donation par l'un des époux à l'autre ; 3° des déclarations d'apports par les époux ; 4° une cession de fonds de commerce ou de bail [2].

94. C'est seulement la célébration de l'union qui fait entrer en vigueur les conventions matrimoniales ; en attendant, elles restent inertes, mais, le mariage venant à s'accomplir, le contrat produit un effet rétroactif en ce qui concerne les stipulations des parties, notamment : 1° Le caractère de la dot dotale [3] ; 2° les donations faites aux futurs par des tiers [4].

Au contraire, ne commencent qu'avec le mariage les conséquences indépendantes de la volonté des époux : 1° la communauté légale ou conventionnelle ; 2° l'hypothéque légale de la femme [5].

---

1. C. civ., 1394; Riom, 11 janvier 1837 ; Lyon, 24 juin 1859, S. 60, 2, 17; Laurent, XXI, 59. *Contrà*, Aubry et Rau, § 503 bis, note 4.

2. Riom, 24 août 1846, S. 47, 2, 142, D. 47, 4, 110 ; Aubry et Rau, § 503 bis, notes 5 et 6 ; Laurent, XXI, 63.

3. C. civ., 1179, 1558; Cass., 18 décembre 1878, S. 81, 1, 353, D. 79, 1, 441.

4. Cass., 26 janvier 1847, S. 47, 1, 147, D. 47, 1, 63.

5. C. civ., 1399, 2135, 2° ; Cass., 22 janvier 1878, S. 78, 1, 306, D. 78, 1, 154.

II. — IMMUTABILITÉ DU CONTRAT

95. Après la célébration du mariage, les conventions matrimoniales ne peuvent recevoir aucun changement.

Toutes modifications sont frappées d'une nullité absolue, à l'égard des époux comme des tiers, lorsqu'elles altèrent les clauses matrimoniales [1].

96. Ainsi les époux ne pourraient pas :

1° Ayant adopté soit la communauté, soit la séparation de biens [2] établir une société entre eux, ou entre eux et un tiers au cours du mariage [3].

2° Renoncer au bénéfice de la clause obligeant les époux, mariés en communauté, à fournir un remploi des biens de la femme, sous la responsabilité des tiers [4].

3° Liquider et partager avant séparation judiciaire l'actif actuel de leur communauté [5].

4° Renoncer aux libéralités et autres avantages qu'ils se sont faits l'un à l'autre dans le contrat [6].

5° Renoncer, en tout ou en partie, aux libéralités

1. C. civ., 1395 ; Cass., 26 août 1826, 23 juin 1887, S. 90, 1, 291, D. 87, 1, 449 ; Rodière et Pont. 150 ; Laurent, XXI, 65 ; de Folleville, 90 bis.

2. Cass., 9 août 1851, 8 décembre 1891, S. 92, 1, 293, D. 92, 1, 117.

3. Cass., 6 février 1888, 7 mars 1888, S. 88, 1, 305 ; Baudry-Lacantinerie, Lecourtois et Surville, 96 ; Planiol, III, 816.

4. Cass., 19 juillet 1865, S. 65, 1, 372, D. 65, 1, 431 ; Limoges, 11 décembre 1863, S. 65, 2, 77, D. 64, 2, 217.

5. Bordeaux, 8 décembre 1831, S. 32, 2, 665 ; Troplong, 212.

6. Cass., 9 novembre 1824, 27 décembre 1854, 14 avril 1856, S. 57, 1, 49, D. 56, 1, 243, 22 janvier 1894, S. 94, 1, 173, D. 94, 1, 394.

qui leur ont été faites par des tiers [1], au moyen :
a. d'une prorogation de délai, surtout jusqu'au décès du constituant [2] ; b. d'un rapport dont le donataire avait été dispensé [3] ; c. d'une renonciation à exiger, soit le capital, soit les intérêts de la dot [4].

6° Déroger par testament aux stipulations du contrat de mariage, notamment pour les avantages entre époux [5].

97. D'autre part, sont permis comme non contraires à l'immutabilité des conventions matrimoniales :

1° Au cas de dot constituée en argent, la dation en paiement d'un immeuble, sous forme de vente [6].

2° Le versement d'un capital pour libération d'une rente annuelle constituée en dot, ou encore la conversion de cette rente en prestations de logement et nourriture [7].

3° La renonciation par l'un des conjoints en faveur de l'enfant commun, aux avantages qu'il tenait de son conjoint sur les biens que celui-ci donne au même enfant [8].

---

1. Cass., 28 mars 1866, J. N., 18513.

2. Cass., 4 décembre 1867, S. 68, 1, 153, D. 67. 1, 455 ; Rouen, 22 juillet 1863, S. 64, 2, 108.

3. Cass., 28 mars 1866 et 26 mars 1867, S. 67, 1, 215.

4. Rennes, 1er mars 1849, S. 49, 2, 602, D. 51, 2, 238 ; Baudry-Lacantinerie, Le Courtois et Surville, 111.

5. Cass., 21 mai 1817 ; Rouen, 15 décembre 1891, S. 93, 2, 217, D. 92, 2, 437 ; Comp., Laurent, XXI, 88.

6. Cass., 4 août 1852 ; 8 décembre 1874, S. 75, 1, 209, D. 75, 1, 33. *Contrà*, Laurent, XXI, 85.

7. Cass., 23 juillet 1889, S. 89, 1, 456, D. 90, 1, 425 ; 14 novembre 1898, S. 1900, 1, 151, D. 99, 1, 40 ; 27 novembre 1900, S. 01, 1, 119 ; Paris, 11 mars 1879, J. N. 22148 ; Rodière et Pont, 151.

8. Cass., 16 juillet 1849. 1er juillet 1889, S. 91, 1, 101, D. 90, 1, 123 ; Laurent, XXI, 83.

4° Une augmentation de la donation faite aux époux ou des garanties qui y étaient attachées [1].

5° Une donation faite à la femme dotale, avec constitution générale de tous biens, sous condition que le bien donné ne sera pas dotal [2].

6° La reconnaissance par un donateur que la dot dont la célébration du mariage avait valu quittance, n'a pas été payée et s'oblige à la verser [3].

98. Au surplus, les conventions contenues au contrat de mariage, mais ayant une existence distincte, comme bail, société, vente, partage, ne participent point à l'immutabilité et peuvent toujours être modifiées [4].

III. — CONTRE LETTRE AVANT LE MARIAGE

99. Tant que le mariage civil n'a pas été célébré, les contractants conservent une entière indépendance ; en conséquence, il leur est permis de modifier le contrat pré nuptial.

100. L'acte modificatif ou contre lettre est entouré de certaines précautions, dans l'intérêt des parties et des tiers ; elles doivent être observées même pour des conventions simplement interprétatives.

---

1. Cass., 22 août 1882, S. 83, 1, 25, D. 83, 1, 296; Guillouard, 240.

2. Toulouse, 20 août 1840 ; Rouen, 7 février 1844, S. 45, 2, 78; Laurent, XXI, 75 ; Aubry et Rau, § 534, note 19.

3. Bordeaux, 29 mars 1851, S. 51, 2, 520, D. 52, 2, 111.

4. Bordeaux, 26 juillet 1838, S. 39, 2, 51; Troplong, 220; Laurent, XXI, 82.

101. Entre les parties, les changements sont valides sous la double condition : 1° d'être constatés par acte notarié, en minute [1] ; 2° d'avoir lieu en la présence et du consentement simultané de toutes les personnes qui ont été parties au contrat [2].

On doit entendre par parties : 1° les futurs époux eux-mêmes ; 2° les personnes dont le consentement est nécessaire pour la validité du contrat ; 3° et les personnes intervenues à cet acte pour faire des donations aux futurs ou pour prendre un engagement quelconque.

Au contraire, il est inutile d'appeler les parents et amis ayant figuré au contrat comme témoins honoraires. Il en est ainsi pour les père et mère du futur âgé de plus de 21 ans et de moins de 25, dès lors qu'ils n'ont fait ni libéralité ni stipulation quelconque [3].

102. A l'égard du consentement simultané, il est exigé impérieusement, comme offrant plus de garantie de sincérité; par suite, la contre lettre portant deux dates serait nulle [4].

103. Pour que la contre lettre soit opposable aux tiers, créanciers ou acquéreurs, il faut la rédiger à

1. C. civ., 1396 ; Comp., Bastia, 16 janvier 1856, S. 56, 2, 81, D. 56, 2, 58 ; Nancy, 21 juillet 1888, S. 89, 2, 205.

2. C. civ., 1396 ; Colmet de Santerre, VI, 12 bis ; Planiol, III, 821.

3. Troplong, 239 ; Aubry et Rau, § 503 bis, note 32 ; Laurent, XXI, 96 ; Colmet de Santerre, VI, 12 bis ; Baudry-Lacantinerie, III, 22. *Contrà*, Montpellier, 8 février 1869, S. 69, 2, 49 ; Rodière et Pont, 158 ; de Folleville, 94.

4. Douai, 1er août 1854, S. 54, 2, 666, D. 55, 2, 4 ; Rodière et Pont, 157 ; Laurent, XXI, 97 ; Aubry et Rau, § 503 bis, note 34.

la suite de la minute du contrat. Cette condition est facile à expliquer ; la contre lettre, même rédigée par acte authentique, pourrait être dissimulée aux tiers si elle n'était pas rattachée directement au contrat [1].

104. Le notaire n'est pas obligé de mentionner dans la contre lettre la lecture des articles 1391 et 1394 du Code civil. Cette mention n'a été prescrite que pour le contrat [2].

105. Si la contre lettre, faite régulièrement, était omise par le notaire à la suite de l'expédition ou de la grosse du contrat de mariage, cette contre lettre produirait néanmoins tous ses effets, même à l'égard des tiers, mais le notaire en faute serait responsable du préjudice causé, et en outre, passible de peines disciplinaires [3].

IV. — RÉSILIATION

106. Avant le mariage, les parties ont le droit de modifier par une contre lettre, leurs conventions matrimoniales ; elle peuvent aussi résilier entièrement ces conventions et même faire un nouveau contrat de mariage en remplacement du premier.

D'ailleurs, tout contrat de mariage devient caduc lorsqu'il est certain que le projet de mariage ne

1. C. civ., 1397 ; Cass., 15 février 1847, S. 47, 1, 293, D. 47, 1, 53 ; Aubry et Rau, § 503 bis, notes 35 à 38 ; Laurent, XXI, 103, 104.

2. Cass., 18 mars 1857, S. 57, 1, 251, D. 57, 1, 210, J. N., 16022 ; Nimes, 4 février 1858.

3. Aubry et Rau, § 503 bis, notes 39, 40 ; Laurent, XXI, 105 ; Colmet de Santerre, VI, 13 bis.

s'accomplira pas, par le décès de l'un des futurs ou par son mariage avec une autre personne.

En dehors de ces cas, le contrat conserve son effet quoique le temps écoulé sans célébration du mariage laisse une incertitude sur la réalisation de l'union projetée.

107. Les tiers, intervenus au contrat pour faire une donation à l'un des futurs, sont intéressés à savoir s'il sera ou non donné suite au projet de mariage ; on doit leur reconnaître le droit de citer les futurs en justice pour les contraindre à s'expliquer sur leurs intentions, et voir dire qu'à défaut de célébration du mariage dans un délai déterminé, la donation serait déclarée caduque [1].

108. Un acte spécial de résiliation est parfois nécessaire pour obtenir la restitution des droits proportionnels perçus lors de l'enregistrement du contrat de mariage, quand il n'existe aucun fait authentique prouvant la rupture du projet de mariage.

Cet acte de résiliation doit être dressé devant notaire et signé de ceux qui ont été parties au contrat [2].

V. — NULLITÉ ET RESPONSABILITÉ

1° *Nullité*

109. Les causes de nullité des contrats de mariage sont au nombre de trois :

---

1. Comp., Rodière et Pont, 174 ; Huc, IX, 60.

2. Montmédy, 22 juillet 1852, J. E. 15544 ; Sol., 8 mai 1867, S. 67, 2, 362, J. E. 18712, R. P. 2827.

1° Absence de l'un des futurs qui a été représenté par un porte fort (n°12).

2° Incapacité de l'un des futurs : mineur n'ayant pas l'âge requis, ou non assisté d'une manière régulière (n°ˢ 17 à 39); prodigue qui a fait son contrat sans assistance de son conseil (n° 34).

3° Vice de forme provenant soit d'un contrat sous seing privé, soit d'un acte authentique irrégulier pour: *a.* défaut de signature d'une personne; *b.* parenté du notaire ou d'un témoin avec les parties; *c.* réception de l'acte par un clerc, en l'absence du notaire [1].

110. Quant aux vices du consentement, pour dol, violence ou erreur, ils paraissent étrangers au contrat de mariage.

111. Toujours la nullité d'un contrat de mariage est absolue, et tous les intéressés (futurs, donateurs, créanciers) sont fondés à s'en prévaloir [2].

112. De là résultent les conséquences suivantes :

1° Les époux sont soumis au régime de la communauté légale, comme s'ils n'avaient pas fait de contrat [3].

2° Les donations de biens présents et à venir faites aux époux ne peuvent produire aucun effet [4].

---

1. Cass., 26 avril 1869, S. 69, 1, 297 ; Caen, 9 mai 1844, S. 45, 2, 75 ; Laurent, XXI, 44 à 46 ; Aubry et Rau, § 503, note 8.

2. Cass., 29 mai 1854, 9 janvier 1855, S. 55, 1, 125, D. 55, 1, 28 ; 5 mars 1855, S. 55, 1, 348, D. 55, 1, 101 ; Laurent, XXI, 53 ; Planiol, III, 838. *Contrà,* Aubry et Rau, § 502, note 20.

3. Cass., 5 mars 1855 précité ; 15 novembre 1858, 16 juin 1879, S. 80, 1, 166, D. 80, 1, 415 ; Huc, IX, 54 ; Baudry-Lacantinerie, Le Courtois et Surville, I, 205.

4. Cass., 19 juin 1872, S. 72, 1, 281, D. 72, 1, 346.

3° Les donations de biens présents ne restent valables que dans le cas, tout à fait exceptionnel, ou elles se trouvent revêtues de toutes les formes légales auxquelles ces dispositions sont assujetties [1].

113. Cette nullité du contrat n'est pas couverte par la célébration de l'union, et les parties sont dans l'impossibilité de l'effacer devant le mariage [2].

114. Après le mariage dissous, les intéressés, maîtres de leurs droits, pourraient exécuter le contrat de mariage et ainsi en confirmer les dispositions à titre transactionnel [3].

115. Enfin la nullité n'est prescrite que 30 ans après la dissolution du mariage [4].

2° *Responsabilité*

116. Toutes les fois qu'un contrat de mariage est entaché de nullité, la question de responsabilité se pose à l'égard des auteurs de l'irrégularité : ascendants, conseil de famille, tuteur, conseil judiciaire et notaire.

117. Le tuteur du mineur est responsable de l'irrégularité de la délibération de famille, suivie du

---

1. Cass., 11 juillet 1853, S. 54, 1, 49 ; Montpellier, 16 décembre 1901.

2. Cass., 29 mai 1854, 9 janvier 1855 précités, 13 juillet 1857, S. 57, 1, 801, D. 57, 1, 334 ; Nimes, 12 novembre 1863, S. 63, 2, 251 ; Aubry et Rau, § 502, note 8.

3. Cass., 10 avril 1866, S. 66, 1, 190, D. 66, 1, 350 ; Planiol, III, 845.

4. Cass., 6 novembre 1895 ; Nimes, 13 janvier 1897, Rev. not., 9783. *Contrà*, Cass., 26 avril 1869, S. 69, 1, 297 ; Aubry et Rau, § 503, note 10.

contrat de mariage dans lequel il a assisté irrégulièrement son pupille et lui a laissé prendre des conventions préjudiciables [1].

118. Dans le cas de délibération irrégulière, le conseil de famille ne saurait encourir de responsabilité, à moins d'une faute très lourde [2].

119. De même, le tuteur ad hoc de l'enfant naturel, le conseil judiciaire du prodigue n'engagent pas leur responsabilité pour avoir assisté le mineur ou le prodigue à un contrat de mariage nul [3].

120. Semblable règle s'applique à l'ascendant pour l'assistance au contrat de son descendant, entaché de nullité.

121. Le notaire rédacteur d'un contrat de mariage vicié, les tribunaux, le traitant toujours avec une grande sévérité, déclarent qu'il est responsable de la nullité provenant :

1[ent] Du défaut d'une signature nécessaire pour la validité, spécialement de celle : 1° d'un mari autorisant sa femme donatrice[4]; 2° du notaire en second ou d'un témoin instrumentaire [5]; 3° du notaire récepteur [6].

2[ent] De l'incapacité d'un témoin instrumentaire,

1. Rennes, 4 mai 1878, sous Cass., S. 80, 1, 166, D. 80, 1, 415, J. N., 22298 ; Huc, IX, 56. *Contrà*, Lebret, *Rev. crit.*, IX, p. 583.

2. Comp., Demolombe, VII, 352.

3. Comp., Laurent, V, 355 ; Demolombe, VIII, 779.

4. Cass., 19 août 1845, S. 45, 1, 633, D. 45, 1, 378.

5. Bourges, 29 mars 1859, S. 60, 2, 132.

6. Vienne, 6 juin 1867, J. N., 19049.

notamment pour cause de parenté avec l'une des parties [1].

3^{ent} De la réception du contrat d'un mineur : 1° sans l'avoir fait assister de ses parents [2] ; 2° en le faisant assister d'un délégué du conseil de famille sans pouvoirs suffisants [3].

4^{ent} De l'absence d'un des futurs époux [4].

5^{ent} Si le notaire énonce une date erronée postérieure à la célébration du mariage [5].

122. D'ailleurs, pour réclamer des dommages-intérêts au notaire, les époux sont obligés de prouver que la nullité du contrat leur cause un préjudice certain [6].

———

CHAPITRE VI

Conflit de législations

I. — CONTRAT DE MARIAGE

123. La loi personnelle de chacun des époux règle la capacité requise pour faire un contrat de ma-mariage [7].

---

1. L. 25 ventôse an XI, art. 9, 10 et 68 ; Nîmes, 6 juin 1888, J. N., 24108.

2. Montpellier, 16 août 1869, sous cass., S. 72, 1, 281, D. 72, 1, 346 ; Chambéry, 8 juillet 1895, R. N., 9506.

3. Rennes, 4 mai 1878, sous cass., S. 80, 1, 166, D. 80, 1, 415, J. N., 22298, R. N., 6100.

4. Limoges, 25 mai 1887, D. 88, 2, 98, J. N., 24068.

5. Lyon, 6 août 1857, S. 58, 2, 485.

6. Pau, 15 mars 1892, S. 93, 2, 133, D. 93, 2, 164.

7. Despagnet, *Préc. dr. int. pr.*, 445 ; Weiss, *Tr. dr. int. pr.*, 506 ; Comp., Seine, 2 juillet 1878, *Jour. dr. int.*, 78, p. 502.

124. La majorité est fixée : en Suisse, à 20 ans
(C. féd., 1) ; en Allemagne (L. 17 février 1875),
Angleterre, Italie (C. civ., 323), Portugal (C. Civ.,
311), Russie, Suède, Etats-Unis d'Amérique, à 21
ans ; en Espagne (C. civ., 320) et en Hollande (C. civ.,
385), à 23 ans ; en Autriche, à 24 ans.

125. Presque partout l'authenticité est requise pour
le contrat de mariage. Cependant en Angleterre et
dans les cantons suisses de Lucerne, Saint-Gall et
Zurich, la forme authentique est inconnue [1].

126. Parmi les législations qui exigent un contrat
authentique, il existe des dissidences assez nombreuses :

En Italie (C. civ., 1382), Belgique, Hollande (C. civ.,
202), Espagne (C. civ., 1324), Portugal (C. civ., 1097),
Autriche (L., 25 juillet 1871), l'intervention d'un
notaire est exigée.

En Allemagne l'authenticité est conférée par un
notaire ou par le juge (C. civ., 1434).

Quelques cantons suisses : Appenzell, Schaffouse,
Zurich, prescrivent l'approbation du contrat par le
Conseil communal ou par un tribunal.

127. La plupart des codes veulent que le contrat
soit rédigé avant la célébration du mariage et pro-
hibent tout changement postérieur. Pourtant le
contrat passé après le mariage est validé par les
législations anglaise, autrichienne (L., 25 juillet 1871), allemande (C. civ., 1432, 1435), danoise,

---

1. D'après le projet du Code civil fédéral suisse, le contrat de
mariage devrait être réglé en forme authentique.

norwégienne (L., 7 avril 1899), cantons suisses des Grisons et de Fribourg [1].

128. Quand un Français fait, en pays étranger, son contrat de mariage, la loi locale en règle toutes les conditions de forme [2].

Si cette loi permet le contrat par acte sous seing privé, le Français a la faculté d'employer cette forme malgré la règle contraire du droit français [3].

Les Français à l'étranger ont également le droit de faire leur contrat de mariage devant le consul français, suivant les formes de la loi française [4], et il faut ajouter que c'est encore le meilleur moyen d'éviter des difficultés.

129. Bien entendu, les étrangers en France font valablement, à notre point de vue, leur contrat de mariage devant un notaire français.

Ils peuvent aussi, s'ils ont la même nationalité, le passer devant le consul de leur nation, suivant les formes de leur loi nationale, soit qu'elle les y autorise, soit qu'il existe des traités entre la France et cet état [5].

---

1. Suivant le projet de Code civil fédéral suisse, les conditions de l'association conjugale pourraient être réglées soit avant, soit pendant le mariage.

2. Cass., 12 juin 1855, S. 56, 1, 20, D. 55, 1, 389 ; 18 avril 1865, S. 65, 1, 317, D. 65, 1, 342, J. N. 18338.

3. Paris, 11 mai 1816, 22 novembre 1828 ; Troplong, 188 ; Aubry et Rau, § 503, note 4 ; Weiss, 508 ; Despagnet, 519 ; Audinet, *Princ. dr. int. pr.*, 705. *Contrà*, Laurent, XXI, 49.

4. Cass., 18 avril 1865 précité.

5. Traités : Autriche, 19 décembre 1866, art. 9 ; Espagne, 7 janvier 1862, art. 19 ; Italie, 26 juillet 1862, art. 8 ; Portugal, 27 juillet 1867, art. 7 ; Russie, 1er avril 1874, art. 9.

D'ailleurs, deux étrangers dont la loi nationale n'exige aucune forme particulière pour le contrat de mariage, ont la liberté de le faire, même en France, par acte sous seing privé [1].

130. Le consul de France à l'étranger, qui marie des Français doit les interroger sur l'existence d'un contrat et mentionner leur réponse pour que la femme puisse en France, opposer aux tiers son incapacité dotale.

Lorsque le Français s'est marié devant un officier public étranger, les formes de la loi française ne s'imposent pas à celui-ci ; néanmoins, la femme ne saurait souffrir du défaut de mention du contrat dans l'acte de mariage, elle pourra donc en France opposer ce contrat aux tiers [2].

131. Si deux étrangers se marient en France devant leur consul, celui-ci n'a pas à mentionner le contrat de mariage [3].

Quand les étrangers se marient en France devant l'officier de l'Etat civil français, il est tenu de les interroger sur l'existence d'un contrat de mariage et de mentionner leur réponse, encore que le contrat ait été fait sous seing privé [4].

132. En ce qui concerne la publicité commer-

1. Douai, 13 janvier 1887, *Jour. dr. int.* 87, 57, S. 90, 2, 148, D. 87, 2, 121 ; Weiss, 509 ; Chausse, *Rev. crit.*, 1887, p. 280 ; Huc, IX, 02.

2. Rennes, 4 mars 1880, S. 81, 2, 265, D. 81, 2, 210 ; Surville et Arthuis, *Cours de dr. int. pr.*, 365.

3. Douai, 13 janvier 1887, S. 90, 2, 148, D. 87, 2, 121 ; Chausse, *Loc. cit.*, 282.

4. Audinet, 709 ; Surville et Arthuys, 365. *Contrà*, Weiss, 509.

ciale, elle est imposée au notaire français lorsque l'un des époux quoique étranger, exerce le commerce en France lors du contrat de mariage [1].

Le contrat que deux étrangers auraient fait en France, devant leur consul ou par acte sous seing privé, ne serait pas assujetti à la publication commerciale [2].

Pour le contrat passé en pays étranger devant un officier public étranger ou par acte sous seing privé, aucune publicité n'est requise [3].

Si le contrat était reçu par le consul français, celui-ci devrait en assurer la publication au cas où l'époux commerçant aurait son domicile en France [4].

Lorsque des époux étrangers deviennent commerçants en France après leur mariage, ils doivent eux-mêmes, sous leur responsabilité, faire publier leur contrat contenant séparation de biens ou régime dotal [5].

133. D'après la législation française, les conventions matrimoniales ne peuvent être modifiées après la célébration du mariage. Cette règle, se rattachant à la loi nationale, s'imposera toujours au Français, même dans un pays ou la loi permet de faire le contrat après le mariage [6].

1. Audinet, 711. *Contrà*, Despagnet, 519.

2. Douai, 13 janvier 1887, S. 90, 2, 148, D. 87, 2, 121.

3. Rennes, 4 mars 1880, S. 81, 2, 265, D. 81, 2, 210 ; Huc, IX, 61.

4. Weiss, 508 ; Despagnet, 519 ; Audinet, 711.

5. Audinet, 711. *Contrà*, Despagnet, 519.

6. Laurent, XXI, 58 ; Demangeat et Félix, I, p. 38 ; Weiss, 506 ; Despagnet, 519 ; Surville et Arthuys, 368 ; Audinet, 713 ; Pasquale Fiore, 329. *Contrà*, Cass., 11 juillet 1855, 24 décembre 1867, S. 68, 1, 134, D. 68, 1, 134 ; Jay, *Jour. de dr. int.*, 1885, p. 527.

Pour les étrangers, même lorsqu'ils se marient en France, il est permis de faire ou de modifier les conventions matrimoniales après le mariage, dès que leur loi nationale les y autorise [1]. Mais si le contrat postérieur au mariage établissait le régime dotal, il ne serait pas opposable aux tiers, car la protection accordée à la liberté des conjoints ne saurait aller jusqu'à leur permettre de duper les tiers [2].

134. Dans leur contrat de mariage, les époux choisissent librement le régime de leurs biens. S'ils adoptent le régime dotal et que le contrat tout en indiquant les biens constitués en dot ne précise pas leur condition, il faudra recourir à la loi nationale du mari pour interpréter les clauses obscures [3].

Les effets du régime établi entre les époux s'étendent à tous leurs biens meubles et immeubles, en quelque pays qu'ils se trouvent [4].

La règle contraire admise autrefois au point de vue de l'inaliénabilité des immeubles dotaux [5], est maintenant abandonnée : la loi à laquelle les époux ont voulu se soumettre régit les immeubles dotaux en quelque lieu qu'ils soient situés [6].

1. Despagnet, 519 ; Audinet, 714.

2. Comp., Surville et Arthuys, 368 ; Weiss, 510.

3. Weiss, 512 ; Asser et Rivière, 115.

4. Paris, 5 février 1887, *Jour. dr. int.*, 87, 190 ; Despagnet, 520 ; Audinet, 731.

5. Cass., 2 mai 1825, 25 novembre 1846, S. 47, 1, 46, D. 47, 1, 48 ; Metz, 9 juin 1852, Pal. 53, 1, 615, D. 52, 2, 189 ; Duranton, I, 83, ; Trolong, 3317.

6. Seine, 20 août 1884, *Jour. dr. int.*, 85, 76, *Fr. jud.*, 84, 2, 90 ; Aubry et Rau, § 31, note 20 ; Demolombe, I, 85 ; Demangeat et Félix, 1, 124 ; Laurent, *Dr. int.*, V, 126 ; Weiss, 515 ; Despagnet, 522 ; Surville et Arthuys, 367 ; Audinet, 722 ; Renault, *Rev. crit.*, 1885, p. 582.

135. Il faut encore observer que la loi régissant les conventions matrimoniales devient inapplicable dans les pays où ses conséquences seraient contraires à l'ordre public, ainsi : 1° les immeubles dotaux de la femme française situés en Espagne, demeurent aliénables, parceque la loi espagnole interdit l'inaliénabilité ; 2° L'immeuble situé en France donné à une femme italienne après le mariage, ne saurait être considéré comme dotal, la loi française ne permettant pas de constituer ou d'augmenter la dot durant le mariage [1] ; 3° la femme mariée en France sous le régime dotal ne saurait soustraire l'immeuble qu'elle possède en Suisse, à la saisie que la loi fédérale autorise [2].

II. — MARIAGE SANS CONTRAT

136. Le régime légal en Danemark, Hollande (C. civ., 174) et Norvège, est la communauté universelle.

C'est la communauté réduite aux acquêts en Espagne (C. civ., 1315) et dans les cantons suisses de Bâle, Neufchâtel et Valais [3].

Les Belges, Luxembourgeois, Monégastes, Suédois, Suisses de Genève et Berne, ont le même régime légal que les Français.

Les Portugais reconnaissent également la communauté pour régime légal (C. civ., 1108).

---

1. Weiss, 516; Despagnet, 522; Audinet, 733; Surville, *Rev. crit.*, 1888, p. 260.

2. Seine, 12 janvier 1899, *Jour. dr. int.*, 99, 345, *Droit*, 18 février 1899.

3. Le projet de code fédéral Suisse porte comme régime légal l'exclusion de communauté; il permet la communauté et la séparation de biens, mais ne s'occupe pas du régime dotal.

En Angleterre (L., 18 août 1882), Italie (C. civ., 1425), Russie, dans le canton Suisse du Tessin, le régime légal est la séparation de biens ou paraphernalité [1].

Le régime d'administration admis comme type par les Allemands (C. civ., 1363 et suivants), présente beaucoup d'analogie avec notre régime exclusif de communauté; il existe aussi dans plusieurs cantons Suisses : Argovie, Grisons, Lucerne, Soleure, Fribourg, Zug.

Quant au régime dotal tel que nous le comprenons, il est suivi en Autriche (C. civ., 1266), et dans le canton Suisse de Vaud.

137. Deux français mariés sans contrat à l'étranger sont légalement soumis au régime de la communauté, comme s'ils avaient contracté en France [2].

Cependant il y a lieu d'admettre, suivant les circonstances, que les époux ont entendu adopter le régime légal du pays ou ils se proposaient de fixer leur domicile matrimonial, et où de fait, ils se sont établis [3].

138. Lorsque deux étrangers appartenant à la même nation se sont mariés en France, ils doivent néanmoins être considérés comme ayant voulu

---

1. Lebr., Eléments de droit civil, I, 48.

2. Seine, 30 décembre 1899, *Jour. dr. int. pr.*, 1900, 350.

3. Cass., 29 décembre 1836, S. 37, 1, 437 ; Paris, 16 décembre 1901, S. 02, 2, 298; Aubry et Rau, § 504 bis, note 2, comp., Seine, 5 avril 1887, *Jour. dr. int.*, 87, 334 ; Cass., 9 mars 1891, S. 93, 1, 457, D. 91, 1, 459.

adopter le régime légal de leur loi nationale, sur-tout si le mariage a été célébré par le consul [1].

L'intention de se soumettre au régime français de la communauté pourrait toutefois s'induire de leur résidence en France dès avant le mariage, et de l'établissement dans ce pays de leur domicile ma-trimonial ; cette présomption deviendrait presque une certitude, au cas de mariage devant un officier de l'état civil français [2].

139. Quand il s'agit de mariage contracté entre français et étrangers, on doit présumer que les époux ont entendu adopter le régime formant le droit commun du pays où ils ont établi leur do-micile matrimonial, quel que soit d'ailleurs le lieu où le mariage a été célébré [3]. A moins, qu'il ne résulte de l'intention des parties, des faits contem-porains du mariage qu'ils ont voulu adopter la loi

1. Cass., 12 juin 1874, 18 mars 1886, S. 86, 1, 243, D. 87, 1, 277 ; Paris, 7 décembre 1887, S. 89, 2, 139, D. 88, 2, 263 ; 30 dé-cembre 1891, *Jour. dr. int. pr.*, 92, 471 ; 24 mai 1895, S. 96, 2, 154, D. 96, 2, 53 ; Despagnet, 514 ; Audinet, 726 ; Weiss, 513 ; Comp., de Boeck, Note D. 88, 2, 263 ; Seine, 16 novembre 1901, *Jour. dr. int. pr.*, 02, 137.

2. Alger, 2 mai 1898, *Jour. dr. int.*, 99, 385, S. 1900, 2, 257, R. N., 10310.

3. Cass., 29 décembre 1836, 11 juillet 1855, 15 juillet 1885, S. 86, 1, 225 ; 9 mars 1891, S. 93, 1, 457 ; Pau, 26 juillet 1886, S. 87, 2, 127, D. 87, 2, 263 ; Paris, 25 novembre 1891, S. 96, 2, 273. *Jour. dr. int.*, 92, 471 ; Toulouse, 26 avril 1893, S. 96, 2, 252, D. 94, 2, 556 ; Alger, 27 février 1894, *Jour. dr. int.*, 94, 874 ; Seine, 10 juillet 1895, S. 96, 2, 273. Comp., Bourges, 18 juillet 1904, S. 05, 2, 8.

nationale du mari, maître de l'association conjugale [1].

Le système du régime légal de la loi nationale du mari est consacré en Allemagne (C. civ., L. d'intr., 15), en Italie (C. civ., 6 et 1381), en Espagne (C. civ., 1325) et en Portugal (C. civ., 1107) [2].

CHAPITRE VII

Régimes matrimoniaux

140. Différents modes d'association conjugale ou régimes sont offerts par le législateur aux futurs époux.

Ces régimes types se divisent en quatre : 1° communauté ; 2° exclusion de communauté ; 3° séparation de biens ; 4° dotalité.

141. La loi n'impose aucun régime, néanmoins, la communauté a une véritable prépondérance, car les époux s'y trouvent soumis de plein droit, a défaut de déclaration contraire dans le contrat de mariage, comme lorsqu'il n'a pas été fait de contrat, ou quand le contrat dressé est nul [3].

142. Du reste, il est permis de modifier le régime choisi et même de combiner entre eux plusieurs

----

1. Cass., 18 août 1873, D. 74, 1, 258 ; Bordeaux, 2 juin 1875, S. 75, 2, 291, D. 76, 2, 143 ; Aix, 7 février 1882, S. 83, 2, 110, 24 décembre 1885, *Jour. dr. int.*, 88, 95 ; Paris, 9 juin 1898, R. N., 10311 ; Caen, 28 mai 1900, R. N., 10626 ; Weiss, 514 ; Despagnet, 514, comp., Pic, Note D. 92, 2, 506.

2. Comp., Audinet, note S. 1900, 2, 257.

1. C. civ., 1400 ; Cass., 5 mars 1855, S. 55, 1, 348, D. 55, 1, 101.

régimes, suivant la position des parties et leurs arrangements particuliers, savoir :

1º Adopter la communauté et soumettre certains biens de l'épouse au régime dotal [1].

2º En se mariant sous le régime dotal, réserver la libre disposition de la fortune dotale, et établir une société [2].

3º Adapter la dotalité à la séparation de biens [3].

4º Greffer une société partielle avec la séparation de biens ou l'exclusion de communauté (C. civ., 1391 et 1387).

I. — COMMUNAUTÉ

143. La communauté se subdivise en deux genres : 1º communauté pure ou légale ; 2º communauté modifiée ou conventionnelle [4].

Sous la communauté conventionnelle, ce qui n'a pas été prévu dans le contrat de mariage est soumis aux règles de la communauté légale (C. civ., 1528).

144. Quand l'un des époux a des enfants d'un précédent mariage, si le régime de la communauté, légale ou conventionnelle, opère un avantage supérieur à la quotité disponible, les enfants ont une action en retranchement [5].

---

1. Cass., 24 août 1836, 3 février 1879, S. 79, 1, 353, D. 79, 1, 246 ; 21 février 1894, D. 94, 1, 294.

2. C. civ., 1581 ; Cass., 7 juillet 1840, S. 40, 1, 796 ; 27 mars 1893, S. 95, 1, 34.

3. Cass., 17 février 1886, S. 86, 1, 161, D. 86, 1, 249, R. N. 7327.

4. C. civ., 1400 à 1496, 1497 à 1527.

5. C. civ., 1496, 1527, 1098.

1^{ent} *Communauté légale*

A. — Actif

145. Trois sortes de biens entrent dans la communauté légale : 1° Les biens meubles des époux, autres que les fruits ; 2° les fruits et revenus des propres des époux ; 3° les immeubles acquis à titre onéreux durant le mariage (C. civ., 1401, 1402).

146. Par biens meubles, il faut entendre tout ce que la loi appelle mobilier, ce qui englobe : 1° les choses corporelles ou matérielles, telles que meubles meublants destinés à l'usage ou à l'ornement des appartements, instruments aratoircs, chevaux, bestiaux, bateaux, etc. ; 2° les biens incorporels, comme créances, même avec privilége ou hypothèque, rentes sur l'Etat ou sur particuliers, offices de notaires et autres, actions, parts d'intérêts et obligations des sociétés, œuvres littéraires, artistiques et inventions, fonds de commerce, assurances sur la vie, etc. [1].

Après cela, il importe peu que les biens incorporels soient nominatifs ou au porteur, les uns comme les autres entrent dans la masse commune.

147. Tombe en communauté tout le mobilier que les époux possèdent au jour du mariage et celui qui leur échoit pendant l'union, à titre de succession ou donation [2].

---

1. C. civ., 528, 529, 531, 532 ; L., 21 avril 1810, art. 8 ; Cass., 14 août 1833, 22 novembre 1842, 8 mars 1843, 4 décembre 1849, 30 avril 1862, 13 mars 1888, S. 88, 1, 302, D. 88, 1, 351.

2. Cass., 12 février 1890, S. 91, 1, 230, D. 90, 1, 204 ; Caen, 18 août 1880, S. 81, 2, 113.

Par exception, restent propres à l'époux : 1° les objets mobiliers donnés avec exclusion de communauté, dans les limites de la quotité disponible [1] ; 2° les pensions de retraite [2] ; 3° les rentes viagères déclarées insaisissables [3] ; 4° les capitaux [4] et rentes sur la caisse des retraites pour la vieillesse [5] ; 5° les soultes de partages immobiliers [6].

148. Comme deuxième élément actif, la communauté légale a la jouissance des biens qui appartiennent en propre aux époux, c'est-à-dire tous les fruits, naturels ou civils, échus ou perçus pendant le mariage [7].

149. En principe, les immeubles acquis durant l'union, à titre onéreux, les conquêts tombent dans la communauté (C. civ., 1401).

150. Tous immeubles sont réputés acquêts de communauté, si l'un des époux ne prouve pas qu'il en avait la propriété par échange ou remploi de propres [8].

151. Les immeubles que les époux possèdent au

----

1. C. civ., 1401, 1° ; Cass., 6 mai 1885, S. 85, 1, 289, D. 85, 1, 369, R. N.. 7132.

2. Alger, 11 mars 1885, S. 87, 2, 59, D. 86, 2, 222.

3. L., 20 juillet 1886, art. 13 ; L., 9 avril 1898, art. 3 L., 21 avril 1898, art. 12.

4. Cass., 30 avril 1862, S. 62, 1, 1036, D. 62, 1, 523.

5. Cass., 25 juin 1888, S. 89, 1, 338, D. 89, 1, 209.

6. Cass., 11 décembre 1850, S. 51. 1, 253, D. 51, 1, 287.

7. C. civ., 1401, 2°, 1403 ; Comp. 585, 586 ; Cass., 10 avril 1854, 20 août 1872, S. 73, 1, 5, D. 72, 1, 406.

8. C. civ., 1402, 1407, 1434, 1435 ; Cass., 22 mars 1853, S. 55, 1, 246, D. 53, 1, 102.

jour du mariage leur restent en propriété, ainsi que ceux acquis durant le mariage, par succession, donation, legs, échange, remploi, partage, licitation [1].

152. Quant à l'immeuble dont l'acquisition a eu lieu dans l'intervalle du contrat de mariage à la célébration du mariage, il appartient à la communauté, en vertu de l'article 1404 du Code civil.

B — Passif

153. Le passif de la communauté se compose :

1° Des dettes mobilières dont les époux sont grevés au jour de la célébration du mariage.

A ce point de vue, toute dette de somme d'argent est mobilière quoique garantie par hypothèque [2].

2° Les dettes des successions, donations et legs qui échoient aux époux dans la proportion de l'actif dont la communauté bénéficie [3], suivant la nature mobilière ou immobilière de la succession.

3° Les intérêts et arrérages de dettes personnelles des époux (C. civ. 1409, 3°).

4° Toutes les dettes contractées par le mari pendant le mariage (C. civ., 1409, 2°, 4°, 5°).

154. Ne sont pas à la charge de la communauté :
1° les dettes de la femme résultant d'actes sans date

---

1. C. civ., 1404, 1405, 1407, 1408 ; Comp., C. ci., 1434, 1435 ; Caen, 18 août 1880, S. 81, 1, 113.

2. C. civ., 1409, 1° ; Douai, 6 janvier 1846, S. 46, 2, 533, D. 46, 2, 217 ; Rennes, 22 décembre 1898, S. 01, 2, 169 ; Laurent, XXI, 401 ; Huc, IX, 127 ; Baudry-Lacantinerie, Le Courtois et Surville, 514 ; Planiol, III, 1077.

3. C. civ., 1411, 1412, 1414, 1418.

certaine au jour du mariage[1] : 2° les dettes ayant
pour cause l'acquisition, la conservation ou l'amélioration d'un propre[2].

C. — Administration de la communauté

155. C'est au mari qu'appartient l'administration
de la communauté, en qualité de chef, et le contrat
de mariage ne peut porter aucune atteinte à ce droit.

156. Tous les actes à titre onéreux sont permis
au mari : baux, ventes, échanges, apports en société,
constitutions d'hypothèques et de servitudes. Il a
le droit de faire ces diverses opérations sans le
concours de la femme, sauf l'effet de l'hypothèque
légale de celle-ci sur les immeubles[3].

157. Le mari a le droit de faire des donations
entrevifs, à titre particulier, et en pleine propriété,
de biens meubles communs au profit de toute personne et à la condition de ne pas excéder des limites raisonnables[4].

En faveur des enfants communs, et pour leur
établissement, par mariage ou autrement, le mari
peut donner les meubles et les immeubles de communauté (C. civ., 1422).

Lorsque la femme concourt à la donation, elle
devient entièrement valable, quel que soit son objet[5].

---

1. C. civ., 1410, 1° ; Comp., 1328, C. co., 109 ; Besançon, 4 mars
1878, S. 79, 2, 144. D. 79, 2, 48.

2. C. civ., 1409, 1° ; 1437 ; Angers, 15 février 1845, D. 45, 4,
90 ; Duranton, XIV, 214 ; Vigié, 147 ; Baudry-Lacantinerie, III, 85.

3. C. civ., 1421, 2121 ; comp., L., 23 mars 1855, art. 9.

4. Bordeaux, 16 janvier 1878, S. 78, 2, 252, D. 79, 2, 182.

5. Cass., 5 février 1850, 23 juin 1869, S. 69, 1, 358, D. 70, 1, 5.

D. — Administration des propres des époux

158. En ce qui concerne la fortune personnelle du mari, le contrat de mariage ne modifie pas ses droits, toutefois les immeubles deviennent soumis à l'hypothèque légale de la femme.

159. Pour les biens restés propres de la femme, le mari est administrateur; les actes qui lui sont permis en cette qualité, comprennent principalement : 1° les baux de neuf ans[1]; 2° la réception des capitaux exigibles[2]; 3° la conversion au porteur des titres nominatifs[3]; 4° la vente des meubles matériels, consomptibles ou livrés sur estimation [4].

160. Le mari n'a le droit qu'avec le concours de la femme, de faire les actes d'aliénation des biens personnels de celle-ci : 1° cession d'une créance[5]; 2° vente ou hypothèque d'un immeuble[6]; 3° partage d'une succession [7].

Au surplus, les pouvoirs légaux du mari sur les propres de la femme peuvent être modifiés par le contrat prénuptial.

---

1. C. civ., 1429, 1430.

2. C. civ., 1428; Cass., 25 juillet 1843 ; Besançon, 20 mars 1850, S. 50, 2, 445, D. 52, 2, 287.

3. Seine, 23 mars 1882, 17 novembre 1893.

4. C. civ., 587, 1421, 1532, 1551; Aubry et Rau, § 510, note 9; Laurent, XXII, 131.

5. Cass., 5 novembre 1860, 4 août 1862, S. 62, 1, 935, D. 62, 1, 480; Mérignhac, *Comm.*, 1348.

6. C. civ., 1428; Comp., Amiens, 30 novembre 1837; Pau, 23 novembre 1893.

7. C. civ., 818; Comp. Cass., 1r février 1892, S. 93, 1, 253.

E. — Effets de la communauté légale

161. Le régime de la communauté légale traite comme chose d'importance très secondaire la fortune mobilière, c'est-à-dire non seulement ce que, dans le langage usuel, on appelle mobilier, mais encore toutes les valeurs que la langue du droit déclare meubles et fait entrer dans la masse commune.

Cet effet s'applique aussi bien à la fortune recueillie durant le mariage, qu'à celle possédée au moment du contrat.

162. Le système légal de la communauté peut amener les plus choquantes inégalités entre les époux ayant des fortunes semblables, mais différentes par la nature :

1° Celui dont l'avoir est mobilier (argent, rentes, créances), apporte à la masse commune la totalité de ce qu'il possède.

2° Celui qui n'a que des immeubles (maisons, terres), les conserve tous en pleine propriété. Bien plus, s'il existe des hypothèques sur les immeubles propres, elles tombent à la charge de la communauté.

En présence d'un tel résultat, jamais on ne doit conseiller la communauté légale, comme régime adopté, ni le mariage sans contrat.

Ce régime convient uniquement à ceux qui ont pour toute fortune l'espérance d'en gagner par leur travail; quant aux personnes ayant un petit avoir, la communauté d'acquêts s'impose.

163. La soumission au régime de la communauté

légale peut procurer un avantage à l'un des époux,
par la confusion du mobilier et des dettes actuelles
ou futures ; cet avantage, préjudiciable aux enfants
d'un premier lit, a été prévu par la loi et elle leur
accorde l'action en retranchement [1].

2^{ent} Communauté conventionnelle

A. — Ameublissement

164. Il est possible d'atténuer dans une certaine
mesure l'inégalité résultant du régime de la communauté légale, à l'égard de la fortune actuelle des
époux au moyen de l'ameublisement, c'est-à-dire
de la mise en commun d'une chose immobilière
(C. civ., 1505 à 1509).

Cette convention est extrêmement rare.

165. L'ameublissement peut comprendre : 1⁰ des
immeubles en entier, présents ou à venir ; 2° une
quote-part d'immeubles, par exemple moitié ; 3° une
somme fixe à prendre sur des immeubles [2].

166. Quand l'ameublissement comprend tous les
immeubles ou des immeubles précisés, il a pour
conséquence de faire passer à la communauté, la
propriété des biens en formant l'objet et de les assi-
miler aux conquêts immobiliers [3].

167. Si l'ameublissement est fait jusqu'à concurrence d'une certaine somme, la communauté acquiert

1. C. civ., 1496 et 1098 ; Caen, 21 novembre 1868, D. 70, 2,
150 ; Rouen, 29 janvier 1892, S. 92, 2, 164.

2. Colmet de Santerre, VI, 171 bis ; Laurent, XXIII, 257 ; Planiol,
III, 984.

3. Aubry et Rau, § 524, note 11 ; Vigié, III, 426 ; Baudry-Lacantinerie, Le Courtois et Surville, II, 1381.

une créance, et les immeubles restent la propriété de l'époux auxquel ils appartiennent [1].

B. — Communauté universelle

168. Les époux ont le droit d'établir une communauté universelle comprenant tous leurs biens, les immeubles comme les meubles, présents et à venir, ou tous leurs biens présents en excluant ceux à venir, ou tous leurs biens à venir à l'exclusion de ceux présents.

Le contrat de mariage doit expliquer nettement ce que les parties entendent comprendre dans la masse commune [2].

169. En cas de communauté englobant tous les biens présents et à venir, les dettes des époux tombent indistinctement à la charge de la communauté [3].

170. D'autre part, le mari a le droit d'aliéner à titre onéreux et d'hypothéquer les immeubles entrés dans la masse commune, quelle que soit leur origine [4].

171. L'établissement d'une communauté universelle ne constitue pas une donation, malgré l'iné-

---

1. C. civ., 1508 ; Comp., Cass., 9 mars 1857, S. 59, 1, 427, D. 59, 1, 195 ; Baudry-Lacantinerie, III, 275 ; Planiol, III, 986.

2. C. civ., 1526 ; Rodière et Pont, 1358 ; Aubry et Rau, § 525, note 2 ; Baudry-Lacantinerie, Lecourtois et Surville, 1398 ; Planiol, III, 988 ; Vigié, III, 428.

3. Laurent, XXIII, 393 ; Baudry-Lacantinerie, III, 321 ; Huc, IX, 394.

4. Cass., 2 décembre 1872, S. 72, 1, 437, D. 72, 1, 398.

galité de fortune des conjoints. Il n'en serait autrement que si l'intention de libéralité résultait des faits et circonstances [1].

172. Quoique portant sur l'universalité des biens présents et à venir, la communauté n'englobera pas les biens donnés ou légués à l'un des époux, dans la limite de la quotité disponible, sous la condition de rester en dehors de la communauté [2].

173. La communauté universelle est le régime de ceux qui s'unissent avec un faible capital et n'attendent aucun héritage.

Ce régime avec clause d'attribution totale au survivant, convient surtout aux personnes d'âge mûr, sans enfant, et qui désirent assurer au dernier vivant une vieillesse paisible.

Dans la pratique, les clauses de communauté universelle sont peu fréquentes.

C. — Communauté d'acquêts

174. Parmi les modifications au régime légal de la communauté, vient en première ligne la communauté réduite aux acquêts.

Cette convention laisse à chaque époux la propriété de sa fortune personnelle, de sorte que les biens communs comprennent uniquement les économies faites durant le mariage [3].

La communauté d'acquêts est une stipulation

---

1. Cass., 3 avril 1843, 18 janvier 1888, S. 90, 1, 179, D. 88, 1, 174 ; Aubry et Rau, § 525, note 5 ; Huc, IX, 393.

2. Rodiére et Pont, 1372 ; Aubry et Rau, § 525, note 7 ; Laurent, XXIII, 398.

3. C. civ. 1497, 1o, 1498.

équitable pour toutes les fortunes, grandes comme petites; elle doit être, en général, préférée à tout autre régime.

Au surplus, cette communauté est aujourd'hui très usitée; toutes les classes sociales reconnaissent l'excellence de ses règles, à tel point qu'on rencontre la communauté d'acquêts dans les neuf dixièmes des contrats de mariage.

175. L'adoption de la communauté réduite aux acquêts, doit toujours résulter d'une formule précise et renvoyant à l'article 1498 [1].

Mais, pour faire mieux comprendre aux intéressés la portée du régime auquel ils se soumettent, les praticiens, au lieu d'établir directement la communauté d'acquêts, font souvent une triple stipulation : 1° la communauté légale; 2° la réalisation ou réserve du mobilier; 3° la séparation ou exclusion de dettes.

Cette forme traditionnelle est bonne; on peut seulement lui reprocher la superfétation des mots.

§ 1. — *Actif*

176. Le premier élément actif de la communauté d'acquêts se compose des revenus et fruits des biens des époux, perçus ou échus pendant le mariage [2]. Si des revenus avaient été reçus par anticipation, il n'en serait pas dû récompense [3], mais il est bon de le dire.

177. Comme deuxième élément actif, la commu-

1. Aubry et Rau, § 522, note 2 ; Laurent, XXIII, 125 ; Planiol, III, 999 ; Vigié, III, 387.
2. Cass., 27 mai 1879, S. 80, 1, 393, D. 81, 1, 297..
3. Rodière et Pont, 1235 ; Laurent, XXIII, 130 ; Huc, IX, 352.

nauté d'acquêts comprend les produits du travail ou de l'industrie des conjoints [1].

178. Les primes et lots attachés aux valeurs appartenant à l'un des époux ne tombent pas en communauté [2].

179. Sauf le cas de remploi régulièrement effectué, la communauté d'acquêts comprend toutes les acquisitions faites à titre onéreux pendant le mariage [3].

180. Chaque époux conserve la propriété de son mobilier, pourvu qu'il ait été détaillé par le contrat prénuptial ou dans un inventaire ou autre acte authentique [4]; à défaut de détail, l'époux apporteur est exposé à prendre son apport.

181. Le mobilier exclu de la communauté reste donc propre à chaque époux [5], ce qui produit les conséquences suivantes : 1° le mobilier s'améliore ou se détériore pour l'époux auquel il appartient [6]; 2° la reprise se fait en nature par le propriétaire [7];

1. Rodière et Pont, 1241 ; Aubry et Rau, § 522, note 3 ; Colmet de Santerre, VI, 161 bis ; Laurent, XXIII, 132 ; Vigié, III, 390 ; Planiol, III, 1004 ; Baudry-Lacantinerie, Le Courtois et Surville, 1278.

2. Cass., 14 mars 1877, S. 78, 1, 5.

3. Rodière et Pont, 1255 ; Aubry et Rau, § 572, note 11 ; Vigié, III, 390 ; Baudry-Lacantinerie, III, 254 ; Vigié, III, 390.

4. C. civ., 1499, 1510 ; Colmet de Santerre, VI, 162 bis ; Baudry-Lacantinerie, III, 257 ; Vigié, III, 398.

5. C. civ., 1498, 1500 ; Cass., 5 novembre 1860, S. 61, 1. 49, D. 61, 1, 81 ; Planiol, III, 996.

6. Cass., 14 avril 1893, S. 93, 1, 416, D. 92, 1, 351 ; Aubry et Rau, § 522, note 27 ; Baudry-Lacantinerie, III. 253.

7. C. civ., 1470 ; de Folleville, 483 ; Huc, IX, 313 ; Baudry-Lacantinerie, Le Courtois et Surville, 1077.

3° le mari n'a pas le droit d'aliéner le mobilier de la femme [1] ; 4° et les créanciers du mari ne peuvent saisir le mobilier de l'épouse [2].

182. Par exception, la communauté devient propriétaire des meubles exclus et l'époux est seulement créancier de leur valeur :

1° S'il s'agit de choses consomptibles, comme la monnaie, les denrées, les grains, le vin, l'huile, etc., car on ne peut s'en servir sans les consommer [3].

2° Quand le mobilier a été livré avec estimation, parce que estimation vaut vente [4], mais sauf stipulation contraire, expresse ou tacite [5].

Il faut donc s'expliquer nettement sur ce point.

§ 2. — *Passif*

183. La communauté d'acquêts n'est pas tenue des dettes antérieures au mariage, créées par l'un ou l'autre des époux, ni de celles grevant les biens recueillis durant le mariage à titre de propre [6].

---

1. Cass., 5 novembre 1860, S. 61, 1, 49, D. 61, 1, 81 ; 4 août 1862, S. 62, 1, 935, D. 62, 1, 480.

2. Paris, 3 janvier 1852 ; Dijon, 14 août 1872, S. 72, 2, 132, D. 73, 2, 166 ; Laurent, XXIII, 145 ; Aubry et Rau, § 522, note 28.

3. Comp., C. civ., 587 ; Vigié, III, 394.

4. C. civ., 1551 ; Cass., 14 novembre 1855, S. 56, 1, 11, D. 55, 1, 461 ; Paris, 11 mai 1837, S. 37, 2, 306 ; Duranton, XIV, 318 ; Rodière et Pont, 1275 ; Aubry et Rau, § 522, note 30 ; Baudry-Lacantinerie, III, 253. *Contrà*, Bordeaux, 17 février 1886, S. 86, 2, 206, D. 86, 2, 119.

5. Cass., 14 mars 1877, S. 78, 1, 5, D. 77, 1, 353 ; Huc, IX, 361 ; Baudry-Lacantinerie, Le Courtois et Surville, 1299.

6. C. civ., 1498; Rodière et Pont, 1259 ; Aubry et Rau, § 522, note 22 ; Colmet de Santerre, VI, 661 bis ; Baudry-Lacantinerie, III, 355 ; Vigié, III, 391 ; Planiol, III, 1130, 1134.

184. Comme conséquence de la jouissance des propres des époux, la communauté supporte les intérêts ou arrérages des dettes personnelles, ainsi que les impôts, primes d'assurances et charges d'entretien [1].

185. Toutes les sommes empruntées par le mari durant l'union restent à la charge de la communauté [2], sauf récompense pour celles dont il aurait tiré un profit personnel [3].

§ 3. — Administration

186. A l'égard des biens communs et de ses propres, le mari a les mêmes droits sous la communauté réduite aux acquêts que sous celle légale.

187. Les règles de la communauté légale sont applicables aux propres de la femme en ce sens que leur administration appartient au mari [4].

188. Sur la fortune mobilière comme immobilière de la femme, le mari n'a aucun droit d'aliénation [5].

189. Il est permis de modifier par contrat prénuptial les droits du mari, relativement aux biens personnels de la femme [6].

1. Comp., Bordeaux, 1er juillet 1874, S. 76, 2, 112 ; Colmet de Santerre, VI, 161 bis, XIII ; Baudry-Lacantinerie, III, 255.

2. Aubry et Rau, § 522, note 25 ; Planiol, III, 1136.

3. Cass., 19 juillet 1864, S. 64, 1, 441, D. 65, 1, 66.

4. Rodière et Pont, 1275 ; Laurent, XXIII, 164 ; Baudry-Lacantinerie, III, 256.

5. Cass., 2 juillet 1840, 4 août 1862, S. 62, 1, 935, D. 62, 1, 480 ; 17 décembre 1872, S. 72, 1, 421, D. 73, 1, 154 ; Baudry-Lacantinerie, III, 253 ; Laurent, XXIII, 142.

6. Comp., C. civ., 1534, 1549 ; Orléans, 8 juin 1894, D. 96, 2, 334.

200. En ce qui concerne les aliénations gratuites, à titre de constitution de dot aux enfants que la femme aurait d'un premier lit, le mari ne mettra peut-être guère de bonne volonté. Si la femme était obligée de se faire autoriser par justice, l'usufruit de la communauté resterait (C. civ., 1426, 1555); pour éviter la difficulté, le contrat de mariage réserverait valablement la faculté, pour la femme, de doter ses enfants du premier lit, dans une limite déterminée, sans avoir besoin d'autorisation maritale ni judiciaire.

D. — Exclusion du mobilier

201. Les clauses par lesquelles les époux déclarent exclure de la communauté légale tout ou partie de leurs biens meubles, actuels ou futurs, sont connues sous les noms de réalisation ou stipulation de propres.

Ces clauses, assez rares, ont pour but d'établir un certain équilibre entre la fortune mobilière actuelle des deux époux.

Elles peuvent présenter trois aspects différents.

§ 1. — Réalisation

202. On appelle réalisation expresse, la clause mettant en dehors de la masse commune du mobilier, corporel ou incorporel, appartenant aux époux ou à l'un deux seulement, et indiqué expressément [1].

203. Chaque époux demeure propriétaire du mobilier réalisé à son profit.

---

1. C. civ., 1500 ; Rodière et Pont, 1306 ; Aubry et Rau, § 523, note 5 ; Colmet de Santerre, VI. 163 bis.

En conséquence, le mari ne saurait aliéner sans le concours de sa femme, le mobilier réalisé au profit de celle-ci [1].

204. A l'égard des tiers, la propriété du mobilier objet de la réalisation, devra être prouvée par inventaire ou état en bonne forme [2].

205. En cas de réalisation à titre particulier d'objets déterminés, il n'en résulte aucune modification à l'obligation de la communauté, de payer toutes les dettes de l'époux qui l'aura stipulée.

Quand la réalisation porte sur la généralité du mobilier ou sur une quote-part, la communauté supporte les dettes proportionnellement au mobilier dont elle devient propriétaire [3].

Si la réalisation s'applique à tout le mobilier présent et futur, la communauté se trouve réduite aux acquêts et est régie comme telle [4].

§ 2. — *Emploi*

206. Par la clause d'emploi, l'un des époux stipule qu'une somme précisée, à prendre sur son mobilier, devra être employée à son profit personnel, en immeubles ou même en meubles [5].

1. Cass., 2 juillet 1840, S. 40, 1, 887 ; Paris, 21 février 1868, S. 68, 2, 176, D. 68, 2, 49.

2. C. civ., 1499, 1504, 1510 ; Cass., 19 juin 1855, S. 55, 1, 506, D. 55, 1, 305 ; Laurent, XXIII, 207 ; Vigié, III, 402 ; Baudry-Lacantinerie, Le Courtois et Surville, 1330.

3. Aubry et Rau, § 523 ; Vigié, 404, 405 ; Laurent, XXIII, 218 ; Baudry-Lacantinerie, Le Courtois et Surville, 1334.

4. Rodière et Pont, 1299 ; Aubry et Rau, § 523 ; Vigié, 405.

5. Comp., C. civ., 1404 ; Nîmes, 19 décembre 1830, S. 31, 2, 196 ; Rodière et Pont, 1293 ; Aubry et Rau, § 523, note 10 ; Laurent, XXIII, 221 ; Baudry-Lacantinerie, Le Courtois et Surville, 1336.

207. La clause d'emploi a pour effet d'exclure de la communauté la somme qui en forme l'objet.

En tout cas, l'emploi effectué ne devient‚propre à l'époux que si les formalités légales du remploi ont été observées [1].

208. Pour les tiers, la clause d'emploi, au profit de l'épouse, n'est aucunement obligatoire, à moins que, tout à fait par exception, le contrat de mariage ne dise positivement le contraire [2] (n° 247).

§ 3. — *Apport*

209. Il y a convention d'apport lorsque les époux déclarent mettre en communauté soit certains objets mobiliers, corporels ou incorporels, spécialement désignés, soit telle somme ou encore le mobilier, jusqu'à concurrence d'une valeur déterminée [3], pour former un fonds commun.

210. La clause d'apport d'une somme indiquée, ou d'un corps certain, exclut de la communauté les autres sommes ou effets mobiliers présents et non le mobilier futur, à moins de clause précise [4].

211. La mise en communauté des biens mobiliers présents et futurs, à concurrence d'un chiffre déterminé, emporte réserve de tout le surplus à titre de propre [5].

---

1. C. civ., 1434, 1435 ; Aubry et Rau, § 523, note 11 ; Guillouard, 1546. *Contrà*, Laurent, XXIII, 222 ; Huc, IX, 369.

2. Aubry et Rau, § 523, note 12 ; Vigié, 408.

3. C. civ., 1500, Aubry et Rau, § 523, notes 13 et 14 ; Vigié, 407 ; Planiol, III, 1012 ; Baudry-Lacantinerie, Le Courtois et Surville, 1337.

4. C. civ., 1500, 1511 ; Aubry et Rau, § 523, note 13 ; Planiol, III, 1013.

5. C. civ., 1500, 1503 ; Aubry et Rau, § 623, note 18.

Mais, en ce cas, le mobilier entre dans la communauté en propriété, et l'époux n'a qu'une créance par ce qui excède sa mise [1].

212. De plus, l'époux se trouve débiteur envers la communauté de la somme promise, et est obligé de prouver sa libération [2].

D'ailleurs, pour le mobilier présent, le mari apporteur sera libéré par sa propre déclaration, et la femme par la quittance que le mari lui donne ou à ceux qui l'ont dotée [3].

E. — Séparation de dettes

213. Par l'adoption de la communauté réduite aux acquêts, les époux sont séparés de dettes actuelles et futures (nos 183, 184).

La clause de réalisation et celle d'apport ont aussi pour conséquence d'exclure de la communauté les dettes des époux (nos 205, 209).

214. D'autre part, tout en soumettant leur union au régime légal de la communauté, les époux peuvent convenir que la masse commune ne sera pas tenue des dettes antérieures au mariage; ces dettes restent alors à la charge de l'époux qui les a contractées [4].

En conséquence, si la communauté a acquitté des

---

1. C. civ., 1503 ; Cass., 21 mars 1859, S. 59, 1, 761, D. 59, 1, 225 ; Rodière et Pont, 1326 ; Laurent, XXIII, 236.
2. C. civ., 1401 ; Colmet de Santerre, VI, 164 bis.
3. C. civ., 1502 ; Aubry et Rau, § 523, note 25.
4. C. civ., 1497, 4º, 1510.

dettes pour l'un des époux, celui-ci est obligé d'en tenir compte [1].

215. Au point de vue de l'action des créanciers, la séparation de dettes n'est apposable que si le mobilier de leur débiteur apporté en mariage, a été constaté par inventaire ou état authentique [2].

216. La simple clause de séparation, laisse à la charge de la communauté les intérêts et arrérages des dettes même non déclarées, courus durant le mariage (C. civ., 1512).

Toujours, à la séparation de dettes, les époux ajoutent des affirmations formelles sur les charges grevant leur fortune, ou sur la non existence de dettes.

217. En cas d'apport déclaré faussement libre de dettes, l'époux pour lequel il en a été ensuite acquitté, doit indemniser la communauté non seulement du capital mais en outre des intérêts et arrérages des dettes dissimulées, courus avant et pendant le mariage [3].

218. Dans la crainte que l'époux débiteur se trouve insolvable, parfois il est ajouté à sa garantie celle d'un tiers, parent ou étranger, qui s'oblige avec

---

1. C. civ., 1510 ; Planiol, III, 1132 ; Colmet de Santerre, VI, 175 ; Laurent, XXIII, 298.

2. Aubry et Rau, § 526, note 13 ; Baudry-Lacantinerie, III, 286 ; Vigié, III, 412 ; Comp., Cass., 23 avril 1888, S. 89, 1, 25, D. 89, 1, 233.

3. Cass., 27 mai 1879, S. 80, 1, 393, D. 81, 1, 297, J. N. 22212 ; 29 mai 1888, S. 89, 1, 68, D. 89, 1, 349 ; Planiol, III, 1142 ; Laurent, XXIII, 322 ; Rodière et Pont, 1483 ; Comp., R. N. 5788.

lui à la garantie de l'apport libre de charges [1].

Si la déclaration d'apport franc et quitte émane de la femme, le tiers garant pourra être de suite poursuivi par le mari, pour le forcer à indemniser la communauté des dettes qu'elle a été obligée de payer [2].

F. — Reprise franche des apports de la femme

219. Il est loisible à la femme de réserver expressément le droit de reprendre, en exemption des dettes de communauté, au cas de renonciation à cette communauté, tout en partie des biens qui y entrent de son chef [3].

Avec une pareille clause, la femme ne s'associe que pour gagner.

220. Cette convention dérogeant à la communauté légale, doit être interprétée restrictivement, ainsi :

1° La faculté de reprendre les apports ou le mobilier, sans mentionner le mobilier futur, ne s'applique qu'au mobilier possédé le jour du mariage ;

2° Quand la reprise est stipulée en faveur de la femme, elle ne s'étend pas aux enfants ; celle accordée à la femme et aux enfants englobe tous les descendants, mais elle écarte les autres parents, ascendants ou collatéraux [4].

---

1. C. civ., 1513 ; Aubry et Rau, § 527, note 2 ; Laurent, XXIII, 314 ; Baudry-Lacantinerie, Le Courtois et Surville, 1364.

2. Colmet de Santerre, VI, 179 bis ; Rodière et Pont, 1488 ; Baudry-Lacantinerie, III, 291.

3. C. civ., 1514 ; Comp., Rodière et Pont, 1495 ; Planiol, III, 1392 ; Baudry-Lacantinerie, Le Courtois et Surville, 1408.

4. C. civ. 1514 ; Aubry et Rau, § 528, note 3 ; Baudry-Lacantinerie, III, 294 ; Planiol, III, 1386 ; Huc, IX, 384 bis.

221. Malgré la clause de reprise, la femme s'engage valablement envers les tiers[1]; il n'en serait autrement que dans le cas, tout à fait exceptionnel, où la stipulation, conçue en termes clairs et précis, équivaudrait à la dotalité.

De plus, le mobilier de la femme tombant dans la masse, se trouve soumis à l'action des créanciers du mari ou de la communauté[2].

222. La reprise réservée est d'ailleurs garantie par l'hypothèque légale à la date du mariage[3].

223. Quand les époux adoptent la communauté réduite aux acquêts, la reprise des apports de la femme n'a pas besoin d'être stipulée ; elle résulte de l'article 1498, et toute clause pour dire la même chose est complètement inutile.

224. Enfin, la réserve de reprendre l'apport libre de toute dette, même au cas d'acceptation de la communauté, a une portée tout à fait spéciale ; elle emporte réalisation, c'est-à-dire retenue de la propriété au profit de la femme[4].

G. — Partage inégal de communauté

225. Dans le droit commun en matière de communauté, légale ou conventionnelle, l'actif net se partage

---

1. Cass., 15 décembre 1858, 13 août 1860, S. 61, 1, 154, D. 61, 1, 263 ; Aubry et Rau. § 533, notes 12 et 13 ; Laurent, XXIII, 338.

2. Cass., 2 décembre 1872, S. 72, 1, 437, D. 72, 1, 398 ; Aubry et Rau, § 528, note 11 ; Planiol, III, 1389.

3. Cass., 15 juillet 1902, S. 03, 1, 313, R. N. 11014.

4. Toulouse, 27 janvier 1844, S. 44, 2, 391, D. 44, 2, 203 ; Rodière et Pont, 1494 ; Aubry et Rau, § 528, note 2 ; Baudry-Lacantinerie, III, 295.

par moitié entre les époux, sans qu'il y ait lieu d'examiner si les apports ont été égaux ou inégaux (C. civ., 1474).

226. Cette règle souffre quatre exceptions prévues et réglées par le contrat de mariage : préciput, parts inégales, forfait, attribution totale à l'un des époux.

Il est bien entendu que les clauses dont il s'agit ne sauraient faire obstacle à ce que le mari, au cours de la communauté, aliène librement les biens en dépendant [1].

Quand il existe des enfants d'un précédent mariage, toute convention tendant à un partage inégal de la communauté est considérée comme une donation susceptible d'être ramenée dans les limites de la quotité disponible [2].

§ 1. — *Préciput*

227. On appelle préciput la convention par laquelle l'un des époux, presque toujours le survivant, est autorisé à prélever, avant partage, sur la masse commune, des meubles ou des immeubles précisés, par exemple : une somme d'argent, des objets mobiliers à choisir à concurrence d'une certaine valeur, une bibliothèque, des tableaux, des effets personnels [3].

---

1. Cass., 24 mars 1903, S. 04, 1, 137, R. N. 11743.

2. C. civ., 1527, 1098 ; Pau, 3 juin 1871, S. 71, 2, 252, D. 72, 5, 149 ; Cass., 13 avril 1858, S. 58, 1, 426, D. 58, 1, 406 ; Rodière et Pont. 1613, 1626.

3. C. civ., 1515 ; Aubry et Rau, § 529, note 3 ; Rodière et Pont, 1536 ; Baudry-Lacantinerie, III, 300 ; Huc, IX, 386.

228. Constituant une dérogation aux règles de la communauté, le préciput s'applique exactement aux seuls objets que les parties ont formellement indiqués [1].

229. Le préciput est une clause modificative de la communauté et non une donation, sauf au respect d'enfants du premier lit [2].

230. C'est seulement à la mort de l'un des époux que le préciput s'ouvre, mais il est permis de stipuler que toute dissolution de communauté (séparation, divorce), donnera ouverture au préciput en faveur du conjoint qui l'aura obtenue [3].

231. Puisque le préciput est un prélèvement, il ne peut s'exercer que sur la masse commune, et non sur les biens personnels de l'un des époux [4].

Toutefois, le préciput change de nature au cas trop fréquent où il est stipulé en faveur de la femme, malgré sa renonciation à la communauté ; alors il constitue plutôt une donation qu'une créance contre le mari [5].

1. Rodière et Pont, 1541 ; Aubry et Rau, § 529, note 7 ; Laurent, XXIII, 347 ; Baudry-Lacantinerie, Le Courtois et Surville, 1418.

2. C. civ., 1516, 1527 ; Rodière et Pont. 1534 ; Laurent, XXIII, 350 ; Comp., Paris, 12 juin 1900, R. N. 10577.

3. C. civ., 1517 ; Cass., 26 janvier 1808 ; Limoges, 6 août 1849, S. 50, 2, 108, D. 50, 5, 71 ; Rodière et Pont, 1545, Aubry et Rau, § 529, note 18 ; Baudry-Lacantinerie, III, 304.

4. Cass., 3 août 1852, S. 52, 1, 833, D. 52, 1, 257 ; Rodière et Pont, 1567 ; Vigié, III, 436.

5. Comp., C. civ., 1415 ; Cass., 12 juin 1872, S. 72, 1, 308, D. 72, 1, 327 ; Orléans, 8 juin 1894, D. 96, 2, 334 ; Aubry et Rau, § 529, note 19 ; Colmet de Santerre, VI, 182 bis, IV ; Laurent, XXIII, 353 ; Planiol, III, 1304.

232. Il faut signaler comme se rapprochant sensiblement du préciput, les clauses accordant à l'époux survivant le droit de conserver en nature, d'après estimation, dans des conditions qui doivent être précisées : 1° des meubles matériels ; 2° un droit de bail ; 3° un fonds de commerce ; 4° le mobilier d'une habitation, etc. [1].

Ces réserves permettent au survivant de garder la possession d'objets qui lui sont familiers, sans l'obliger à un partage ou à une licitation.

233. Est encore un dérivé du préciput, la clause autorisant chaque époux à prendre : 1° tous immeubles acquêts formant annexes de ses propres, à la charge de tenir compte à la masse commune des sommes déboursées pour prix d'acquisition et frais; 2° le mobilier garnissant une maison appartenant en propre, d'après estimation contradictoire.

234. Lorsque le futur époux est susceptible de devenir notaire, avoué, etc., la propriété exclusive de l'office lui est toujours réservée, à la condition d'indemniser la communauté des sommes déboursées à ce sujet.

§ 2. — *Parts inégales*

235. Il est permis d'attribuer au survivant ou aux héritiers du prémourant, une part inférieure ou supérieure à la moitié de la communauté [2].

---

1. Comp., Paris, 16 mai 1876, S. 76, 2, 173, Seine, 5 février 1878, R. N., 5684 ; Paris, 9 juillet 1885, D. 86, 2, 261 ; Coulommiers, 8 mai 1903, J. E., 26525.

2. C. civ., 1520 ; Aubry et Rau, § 530, note 2 ; Baudry-Lacantinerie, III, 311 ; Planiol, III, 1311.

Cette clause peut avoir lieu sous une condition, par exemple pour le cas où il n'y aurait pas d'enfants du mariage [1].

Dans l'Est, le mari a souvent les deux tiers ou même les trois quarts des bénéfices de communauté.

236. L'époux dont les droits sont réduits supporte les dettes communes proportionnellement à la part qu'il prend dans l'actif; toute convention contraire serait nulle [2].

237. Quand l'un des époux est attributaire de tout le mobilier de communauté, il contribue pour la valeur de ce mobilier au paiement du passif [3].

§ 3. — *Forfait*

238. Une somme fixe ou forfait, en faveur de l'un des époux ou de ses héritiers, pour tout droit de communauté peut être stipulée. Si le forfait n'a été établi qu'à l'égard des héritiers de l'époux, celui-ci en cas de survie a droit au partage légal par moitié (C. civ., 1520, 1523).

La clause établissant un forfait au profit de l'un des époux contient abandon de la masse commune à l'autre époux ou à ses héritiers, et l'époux dont les droits ont été fixés à une somme déterminée est fondé à la réclamer, que la communauté soit bonne ou mauvaise [4].

---

1. Rodière et Pont, 1580 ; Aubry et Rau, § 530, note 3 ; Baudry-Lacantinerie, Le Courtois et Surville, 1431.

2. C. civ., 1521 ; Vigié, III, 437.

3. Cass., 20 janvier 1875, S. 75, 1, 226, D. 75, 1, 52.

4. C. civ., 1522 ; Cass., 17 janvier 1854, S. 54, 1, 202, D. 54, 1, 237 ; Rodière et Pont, 1589 ; Aubry et Rau, § 530, note 8.

Sauf, en ce qui concerne la femme survivante, la faculté de renonciation [1].

A cause de son caractère aléatoire, la convention de forfait est très rare.

§ 4. — *Attribution de la communauté entière*

239. La dévolution totale de la communauté à l'époux survivant ou à l'un d'eux seulement est permise [2].

Evidemment, celui qui recueille tout l'actif commun doit supporter la totalité du passif.

240. Si la clause attribuant toute la communauté au survivant doit avoir pour effet de priver les héritiers du prémourant de reprendre ses apports et capitaux, il faut s'en expliquer formellement, sinon la reprise serait de droit [3].

241. Cette attribution totale de la communauté reçoit son exécution entière même en présence d'enfants du mariage [4].

242. La convention attribuant toute la communauté au survivant n'est pas rare dans les familles industrielles ou commerçantes, surtout du nord.

Mais la stipulation la plus fréquente est celle disant que le dernier vivant des époux aura : 1° En

1. C. civ. 1524 ; Colmet de Santerre, VI, 192 bis.

2. C. civ., 1525 ; Comp., Cass., 2 août 1899, S. 01, 1, 433, D. 01, 1, 433.

3. C. civ., 1525 ; Comp., Cass., 19 décembre 1890, S. 91, 1 129, D. 91, 1, 417 ; Rodière et Pont, 1610 ; Aubry et Rau, § 530, note 12 ; Baudry-Lacantinerie, III, 317.

4. Aubry et Rau, § 530, note 1o.

pleine propriété la moitié de la communauté ; 2° l'usufruit de l'autre moitié ; 3° un prélèvement en meubles d'une valeur déterminée ; 4° le droit de prendre le fonds de commerce, sans indemnité pour l'achalandage ; 5° enfin, s'il existe des droits dans une société commerciale, la faculté de conserver cette part en tenant compte de la valeur d'après le dernier inventaire social.

Pour les familles bourgeoises, il est souvent stipulé, en faveur du survivant, une attribution en usufruit de la part de son conjoint dans les bénéfices communs, au lieu d'une donation et en vue de lui éviter les droits de mutation par décès. En ce cas, il faut en faire concorder la portée avec les réductions imposées par la loi au profit des enfants.

H. — Conditions relatives aux biens de la femme

243. Le mari est un administrateur ordinaire à l'égard des biens de son épouse, et les droits légaux qui lui appartiennent en cette qualité sont susceptibles de modifications extensives ou restrictives [1].

244. Serait valable et irrévocable, le mandat par contrat de mariage, conféré au mari pour les biens de la femme de : consentir des baux dépassant neuf ans, toucher des revenus par anticipation, céder les créances non exigibles, vendre les immeubles et toucher le prix, etc. [2].

---

1. Aubry et Rau, § 502, note 25 et § 504, note 4 ; Laurent, XXII, 127 ; Baudry-Lacantinerie, III, 127 ; Vigié, III, 206 ; Planiol, III, 800.

2. Cass., 12 janvier 1847, S. 47, 1, 241 ; 15 février 1853, S. 53, 1. 145 ; 14 février 1893, S. 93, 1, 350, D. 93, 1, 261 ; Aubry et Rau, § 402 ; Laurent, XXVII, 410.

245. D'autre part, le traité nuptial pourrait : 1° réserver à l'épouse l'administration de certains biens meubles ou immeubles [1]; 2° obliger le mari à obtenir le concours de sa femme pour toucher les capitaux de celle-ci [2].

La tendance est plutôt pour l'extension des droits de la femme que pour leur restriction.

246. En principe, les époux disposent comme bon leur semble du prix de vente des propres de l'épouse et de ses capitaux personnels. Cependant, il est permis de stipuler, par contrat de mariage, que le mari devra faire emploi ou remploi de toute somme capitale appartenant à sa femme.

Par une clause de remploi conçue en termes vagues, les parties sont présumées avoir voulu s'en référer au droit commun, et elle reste dépourvue d'effet, même à l'égard du mari [3].

Quand la convention de remploi fixe un délai pour l'effectuer, alors le mari est obligé au respect de la femme [4].

247. Sous la communauté, régime de liberté, la clause prescrivant le remploi des biens de la femme n'est opposable aux tiers que si elle les déclare responsables [5].

1. Comp., C. civ., 1534, 1549.

2. Rouen, 29 février 1856, S. 57, 2, 734.

3. Cass., 1er février 1848, 7 avril 1879, S. 80, 1, 100.

4. Cass., 1er mars 1859, S. 59, 1, 402, D. 59, 1, 122 ; Aubry et Rau, § 507, notes 80 et 81 ; Laurent, XXI, 386 ; Huc, IX, 207 ; Baudry-Lacantinerie, Le Courtois et Surville, 424.

5. Cass., 19 juillet 1865, S. 65, 1, 372, D. 65, 1, 431 ; 21 février 1894, S. 95, 1, 393, D. 94, 1, 294 ; Colmet de Santerre, VI, 79 bis ; Laurent, XXI, 389 ; Huc, IX, 208.

Et lorsque la prescription relative au remploi est obligatoire pour les tiers, elle n'imprime pas aux propres de la femme commune le caractère de dotalité ; par suite, celle-ci est capable de s'obliger sur sa fortune [1].

248. La loi exige l'acceptation expresse de la femme pour toute opération de remploi des biens apportés par elle, mais rien ne s'oppose à ce que les époux dérogent à cette règle par leur contrat de mariage, par exemple en donnant au mari le mandat d'effectuer le remploi, suivant le mode déterminé [2].

II. — EXCLUSION DE COMMUNAUTÉ

249. Le régime sans communauté ou exclusif de communauté donne au mari l'administration et la jouissance de l'entière fortune de la femme [3].

250. Chaque époux conserve la propriété de ses biens meubles et immeubles, comme la charge de ses dettes [4].

251. Les objets mobiliers, consomptibles ou non, apportés en mariage par la femme, doivent être

1. Cass., 29 décembre 1841, 6 novembre 1854, 8 juin 1858, 19 janvier 1869, S. 69, 1, 360, D. 69, 1, 503.

2. C. civ., 1435 ; Dijon, 30 juin 1897, sous Cass., 1901. 1, 35; Cass., 2 mai 1859, S. 59, 1, 293 ; Laurent, XXI, 391 ; Baudry-Lacantinerie, Le Courtois et Surville, 424.

3. C. civ., 1530, 1531 ; Comp., 1534.

4. Aubry et Rau, § 531, note 22 ; Laurent, XXIII, 426.

détaillés dans le contrat ou dans un inventaire [1], pour assurer le droit de propriété de l'épouse et faciliter la reprise.

252. Il est clair que les biens mobiliers et immobiliers de la femme sont aliénables avec le concours des deux époux [2].

253. En qualité d'administrateur, le mari reçoit les capitaux appartenant à son épouse et le prix de vente de ses biens [3].

Quand le mari a encaissé un prix de vente ou une autre créance, il en est responsable [4].

D'ailleurs, la responsabilité du mari cesse lorsque les deniers appartenant à la femme ont reçu un emploi à son profit et d'elle accepté [5].

254. A l'égard des tiers, le remploi des propres de la femme n'est obligatoire que si les termes précis du contrat de mariage en font une condition de leur libération [6].

255. La restitution des biens de la femme est exigible aussitôt après le décès de l'un des époux [7], à moins que les conventions matrimoniales n'accordent un délai au mari.

---

1. C. civ., 1532 ; Aubry et Rau, § 531, note 12 ; Rodière et Pont, 2073.

2. C. civ., 1535 ; Laurent, XXIII, 422 ; Aubry et Rau, § 531, note 14 ; Vigié, III, 448 ; Merignhac, *Communauté*, 3330.

3. Baudry-Lacantinerie, Le Courtois et Surville, 1465.

4. Poitiers, 24 juin 1831, S. 31, 2, 295 ; Bordeaux, 17 décembre 1847 ; Aubry et Rau, § 531, note 9.

5. Aubry et Rau, § 531, note 4 ; Rodière et Pont, 2074.

6. Aubry et Rau, § 531, note 31 ; Rodière et Pont, 2085 ; Vigié, III, 449.

7. Duranton, XV, 301 ; Aubry et Rau, § 531, note 26 ; Laurent, XXIII, 434.

256. C'est au mari, chef de l'association conjugale, qu'il incombe de pourvoir aux charges du ménage [1].

257. La femme est privée d'une participation quelconque dans les bénéfices réalisés durant le mariage; ils sont pour le mari seul [2].

258. D'autre part, il est permis de conserver à la femme la disposition d'une partie de ses revenus pour son entretien et ses besoins personnels. Les économies qu'elle réalise sur les revenus réservés lui appartiennent, ainsi que les acquisitions faites avec ces économies [3].

259. Parfois, le régime exclusif reçoit une amélioration sérieuse par l'établissement d'une société comprenant le mobilier meublant de l'habitation [4].

260. L'exclusion de communauté ne trouve son indication que pour le mariage d'un homme riche avec une femme dépourvue de fortune.

Comme cette convention sacrifie les intérêts de la femme à ceux du mari, elle est assez rare.

En définitive, le régime exclusif a une grande analogie avec le régime dotal portant constitution en dot de tous biens ; mais il en diffère sur un point capital : la protection dotale n'existe pas.

Ce régime se rencontre dans les anciennes contrées de dotalité : Languedoc, Provence, Dauphiné, Lyonnais, Marche.

1. C. civ., 1530, 1533.
2. Baudry-Lacantinerie, III, 334.
3. C. civ., 1534 ; Cass., 18 mai 1897, S. 01. 1, 491 ; Aubry et Rau, § 531, note 32 ; Laurent, XXIII, 431 ; Vigié, III, 447 ; Planiol, III, 1425.
4. Aubry et Rau, § 531, note 30 ; Huc, IX, 400 ; Baudry-Lacantinerie, III, 330.

III. — Séparation de biens

261. Le trait caractéristique de la séparation de biens, est le droit pour chaque époux de gouverner sa fortune comme il l'entend, et de faire ce que bon lui semble de ses économies.

A. — Administration et aliénation des biens de la femme

262. La femme administre entièrement ses biens, sans avoir besoin de consulter son mari. Parfois, la femme laisse l'administration et la jouissance de ses biens à son mari ; ce cas est à prévoir et régler dans le contrat [1].

263. L'administration de la femme séparée comporte le droit de : 1° louer ses immeubles pour la durée normale de 9 ans ; toucher les revenus échus ; faire les réparations ; 2° contracter des assurances contre l'incendie et la mortalité des animaux ; 3° recevoir les capitaux exigibles [2].

264. Sans autorisation, la femme séparée est incapable : 1° de vendre des futaies non mises en coupes réglées ; 2° de concéder le droit d'extraire des pierres, phosphates, etc. [3].

265. Il est permis à la femme séparée : 1° de convertir ses titres nominatifs en titres au porteur [4] ;

1. C. civ., 1536, 1539 ; Comp., Metz, 17 août 1858, S. 59, 2, 49.

2. C. civ., 1429, 1430 ; Paris, 24 décembre 1859, D. 60, 5, 350 ; Alger, 22 janvier 1866, S. 66, 2, 193 ; Rodière et Pont, 2189 ; Huc, IX, 277.

3. Douai, 10 décembre 1872, S. 73, 2, 139, D. 73, 2, 92 ; Baudry Lacantinerie, Le Courtois et Surville, 1500.

4. Cass., 8 février 1870 ; 13 juin 1876, S. 76, 1, 334, D. 78, 1, 181.

2° d'aliéner ses biens meubles à titre onéreux [1] ;
3° contracter des obligations [2]. Le tout dans les
limites de l'administration seulement.

266. Quant au placement des économies en achat,
même au comptant, de meubles ou d'immeubles, il
nécessite l'autorisation maritale [3].

267. Dans aucun cas, le mari ne peut conférer à
la femme une autorisation générale d'aliéner ses
immeubles ou de les hypothéquer [4].

B. — Propriété du mobilier

268. La consistance du mobilier possédé au moment du mariage par chaque époux, et de celui qui
échoit pendant l'union, doit être établie par inventaire ou état en bonne forme; à défaut de quoi les
créanciers de l'un ou de l'autre des époux ont le droit
de saisir tout le mobilier que ceux-ci possèdent,
sauf au conjoint non débiteur à établir son droit
de propriété d'une manière suffisante, comme le
veut l'article 1510 [5].

269. Entre les époux ou leurs héritiers, la preuve
de la consistance du mobilier respectif peut se faire

1. Nancy, 24 juin 1854 ; Paris, 12 mai 1859 ; Aix, 29 avril 1890,
S. 90, 2, 130.

2. Cass., 3 janvier 1831 ; Paris, 27 novembre 1857, D. 57, 2, 209.

3. C. civ., 217 ; Cass., 2 décembre 1885, S. 86, 1, 97, D. 86, 1,
294 ; Seine, 18 avril 1891. *Contrà*, Paris, 8 mars 1893, D. 93, 2,
256 ; Demolombe, IV, 157 ; Laurent, XXII, 297 ; Planiol, III, 1459.

4. C. civ., 1538, 217 ; Cass., 10 mai 1853, S. 53, 1, 572, D. 53,
1, 160.

5. Aubry et Rau, § 532, note 8 ; Guillouard, III, 1677 ; Planiol,
III, 1430 ; Arntz, III, 886 ; Comp., Bruxelles, 13 février 1875.

par tous les moyens, même par la preuve testimoniale [1].

270. Au surplus, la déclaration générale portée au au contrat de mariage que le mobilier de l'habitation commune sera réputé appartenir au mari ou à la femme, ne donne pas entière sécurité aux parties. Ainsi :

1° A l'égard des tiers, la présomption de propriété n'existera qu'en faveur de l'époux usufruitier, locataire ou propriétaire des appartements où le ménage est établi [2].

2° En cas de faillite du mari, la femme ne pourrait revendiquer d'autres meubles que ceux dont elle justifierait la propriété par inventaire ou autre acte authentique [3].

3° Si les époux venaient à avoir des résidences séparées, chacun serait considéré comme propriétaire des objets en sa possession [4].

La conclusion pratique, c'est l'utilité : 1° de détailler le mobilier des deux époux dans le contrat de mariage ; 2° d'avertir les époux des précautions à prendre pour éviter toute confusion d'objets mobiliers.

C. — Responsabilité du mari

271. Les dettes des époux demeurent séparées comme leurs biens, toutefois, le mari sera tenu de

1. Nîmes, 20 janvier 1859, S. 59, 2, 75 ; Aubry et Rau, § 532, note 9.

2. Caen, 15 janvier 1849, S. 49, 2, 425 ; Besançon, 22 décembre 1854, D. 54, 2, 233 ; Mayenne, 26 février 1896 ; Séino, 20 novembre 1896.

3. C. co., 560 ; Paris, 9 février 1867, S. 67, 2, 309.

4. C. civ., 2879 ; Cass., 16 février 1903, S. 04, 1, 34.

celles contractées par la femme, si elles rentrent dans la dépense générale du ménage [1].

272. Lorsque l'épouse, tutrice d'enfants d'un premier lit, se trouvera débitrice envers eux, même pour des opérations antérieures au second mariage, le mari répondra solidairement avec elle de la somme due, à défaut de l'emploi prescrit par l'article 6 de la loi du 27 février 1880, qui a modifié l'article 396 du Code civil [2].

273. En cas de dettes contractées par les deux époux solidairement, la femme est toujours réputée caution du mari (C. civ. 1431).

274. Quand le mari autorise l'aliénation d'un immeuble de la femme par son concours à l'acte, il est garant du défaut d'emploi ou de remploi du prix [3].

275. Si la femme laisse l'administration de ses biens à son mari, il n'est comptable que des fruits non consommés avant la demande en compte.

D. — Charges du ménage

276. La contribution aux charges du mariage commande une clause particulière ; la meilleure, en général, est celle disant que chaque époux contribuera en proportion de ses ressources, sans compte [4].

---

1. Cass., 27 janvier 1857, S. 57, 1, 161, D. 57, 1, 142.
2. Comp., Demolombe, VII, 136.
3. C. civ., 1450 ; Cass., 8 juillet 1891, S. 92, 1, 490, D. 93, 1, 388.
4. C. civ., 1448, 1537, 1575 ; Aubry et Rau, § 532, note 4 ; Laurent, XXIII, 449 ; Planiol, III, 1432.

E. — Société entre les époux

277. La séparation de biens contractuelle est irrévocable, de sorte que durant le mariage, toute société est interdite entre les époux, ou même entre eux et un tiers [1].

Si un immeuble était acquis aux noms des deux époux, chacun serait propriétaire de moitié.

D'ailleurs, les époux ont la liberté d'établir entre eux, par le contrat de mariage, une société plus ou moins étendue [2]. A ce point de vue, la mise en commun du mobilier meublant, garnissant l'habitation, sera utile, sauf dans le cas d'insolvabilité du mari.

F. — Hypothèque légale

278. Sous ce régime l'hypothèque légale étant peu utile, les parties seront portées souvent à la limiter comme le permet l'article 2140 du Code civil.

G. — Cas d'application

279. Le régime de séparation doit être conseillé dans un certain nombre de circonstances :

1° Aux personnes ayant l'une ou l'autre des enfants d'un précédent mariage. La séparation évite beaucoup de froissements pour des questions d'argent.

2° Aux futurs d'âge mûr, ou lorsqu'il existe entre eux une notable différence d'âge.

3° Quand le mari a des dettes et se trouve, par conséquent, exposé à des poursuites de la part de ses créanciers.

---

1. C. civ., 1395 ; Cass., 6 février 1888, 7 mars 1888, S. 88, 1, 305.
2. Comp., Cass., 25 janvier 1904, D. 04, 1, 105, S. 04, 1, 305.

4° Lorsque la femme se propose de faire un commerce sans la participation de son mari, fonctionnaire ou employé.

5° Dans le cas où une femme riche épouse un homme sans fortune.

IV. — DOTALITÉ

280. Au moyen de l'adoption du régime dotal, la fortune de la femme peut se trouver divisée en deux catégories : biens dotaux et biens paraphernaux.

Ces derniers sont dans une position sensiblement analogue à celle de la fortune d'une femme séparée [1].

Quant aux premiers, apportés au mari pour supporter les charges du mariage, ils bénéficient de règles protectrices rigoureuses.

A. — Biens dotaux

281. Les biens dotaux comprennent : 1° tout ce que la femme se constitue personnellement ; 2° ce qui lui est donné par contrat de mariage ; 3° et les biens subrogés aux dotaux pendant le mariage, par échange ou remploi [2].

282. Du reste la constitution dotale peut frapper : 1° tous les biens présents et à venir de la femme ; 2° tous les biens présents seulement, à l'exclusion des biens à venir ; 3° tous les biens à venir en ex-

---

1. C. civ., 1574 à 1580 ; Comp., 1536 à 1539.
2. C. civ., 1392, 1540, 1541, 1553, 1558, 1559.

cluant ceux présents ; 4° une quotité de biens, comme le tiers, le quart ; 5° des objets déterminés ; 6° tous biens, à l'exception d'un objet précité ; 7° la totalité des biens, sous réserve d'une somme à prélever ; 8° une somme à prendre sur des biens déclarés disponibles ; 9° des biens dans telle commune [1].

283. Il est défendu d'accroître la dot pendant le mariage, soit par la volonté des époux, soit par celle d'un tiers donateur ou testateur [2].

284. Par exception, sont dotaux : 1° les bâtiments élevés sur un terrain dotal [3] ; 2° les parts acquises par la femme, au moyen de partage ou de licitation, d'un immeuble dont elle ne possédait qu'une portion comprise dans la dot [4].

285. Des libéralités faites à la femme dotale pendant le mariage, peuvent être soustraites à la dotalité par la volonté du disposant, et dans les limites de la quotité disponible [5].

§ 1. — *Droits des époux*

Art. 1. — MARI

286. En ce qui concerne les biens mobiliers, le mari acquiert la propriété : 1° des choses fongibles ;

1. Comp., C. civ., 1542 ; Lyon, 7 novembre 1891 ; Cass., 22 juillet 1889, S. 92, 1, 589, D. 90, 1, 388.
2. C. civ., 1543, 900 ; Paris, 20 octobre 1890, D. 91, 2, 359.
3. Cass., 29 août 1860, S. 61, 1, 9, D. 60, 1, 393 ; Lyon, 11 mars 1886, S. 88, 2, 7, D. 87, 2, 129.
4. Cass., 21 mars 1860, S. 60, 1, 874, D. 60, 1, 297 ; Planiol, III, 1501.
5. Cass., 16 mars 1846, D. 46, 1, 368, S. 47, 1, 157 ; Nîmes, 10 décembre 1856, S. 57, 2, 134, D. 58, 2, 8.

2° de celles non fongibles, destinées à être vendues ;
3° Et des objets livrés sur estimation, car l'estimation vaut vente, à moins de clause contraire [1]

287. Sur les meubles dotaux restés propriété de
la femme, le mari a deux droits : l'administration
et la jouissance.

288. En vertu de son droit d'administration, très
étendu, le mari passe des baux de neuf ans, touche
les revenus et les capitaux. De plus, il lui est permis
de vendre les meubles corporels et incorporels, et
aussi de transférer les valeurs de bourse, même sans
le concours de sa femme [2].

Ce droit marital de vendre les valeurs mobilières
dotales est souvent enrayé par une clause du
contrat de mariage.

289. Le mari jouit des fruits et revenus des biens
dotaux, comme un usufruitier, sauf la dérogation
de l'article 1571 ; en cette qualité, il doit faire inventaire, et d'autre part acquitter les charges [3].

290. A l'égard des immeubles dotaux, même
estimés, le mari ne devient pas propriétaire, sauf
le cas très rare d'une déclaration spéciale.

Il administre ces immeubles et a la jouissance
des revenus et fruits [4].

1. C. civ., 587, 1551 ; Cass., 22 mars 1882, S. 82, 1, 241, D. 82,
1, 337.

2. C. civ., 1549 ; Cass., 1er février 1819, 18 février 1851,
26 août 1851, 6 décembre 1859, 1er août 1866, S. 66, 1, 363, D.
66, 1, 445.

3. Comp., C. civ, 1562, 600 ; Montpellier, 6 mars 1844, S. 45,
2, 11, D. 45, 2, 38.

4. C. Civ., 1549, 1552, 1571.

291. Si le mari fait des améliorations aux immeubles dotaux, il ne peut réclamer indemnité que dans la mesure de la plus-value procurée au fonds, appréciée à la dissolution du mariage [1].

Art. 2. — FEMME

292. Pour les biens dotaux dont la propriété réside sur la tête de la femme, les créanciers du mari ne peuvent les saisir ni en fonds, ni même en revenus [2].

293. Par dérogation au pouvoir légal d'administration appartenant au mari, il est permis de convenir que la femme touchera directement une partie de ses revenus pour ses besoins personnels : soit une fraction (moitié, le tiers) de chaque débiteur, soit une somme fixe, à prendre sur un débiteur de son choix [3].

§ 2. — *Inaliénabilité des immeubles*

294. L'aliénation et l'hypothèque des immeubles dotaux sont interdites aux époux [4].

Toute aliénation est prohibée : totale ou partielle, onéreuse ou gratuite, directe ou indirecte, ce qui englobe : la vente de propriété ou d'usufruit [5], celle d'une futaie non aménagée [6]; l'échange [7]; l'établis-

1. Cass. 10 juin 1885, S. 85, 1, 345, D. 86, 1, 205.

2. Cass., 14 août 1883, S. 86, 1, 37, D. 84, 1, 334.

3. C. civ., 1549 ; Cass., 2 juillet 1885, S. 85, 1, 420, D. 86, 1, 287 ; 27 octobre 1897, S. 98, 1, 348.

4. C. civ., 1554 ; Cass., 19 novembre 1862, D. 62, 1, 472, S. 63, 1, 131.

5. Cass., 13 janvier 1837, D. 37, 1, 106, S. 37, 1, 190.

6. Cass., 7 juillet 1898, S. 99, 1, 222, et Rennes, 17 mars 1892.

7. Comp., Cass., 18 décembre 1878, D. 79, 1, 441.

sement conventionnel d'une servitude [1]; la donation entre vifs [2], le partage d'ascendants entre vifs [3], l'institution contractuelle ou donation de biens à venir [4]; la transaction [5], le compromis [6].

295. Sur la demande de la femme ou de ses héritiers, l'aliénation indûment faite est révocable [7].

296. D'autre part, la dot immobilière se trouve protégée durant le mariage par l'imprescriptibilité (C. civ., 1561).

Art. 1. — Exceptions légales a l'inaliénabilité

297. Pour établir ses enfants, par mariage ou autrement, la femme autorisée du mari peut donner, hypothèques ou engager ses biens dotaux, sans formalité judiciaire [8].

298. L'aliénation des immeubles dotaux est possible, avec l'autorisation du tribunal, et par voie d'enchères publiques, pour : 1° tirer de prison civile le mari ou la femme ; 2° fournir des aliments à la famille ; 3° Payer les dettes de la femme ou de ceux

---

1. Bordeaux, 26 novembre 1889, S. 91, 2, 233.

2. Cass., 17 juin 1863, S. 63, 1, 340, D. 64, 1, 140.

3. Toulouse, 31 décembre 1883, D. 84, 2, 81 ; Riom, 17 décembre 1888, D. 90, 2, 327.

4. Cass., 8 mai 1877, 25 avril 1887, S. 87, 1, 320, D. 88, 1, 169.

5. C. civ., 2045 ; Cass., 7 février 1843, 8 mai 1872, S. 73, 1, 366.

6. C. Pr., 1004 ; Cass., 18 mai 1841, 22 août 1865, D. 65, 1, 363.

7. C. civ., 1560 ; Comp., Cass., 13 avril 1893, S. 95, 1, 218, D. 94, 1, 407.

8. C. civ., 1555, 1556 ; Cass., 1er avril 1845, 7 juillet 1857, S. 57, 1, 734, D. 58, 1, 405.

qui l'ont dotée ; 4° faire des réparations indispensables à la conservation du fonds dotal ; 5° cause d'indivision avec des tiers [1].

299. Avec l'autorisation du tribunal, le fonds dotal peut être échangé contre un autre immeuble ayant au moins les quatre cinquièmes de la valeur de l'ancien (C. civ., 1559).

Art. 2. — Exceptions conventionnelles

300. On ne saurait formuler avec trop de précision les dérogations aux règles légales du régime dotal, car sous ce régime de protection, les exceptions introduites sont toujours expressément limitées aux cas déterminés par les conventions matrimoniales [2].

301. Souvent le contrat de mariage accorde aux époux la faculté d'aliéner, par vente ou échange, les immeubles dotaux, sous la condition de remplacer les prix et soultes en biens d'une nature déterminée, par exemple : 1° immeubles productifs et non industriels, situés en France ; 2° placements hypothécaires sur des tiers ; 3° valeurs de bourse de premier ordre, telles que rentes sur l'Etat, actions de la Banque, obligations des grandes compagnies de chemins de fer, du Crédit foncier, de la ville de Paris, etc. [3]. La liste des bonnes valeurs françaises

---

1. C. civ., 1558 ; C. Pr. 997.

2. Cass., 29 mai 1839, 21 aoû, 1866, 1er avril 1876, 19 novembre 1888, S. 89, 1, 153, D. 90, 1, 35 ; Lyon, 9 juillet 1861, S. 62, 2, 15. D. 62, 2, 167.

3. C. civ., 1557 ; Cass., 22 février 1859, S. 59, 1, 521, D. 59, 1, 117.

est assez longue pour qu'on n'ait pas besoin de recourir à celles étrangères, qui au point de vue dotal pourraient occasionner des surprises désagréables.

302. Les stipulations relatives au remploi réclament des détails bien exacts, pour éviter les difficultés d'application, ainsi :

1° La vente est révocable tant que le remploi n'a pas été réalisé [1] ; il sera bon de la déclarer valable par elle-même, pourvu que l'acquéreur représente son prix.

2° Il incombe à l'acquéreur dotal d'apprécier la valeur vénale des immeubles acquis en remploi et la régularité de leurs titres de propriété [2]. Cela lui fait une situation difficile ; elle est améliorée en disant dans le contrat qu'il s'occupera seulement de la réalisation matérielle du remploi [3]. Le meilleur pour l'acquéreur, c'est d'être déclaré libéré et dégagé par la remise des fonds aux mains, soit de l'agent de change choisi pour acheter le remploi en valeur de bourse, soit en celles du notaire, en cas : *a.* de conversion des titres d'un précédent remploi, *b.* de remploi en immeubles ou en placements hypothécaires sur des tiers.

---

1. Rouen, 21 février 1857 ; Aix, 19 mars 1891, D. 92, 2, 343 ; Caen, 21 juin 1876.

2. Riom, 27 mai 1850 ; Rouen, 20 décembre 1873, S. 75, 2, 334, D. 77, 2, 318.

3. Cass., 2 août 1853, 29 janvier 1890, S. 93, 1, 471, D. 90, 1, 97.

3° La question du prélèvement des frais de remploi sur la somme à employer, doit être résolue par le contrat de mariage [1].

Il est bien entendu que le remploi n'est régulier que par l'acceptation expresse de la femme, mais le contrat de mariage pourrait donner au mari mandat d'effectuer et d'accepter le remploi [2].

303. Quand le remploi est autorisé en actions ou obligations des chemins de fer, du Crédit foncier, etc., la sortie successive des titres donne lieu à de nombreuses formalités de remploi ; c'est un véritable ennui. De plus, les primes attachées aux obligations de chemins de fer, obligent à acheter des titres infimes de rente pour compléter le remploi. En attribuant cette prime à la société d'acquêts, ou en dispensant de la remplacer, les remplois se trouvent simplifiés.

304. En cas de remploi autorisé en un placement hypothécaire, l'acquéreur du fonds dotal est obligé de veiller à la solidité de l'hypothèque, et d'assurer le renouvellement de l'inscription, à moins d'en avoir été dispensé [3].

305. Quand le remploi peut avoir lieu au moyen de la cession d'immeubles du mari, il faut ajouter

---

1. C. civ., 1593 ; Cass., 16 novembre 1859, S. 60, 1, 241, D. 59, 1, 490 ; Nîmes, 13 novembre 1872, S. 73, 2, 193, D. 73, 2, 189. *Contrà*, Rouen, 30 avril 1851, D. 55, 2, 2.

2. C. civ., 1435 ; Cass., 12 juin 1865, S. 65, 1, 298, D. 65, 1, 444 ; 10 janvier 1900, S. 01, 1, 33, D. 01, 1, 89.

3. Rouen, 7 mars 1900.

que l'acceptation du remploi emportera extinction de l'hypothèque légale sur le bien cédé ; à défaut de cette précaution, les formalités de l'article 2144 s'imposeraient.

306. La clause autorisant la vente du fonds dotal et permettant au mari de toucher le prix, à charge de le reconnaître sur ses biens, est à éviter comme ne donnant aucune garantie à la femme [1], en dehors de l'hypothèque légale.

307. Le point de savoir si les époux peuvent prendre sur la dot les dettes de successions et droits de mutation étant très controversé [2], il est indispensable d'en donner l'autorisation.

308. La faculté de vendre les immeubles dotaux pour faire de grosses réparations ou même des améliorations sur le fonds dotal, sans jugement, est bonne à insérer.

309. Une clause d'utilité évidente consiste à permettre de recevoir sans emploi jusqu'à, concurrence d'une somme déterminée, les indemnités d'expropriation publique, d'élargissement de chemins et autres cas analogues.

310. Il est encore bon de permettre à la femme à faire un partage d'ascendant entre vifs, et même

---

1. Cass., 9 février 1859, S. 60, 1, 872, D. 59, 1, 58 ; Agen, 2 février 1891, S. 92, 2, 6, D. 91, 2, 331.

2. Comp., Caen, 10 juin 1852 ; Rouen, 19 août 1852, S. 56, 2, 129, D. 56, 2, 186 ; Pau, 5 mars 1859 ; Limoges, 14 novembre 1876, S. 77, 2, 137.

toutes donations à ses enfants [1].

311. La réserve de la faculté d'hypothéquer les immeubles dotaux, est possible [2]. Elle ne résulte que d'une clause précisant, s'il y a lieu, les conditions auxquelles son exercice est subordonné : achat d'un office, cautionnement de fonctionnaire financier, etc.

312. D'ailleurs, l'autorisation de conférer hypothèque sur le fonds dotal, n'emporte aucune dérogation à l'incapacité de la femme relativement à son hypothèque légale [3].

§ 3. — *Dot mobilière*

313. A défaut de stipulation contraire dans le contrat de mariage, le mari reçoit la dot mobilière, sans aucune charge de caution [4]. Et, en vertu de son droit d'administration très étendu, il a la liberté d'aliéner à titre onéreux les créances et valeurs de bourse dotales.

314. Presque toujours le contrat de mariage contient des clauses protectrices de la dot mobilière :

1° Les père et mère du futur garantissent la dot, avec ou sans hypothèque ;

2° Le mari est obligé d'obtenir le concours de la femme, pour recevoir les créances et pour transférer les valeurs de bourse ;

---

1. Comp., Rouen, 23 janvier 1897, S. 99, 2, 157 ; Riom, 17 décembre 1888, D. 90, 2, 327.

2. Cass., 17 juillet 1840, 18 novembre 1862, 3 février 1891, S. 91, 1, 247, D. 92, 1, 28.

3. Cass., 16 décembre 1856, 4 juin 1866, 15 février 1899, S. 99, 1, 217, D. 99, 1, 247.

4. C. civ., 1549, 1550 ; Cass., 29 août 1848, 1er août 1866, D. 66, 1, 446, S. 66, 1, 363.

3° Condition est imposée au mari d'employer les deniers, créances et valeurs formant la dot mobilière, en biens immeubles, placements hypothécaires et titres précisés cotés à la bourse, inscrits au nom de la femme, avec obligations successives d'emploi.

Cette dernière condition est très efficace lorsque les tiers sont obligés d'en assurer l'exécution, sous peine de n'être pas libérés [1].

315. L'obligation d'emploi imposée, s'applique : 1° aux primes et lots des valeurs dotales [2] ; 2° aux titres au porteur recueillis par la femme dotale, et déposés entre les mains d'un tiers [3].

316. Il n'y a pas d'inconvénient à autoriser la conservation en nature de valeurs dotales provenant de successions et legs, pourvu qu'il y ait clause obligeant à les faire mettre au nominatif avec mention de dotalité, ou, si les titres ne sont pas susceptibles de la forme nominative, à les déposer dans les caisses de la Banque de France, au nom de la femme, comme biens dotaux soumis à emploi.

317. En ce qui concerne la femme, la dot mobilière reste inaliénable. Particulièrement, les reprises et créances ayant pour objet des droits dotaux et garanties par l'hypothèque légale, ne sauraient être compromises par aucun acte de l'épouse. Ainsi, elle est incapable de renoncer à son hypothèque légale en faveur d'un acquéreur, d'y subroger un

1. Paris, 27 janvier 1854, S. 54, 2, 776, D. 55, 2, 209 ; Angers, 15 février 1877, S. 77, 2, 324, D. 77, 2, 176 ; Aubry et Rau, § 535, note 19.

2. Paris, 13 avril 1878, S. 78, 2, 134, R. N. 5641.

3. Cass. 1er février 1859, 13 novembre 1876, S. 77, 1, 145, D. 78, 1, 111.

tiers prêteur, et même de céder la priorité de son rang hypothécaire [1].

Une clause spéciale des conventions matrimoniales, autorise valablement la femme à céder ses reprises, et renoncer à l'hypothèque légale [2]. Cette permission a lieu surtout lorsque toute la dot mobilière est soumise à emploi.

318. A défaut de clause expresse permettant la renonciation à l'hypothèque légale, il sera parfois bon, dans le contrat prescrivant l'emploi de la dot entière, de restreindre cette hypothèque à certains immeubles du mari.

D'ailleurs il ne saurait être convenu que l'hypothèque limitée sera transportée pendant le mariage, d'un commun accord, sur d'autres immeubles [3].

§ 4. — *Restitution de la dot*

319. Les évènements donnant lieu à la restitution de la dot sont : la mort de l'un des époux, le divorce, la séparation de corps ou de biens.

320. Pour les choses dont la femme est restée propriétaire, la restitution doit avoir lieu immédiatement ; le mari a un an pour rendre les sommes d'argent [4].

1. Cass., 14 novembre 1846, 6 décembre 1882, 3 décembre 1883, S. 84, 1, 232, D. 84, 1, 334.

2. Cass., 4 juin 1866, 19 novembre 1888, 15 février 1899, S. 99, 1, 217, D. 99, 1, 247.

3. C. civ., 2140 ; Cass., 5 mai 1852, S. 52, 1, 289, D. 52, 1, 129 ; Lyon, 26 janvier 1854, S. 54, 2, 245, D. 54, 2, 147 ; Aubry et Rau, § 264 ter, note 46 ; Baudry-Lacantinerie et de Loynes, 1024.

4. C. civ., 1564, 1565 ; Comp., 1570.

321. Il est évident que le délai de restitution est modifiable par les conventions matrimoniales [1].

B. — Paraphernaux

322. Tous les biens restés en dehors de la constitution de dot sont paraphernaux (C. civ., 1574).

323. Malgré une constitution générale des biens présents et à venir, doivent être considérés comme paraphernaux :

1° Les biens donnés ou légués à la femme sous condition de ne pas entrer dans la dot (n° 285)

2° Les biens acquis par la femme en son nom, sans emploi ou remploi de la dot [2].

3° Après séparation de biens, les placements faits par la femme avec des deniers non sujets à emploi [3].

Pour ces deux derniers cas, les biens tout en étant paraphernaux renferment des valeurs dotales et se trouvent dans une situation particulière à l'égard des créanciers, en ce sens qu'ils ne peuvent le saisir sans restituer les capitaux dotaux y contenus [4].

324. C'est la femme qui a l'administration et la jouissance des paraphernaux, dans les mêmes conditions qu'une femme séparée de biens [5].

---

1. Bordeaux, 26 juillet 1892 ; Rodière et Pont, 1916 ; Aubry et Rau, § 540, note 49.

2. Cass., 18 mai 1897, S. 1901, 1, 491, D. 97, 1, 407 ; Agen, 30 janvier 1882, S. 83, 2, 223, D. 83, 2, 41.

3. C. civ., 1553 ; Cass., 12 avril 1870, S. 70, 1, 185, D. 70, 1, 264.

4. Cass., 27 février 1883, 5 juin 1891, 26 novembre 1895, S. 96, 1, 73, D. 96, 1, 313.

5. C. civ., 1576 ; Grenoble, 19 avril 1842, S. 43, 2, 230, D. 43, 2, 149.

325. Si la gestion des paraphernaux est abandonnée au mari, celui-ci ne sera tenu qu'à la représentation des fruits existants lors de la demande en restitution [1].

Il est d'ailleurs permis de donner par contrat de mariage, l'administration des paraphernaux au mari [2].

326. La femme n'a le droit de vendre ses paraphernaux, meubles comme immeubles, qu'avec l'autorisation maritale [3].

327. En autorisant la vente d'un paraphernal, le mari prend la responsabilité du remploi du prix [4].

328. Comme les paraphernaux sont de libre disposition, si le contrat de mariage soumet le prix de vente à emploi, la clause n'est opposable aux tiers que si elle fait de l'emploi une condition de libération [5].

C. — Société d'acquêts

329. La société d'acquêts permise sous le régime dotal, est identique à la communauté d'acquêts [6].

---

1. C. civ., 1577, 1578 ; Cass., 19 décembre 1842, S. 43, 1, 165 ; Toulouse, 2 mars 1882.

2. Nîmes, 2 mai 1807.

3. C. civ. 1576 ; Limoges, 11 janvier 1884, D. 85, 2, 175 ; Rodière et Pont, 2003. *Contrà*, Aubry et Rau, § 541, note 10, pour les meubles.

4. Cass., 13 novembre 1861, S. 62, 1, 741. D. 62, 1, 367 ; Aubry et Rau, § 541, note 11.

5. Cass., 13 février 1850, 9 août 1858, S. 59, 1, 19, D. 58, 1, 371 ; Aubry et Rau, § 541, notes 5 et 6.

6. C. civ., 1581, 1498 ; Cass., 8 mai 1855, S. 55, 1, 530, D. 55, 1, 171.

Elle a la même composition activement et passivement. Son administrateur est également le mari.

330. Par la société d'acquêts, la condition des biens dotaux n'est aucunement modifiée [1].

331. A l'égard des paraphernaux, si le contrat de mariage n'en remet pas l'administration au mari, elle appartient à la femme qui doit seulement tenir compte de ses économies [2].

332. A la dissolution de la société d'acquêts, les fruits de la dernière année se règlent suivant les principes de la communauté, à l'exclusion de ceux de la dotalité [3].

333. Pour les bénéfices de société, la règle du partage égal est observée, à défaut dans le contrat de mariage, d'une convention modificative, telle que préciput, attribution des meubles à l'un et des immeubles à l'autre [4].

334. Dans quelques parties de la Normandie, les époux adoptent parfois une société d'acquêts réduite aux immeubles, ou aux meubles à l'exclusion des immeubles [5].

---

1. Comp., Cass., 1er décembre 1886, S. 88, 1, 145, D. 88, 1, 81; Rodière et Pont, 2036, 2040 ; Aubry et Rau, § 541 bis, notes 2 et 3.

2. Cass., 14 décembre 1864, S. 65, 1, 31, D. 65, 1, 137 ; Riom, 31 janvier 1866, S. 67, 2, 89, D. 66, 2, 219.

3. Rouen, 3 mai 1853, S. 54, 2, 31, D. 55, 2, 344 ; Aubry et Rau, § 541 bis, note 11 ; Jouitou, *Reg. dot.* 648,

4. Cass., 16 avril 1833, S. 331, 371 ; Douai, 17 juin 1847, S. 49, 4, 71, D. 50, 2, 62 ; Paris, 9 juillet 1885, D. 86, 2, 261.

5. Cass., 30 janvier 1850 ; 3 août 1852, S. 52, 1, 833, D. 52, 1, 257 ; Aubry et Rau, § 522, note 37 ; Laurent, XXIII, 195.

Cette clause laisse le mari maître de créer ou non un actif commun ; à ce titre elle ne doit pas être encouragée.

V. — RÉGIME COMPOSITE

Sous ce titre vont être signalées quelques combinaisons du régime dotal avec la communauté et avec la séparation de biens.

A. — Communauté et dotalité

§ 1. — *Dotalité voilée*

335. Parfois un contrat de mariage a toutes les apparences de la communauté et le mot dotalité ne figure pas, bien que le rédacteur ait voulu et et entendu y mettre la chose, au moyen de phrases plus ou moins habiles. Ce procédé est de nature à occasionner des difficultés sur la validité des engagements contractés par la femme.

La loi veut que si, en adoptant la communauté, les époux entendent emprunter les garanties de la dotalité pour une partie des biens de la femme, il soit fait une déclaration précise mettant bien à part la fortune protégée, afin que les tiers ne se trouvent pas exposés à des erreurs sur l'étendue de la protection accordée à l'épouse [1].

336. Dans le cas où la clause de remploi, sous la communauté, impose aux tiers l'obligation d'y veiller, ils sont avertis de leur responsabilité. Si, de plus, il est interdit à la femme de prendre d'engagements

---

1. Cass., 7 février 1855, 3 février 1879, 13 novembre 1895, D. 96, 1, 14, S. 99, 1, 267 ; Comp., Planiol, III, 1054.

exécutoires sur sa fortune soumise à remploi, elle
se trouve réellement affectée du caractère dotal [1].

§ 2. — *Dotalité déclarée*

337. Le régime recherché dans la bourgeoisie est
celui de la communauté d'acquêts, avec dotalité
partielle, frappant une somme fixe, ou certains biens
spécifiés, ou encore une quotité de la fortune à
venir.

Ce système mixte sépare clairement les deux sortes
de biens appartenant à la femme : d'un côté la
fortune soumise à la communauté, régime de liberté;
d'autre côté, celle placée sous la protection de la
dotalité, régime d'inaliénabilité. Généralement cette
dotalité est atténuée par l'autorisation de vendre à
charge de remploi.

338. La femme soumise à ce régime composite
engage valablement ses biens, sans cependant que
les créanciers puissent atteindre ceux frappés de
dotalité.

339. Elle peut aussi renoncer à son hypothèque
légale ou y subroger des tiers, en tant qu'elle garantit
les reprises et créances régies par la communauté;
quant à celles qui proviendraient de la fortune
dotale, la femme ne saurait les compromettre par
des renonciations ou subrogations, à moins d'une
réserve expresse dans le contrat de mariage.

1. Cass., 15 mars 1853, 3 février 1879, S. 79, 1, 353.

B. — Séparation de biens et dotalité

340. La liberté des conventions matrimoniales permet aux époux adoptant la séparation de biens, d'emprunter les règles protectrices dur égime dotal ; de même qu'ils peuvent en acceptant la dotalité pour base de leur union, attribuer à la femme, comme sous la séparation de biens, l'administration de toute sa fortune [1].

341. Dans le même ordre, mais avec une atténuation, le contrat de mariage peut accorder à la femme le droit de recevoir, avec l'autorisation maritale, les capitaux lui appartenant, sans emploi ou sans charge d'emploi [2].

Ces clauses trouvent leur indication quand les aptitudes administratives de la femme paraissent meilleures que celles du mari.

CHAPITRE VIII

Apports en mariage

342. Il est toujours nécessaire d'établir la consistance des biens meubles et immeubles possédés par les époux au jour du contrat, sous des numéros distincts pour chaque espèce : effets personnels, meubles matériels, deniers comptants, créances, rentes sur l'Etat, maisons, fermes, métairies, bois, etc.

1. Cass., 2 mars 1837, 17 février 1 886, S. 86, 1, 161, D. 86, 1, 249 ; Rodièreet Pont, 1736 ; Laurent, XXI, 126 ; Dépinay, *Reg.dot.* 381. *Contrà*, Aubry et Rau, § 535, note 16 ; Jouitou, 30 ; Baudry-Lacantinerie, III, 277.

2. Cass., 13 novembre 1876, S. 77, 1, 145, D. 78, 1, 111 ; Rouen, 29 février 1856, S. 57, 2, 734.

I. — DESCRIPTION ET ESTIMATION

343. En ce qui concerne les immeubles, une désignation, au moins succinte, se recommande à trois points de vue : 1° régularité du contrat comme preuve de propriété ; 2° facilité de l'établissement des reprises ou prélèvements à la dissolution de l'union ; 3° base certaine des honoraires du contrat [1].

344. Quelque soit le régime adopté, la description détaillée du mobilier s'impose, afin que la propriété puisse être établie à tout évènement.

Cette règle s'applique à la totalité de ce qui est mobilier d'après la loi, notamment aux meubles matériels, aux créances et aux valeurs de bourse [2].

345. A défaut d'état descriptif et estimatif du mobilier appartenant à la femme, les créanciers du mari, surtout en cas de faillite ou de liquidation judiciaire, sont autorisés à dire que le mari a reconnu un apport purement ficti f; par conséquent la femme n'a rien à réclamer, ni reprise en nature. ni reprise en deniers [3].

346. D'autre part, les créanciers ont le droit de saisir, pour les dettes de l'un ou de l'autre des époux, le mobilier non détaillé [4].

L'action des créanciers sur les meubles non

1. C. civ., 1402, 1470 ; Comp., Orange, 13 janvier 1903, Rev. N. 11173, J. N. 27832.

2. Rouen, 9 mars 1898, S. 99, 2, 165, D. 99, 2, 13 ; Baudry-Lacantinerie, Le Courtois et Surville, 1308.

3. C. civ., 1499 ; C. co., 560 ; Cass., 24 janvier 1854, 22 novembre 1886, S. 89, 1, 465, D. 87, 1, 144 ; Besançon, 24 février 1897, D. 97, 2, 222, R. N. 9787 ; Rouen, 9 mars 1898, précité.

4. C. civ., 1510 ; Cass., 30 juillet 1872, 15 mars 1899, 15 mai 1899, S. 1900, 1, 113, D. 99, 1, 169 ; 3 mars 1902, S. 02, 1, 397.

décrits est applicable sous le régime dotal avec
société d'acquêts [1], comme sous le régime exclusif
de communauté [2], et même sous celui de la séparation de biens [3].

347. Dans les rapports des époux entre eux ou à
l'égard de leurs héritiers, la règle relative aux apports
mobiliers est moins rigoureuse, en ce sens que
l'époux dont le mobilier n'a pas été détaillé a une
créance de la valeur estimative [4]; mais le rédacteur
du contrat de mariage doit toujours se préoccuper
des créanciers.

348. Il n'existe aucun moyen d'éviter la description détaillée du mobilier, prescrite par les articles
1499, C. civ., et 560, C. co., et tout ce qui a été
proposé en ce sens est dépourvu de valeur à l'égard
des tiers [5], en présence des dispositions impératives
de la loi.

349. Sous le régime de la communauté réduite
aux acquêts, ou contenant réalisation de mobilier,
les meubles destinés à être consommés, tels que
grains, liqueurs, denrées, sont estimés parce qu'ils
entrent alors de plein droit dans la masse commune,
qui doit restituer l'estimation à l'époux apporteur.

---

1. Cass., 19 juin 1855, D. 55, 1, 305, S. 55, 1, 506.

2. Agen, 1er juin 1889, S. 92, 2, 78, D. 91, 2, 262 ; Aubry et
Rau, § 531, note 24 ; Baudry-Lacantinerie, Le Courtois et Surville, 1473.

3. Paris, 9 février 1867, S. 67, 2, 309, D. 68, 2, 29.

4. Comp., C. civ. 1502 à 1504, 1551 ; Cass., 17 mars 1877, R. N.
5540 ; 29 décembre 1902, S. 03, 1, 180 ; 2 mars 1904, R. N. 11880 ;
Aubry et Rau, § 522, note 15.

5. Cass., 2 mars 1904, R. N. 11880 ; Paris, 28 janvier 1904, D.
04, 2, 88.

A défaut d'estimation, la communauté devrait rendre des meubles de même nature, quantité et qualité.

C'est une complication facile à prévenir [1].

350. L'apport d'une somme d'argent est toujours suspecté de dissimuler un cadeau ; il faut éviter ce genre d'apport, surtout pour la femme d'un commerçant. En faisant déposer la somme dans une banque sérieuse, la créance sur le banquier est apportée, cela vaut beaucoup mieux [2].

351. Les choses destinées à être vendues comme les marchandises comprises dans un fonds de commerce, doivent aussi être estimées à part ; la communauté rend le montant de l'estimation et toute difficulté est parée.

352. Les objets non fongibles, tels que meubles meublants, linges, etc., détaillés et non estimés, restent la propriété de celui des époux du chef duquel ils proviennent, et la communauté les rend à sa dissolution dans l'état où ils se trouvent, mais il faut prévoir le cas de manquants ; en équité, il sera dû indemnité à l'époux, et la base doit s'en trouver dans le contrat de mariage, d'où l'utilité de faire toujours une estimation détaillée [3].

---

1. C. civ., 587 ; Demolombe, X, 293 ; Aubry et Rau, § 236 ; Planiol, I, 1727.

2. Rennes, 1er août 1902 ; Comp., Dijon, 18 décembre 1902.

3. C. civ., 589 ; Comp., 950, 1566.

353. D'autre part, il y a lieu de retenir que l'estimation des meubles matériels entraîne, en principe, transmission de propriété ; donc, si on veut la retenir à l'époux apporteur, il est indispensable de le dire [1].

354. Toutefois, chaque époux, malgré les estimations au point de vue fiscal, conserve la propriété, en nature, sous la communauté d'acquêts : 1° de ses créances [2] ; 2° des primes et lots attachés à ses obligations industrielles [3] ; 3° de son fonds de commerce [4] ; 4° de son office [5].

355. Les créances, rentes sur l'Etat, actions et obligations industrielles et autres meubles incorporels, réclament aussi des indications précises. Ces biens demeurent toujours la propriété de celui qui en a fait l'apport. Si la volonté contraire est exprimée formellement dans le contrat, une prisée devient indispensable.

356. En général, la mise en commun d'après valeur estimative doit être conseillée pour les titres au porteur, les menues créances, les droits dans une société commerciale, et même les petits fonds de commerce, parce que ces sortes de biens sont

1. Comp., C. civ., 1551, 1564, 1851 ; Paris, 11 mai 1837, S. 37, 2, 306; Aubry et Rau, § 522, note 31; Baudry-Lacantinerie, III, 253.

2. Cass., 14 mars 1877, S. 78, 1, 5, D. 78, 1, 353 ; Paris, 3 janvier 1852, S. 52, 2, 133.

3. Cass., 10 août 1853, 11 mars 1877, précité ; Paris, 25 mars 1868 ; Douai, 24 janvier 1873 ; Lyon, 8 août 1873, S. 74, 2, 105, D. 74, 2, 201.

4. Paris, 23 février 1835, S. 35, 2, 68; 30 avril 1891, S. 91, 2, 189.

5. Cass., 14 avril 1893, S. 93, 1, 416, D. 93, 1, 351 ; Bordeaux, 19 février 1856, S. 56, 2, 271.

susceptibles de modifications et transformations qu'il est difficile de suivre et retrouver à la dissolution de la communauté.

Ainsi les nombreuses créances du mari notaire, médecin, commerçant, sur ses clients au moment du mariage, seront recouvrées pendant l'union, mais la preuve des encaissements serait impossible à fournir lors du partage de la communauté ; il faut donc les estimer à forfait avec transfert de propriété à la masse commune, pour le compte de laquelle la recette aura lieu.

357. Les vêtements, linges et autres objets de toilette de chaque époux, peuvent être portés sans grand détail, car il est toujours facile de reconnaître ces biens. Cependant il faut dire que l'estimation est faite au point de vue fiscal, et les époux doivent en réserver la propriété, pour les reprendre en nature tels qu'ils seront à la dissolution du mariage ou de la communauté [1].

En ce qui concerne la femme survivante, la reprise en nature des linges, dentelles et hardes à son usage actuel a toujours lieu, sauf à en présompter la valeur sur l'estimation du contrat de mariage [2].

Pour les bijoux et diamants non détaillés, la femme ne peut les reprendre à l'encontre des créanciers du mari, surtout au cas de faillite ou de

---

1. Cass., 16 juillet 1856, S. 56, 1, 865 ; Nancy, 23 novembre 1871, S. 72, 2, 16, D. 72, 5, 95 ; Paris, 4 février 1897.

2. C. civ., 1492, 1566 ; Cass., 14 mars 1877, S. 78, 1, 5, D. 77, 1, 353.

liquidation judiciaire [1].

358. Assez souvent, une clause tout à l'avantage de la femme lui réserve le choix, entre la reprise en nature de son mobilier détaillé avec estimation et celle en argent. Si la femme opte pour la reprise en deniers, l'usure des meubles se trouve au compte du mari ou de la communauté.

II. — JUSTIFICATIONS

359. Dans le cas d'apport personnel par la femme, avec stipulation que le mari en a pris connaissance et s'en charge à compter de la célébration du mariage, cet apport est justifié, et le mari ne serait pas fondé à soutenir qu'il ne l'a pas reçu, car il dépendait de lui d'exiger une contre-lettre avant le mariage [2].

360. La déclaration par le mari de la valeur de son apport mobilier, reconnue et acceptée par la femme, lie celle-ci et ses héritiers [3].

Mais, si le mari possédait une valeur fixée sans détail, comprenant des créances, titres et billets, il n'y aurait pas constatation d'apport suffisante pour exercer une reprise, à moins de prouver l'encaissement par la communauté [4].

---

1. C. co., 560 ; Caen, 13 avril 1864, S. 64, 2, 205 ; Rodière et Pont, 1180 ; Aubry et Rau, § 521, note 3.

2. C. civ., 1502 ; Toulouse, 27 avril 1826 ; Orléans, 29 mars 1855, Paris, 24 février 1865, S. 66, 2, 144, D. 65, 2, 140 : Rouen, 13 mai 1868, S. 72, 2, 101.

3. C. civ., 1502 ; Paris, 14 mai 1853, S. 54, 2, 729, D. 55, 2, 68.

4. Cass., 8 mars 1852, S. 52, 1, 497, D. 52, 1, 186 ; 1 décembre 1894, S. 98, 1, 487 ; Paris, 21 juillet 1871, S. 72, 2, 301, D. 71, 2, 232.

361. Le bilan des futurs époux est établi par leurs parents qui ont à se fournir réciproquement, des renseignements et justifications à cet égard.

Quant au notaire, il n'oubliera que tout propriétaire est naturellement porté à exagérer la valeur de sa chose et à jeter de la poudre aux yeux, sans aller jusqu'à l'application de la vieille maxime : « *En mariage, il trompe qui peut* ». C'est le notaire qui doit ramener les choses au point, pour tout le monde.

La conclusion des explications fournies de part et d'autre est la constatation dans le contrat, à la suite de l'apport de chaque époux, qu'il en a été donné connaissance à l'autre et à ses parents.

Néanmoins, pour les immeubles, il est prudent de s'assurer au bureau des hypothèques de la situation, s'ils sont ou non grévés d'inscription.

A l'égard des valeurs de bourse au porteur, on ne peut acquérir la certitude qu'elles n'ont pas été empruntées en vue du mariage ; la seule précaution possible consiste à les faire déposer, chez le notaire ou dans une banque sérieuse, pour être restituées après l'union.

362. Chaque époux déclare les dettes qu'il a au moment du contrat ; s'il n'en existe pas, l'apport est mentionné libre de charge.

Cette déclaration de franc et quitte, par les deux époux, est utile sous la communauté réduite aux acquêts ou avec clause de séparation de dettes (C. civ. 1513).

La même clause, pour la fortune de la femme, doit aussi être insérée sous le régime exclusif de communauté et sous le régime dotal, car le mari a intérêt à savoir si la dot de la femme est libre ou grévée [1].

363. Quand l'un des futurs est veuf, la prudence commande de régulariser, avant l'union projetée, la situation résultant du premier mariage. Un partage définitif avec les héritiers du précédent conjoint serait la meilleure solution ; mais, si les circonstances ne permettent pas d'aller aussi loin, il est du moins indispensable de dresser un inventaire régulier, afin d'établir l'état de fortune du survivant qui se remarie.

364. Pour le second mariage d'une veuve avec enfants mineurs, il faut de plus que le conseil de famille soit réuni à l'effet de la maintenir dans la tutelle ; le second mari lui est donné comme cotuteur.

III. — FRAUDES

365. Trop souvent des fraudes ont lieu en matière d'apports, la plus fréquente est la reconnaissance par le mari au profit de la femme d'une somme bien supérieure à celle qu'elle possède réellement. Les enfants sont admis à prouver la donation déguisée [2].

366. Sous prétexte d'économiser des droits d'enregistrement, l'un des conjoints fait un apport mobilier déclaré lui appartenir en propre, alors qu'il est

1. Rodière et Pont, 1474 ; Aubry et Rau, § 527, note 1 ; Huc, IX, 383.

2. Cass., 31 juillet 1833 ; Toulouse, 15 mars 1834 ; Rouen, 23 décembre 1871 ; Poitiers, 8 août 1872. S. 72. 2. 230, D. 73, 5, 138 ; Comp., Rennes, 7 avril 1892.

une libéralité de ses père et mère. Les frères et sœurs de ce conjoint peuvent établir le don manuel [1].

367. Un futur apporte une somme dont il déclare être créancier sur son oncle, intervenant au contrat pour s'en reconnaître débiteur avec réserve de se libérer après la célébration du mariage. En réalité l'oncle donne la somme. Il y a donation déguiséé sous forme de reconnaissance de dette [2].

368. Le père du futur, voulant l'avantager, reconnaît avoir reçu à due concurrence le montant de la dot de sa belle-fille, et en garantit le paiement sur ses immeubles. Les frères du futur peuvent démontrer la donation déguisée [3].

CHAPITRE IX
Donations aux époux

369. Trois sortes de donations peuvent être faites par contrat de mariage, en faveur des époux : donation de biens présents, donation de biens à venir, donation cumulative de biens présents et à venir.

I. — RÈGLES COMMUNES AUX DIVERSES DONATIONS

370. Pour ces donations, une acceptation expresse n'est pas nécessaire : il suffit qu'elles soient acceptées tacitement [4].

1. Rouen, 3 décembre 1846, S. 47, 2, 332, D. 47, 2, 163 ; Comp. Sol., 12 novembre 1898, D. 1900, 2, 390.

2. Comp., Cass., 24 mars 1855, D. 55, 1, 130, S. 55, 1, 271 ; Laurent, XII, 311.

3. Cass., 5 janvier 1831, S. 31, 1, 8.

4. C. civ., 1087 ; Comp., 932 ; Bastia, 2 mars 1835 ; Demolombe, XXIII, 250 ; Aubry et Rau, § 735 bis, note 1 ; Laurent, XV, 161 ; Baudry-Lacantinerie, II, 709.

371. Les donations par contrat de mariage sont faites sous la condition tacite que le mariage aura lieu, de sorte qu'elles tombent si le mariage ne s'accomplit pas. Néanmoins, le donateur ne saurait les révoquer dans l'intervalle du contrat à la célébration du mariage [1].

372. Conformément au droit commun, les donations par contrat prénuptial demeurent soumises à la réduction pour cause d'atteinte à la réserve [2].

373. L'ingratitude du donataire envers le donateur n'est pas une cause de révocation des donations par contrat de mariage [3].

374. Ces donations, lorsqu'elles émanent d'une personne qui n'avait pas d'enfants, sont révoquées par la survenance d'un enfant au donateur [4].

375. Au point de vue de la capacité, ces donations sont soumises aux mêmes conditions que les autres.

La capacité de disposer et de recevoir au moment du contrat de mariage suffit pour assurer l'effet de la donation, de sorte qu'elle subsisterait dans le cas de décès ou d'incapacité du donateur avant la célébration de l'union [5].

376. Il est permis de stipuler dans les donations par contrat de mariage, des conditions dont l'exécution

---

1. C. civ., 1088 ; Comp., 1176; Cass., 16 février 1875, S. 75, 1, 297, D. 76, 1, 177 ; Demolombe, XXIII, 251 ; Laurent, XV, 167.
2. C. civ., 1090 ; Comp., 913 à 915.
3. C. civ., 959; Comp., Demolombe, XX, 650.
4. C. civ., 960 ; Comp., Demolombe, XX, 767.
5. Duranton, IX, 669 ; Demolombe, XXIII, 253 ; Huc, VI, 454.

dépend de la volonté du donateur, telles que : 1° obligation de payer les dettes que le donateur viendrait à contracter dans l'avenir ; 2° effet subordonné à la volonté du donateur ; 3° réserve de disposer d'une somme fixe à prendre sur les biens donnés ou d'un effet compris dans la donation ; mais si le donateur ne dispose pas de la somme ou de l'objet convenu, le donataire en profite [1].

II. — DONATIONS DE BIENS PRÉSENTS

1ᵉⁿᵗ Règles générales

377. La donation de biens présents faite par contrat de mariage est à considérer, au point de vue de ses effets, comme une donation entre vifs ordinaire[2].

378. Une telle donation dessaisit le donateur de la propriété des biens, pour la transmettre au donataire par le seul fait de la célébration du mariage [3].

379. Cette donation n'est pas frappée de caducité par le prédécès de l'époux donataire, qu'il laisse ou non des enfants.

Toutefois elle deviendrait caduque par le prédécès du donataire et de sa postérité, dans le cas et seulement dans la mesure où elle aurait été faite sous condition protestative [4].

---

1. C. civ., 1086 ; Comp., 944 à 946.

2. C. civ., 1081 ; Comp., 894, 900, 1048. 1049.

3. C. civ., 1081 ; Cass., 30 août 1881, S. 83, 1, 448, D. 82, 1, 62 ; Duranton, IX, 668.

4. C. civ., 1089 ; Demolombe. XXIII, 390 ; Laurent, XV, 292 ; Colmet de Santerre, IV, 259 bis.

380. Si la donation par contrat de mariage comprend des effets mobiliers, il est indispensable qu'il y ait un état estimatif [1]

381. Lorsque la donation a pour objet des immeubles, elle est soumise à la transcription hypothécaire [2].

382. Une donation de biens présents ne saurait avoir lieu au profit des enfants à naître du mariage; mais rien n'empêche aux père et mère de grever de substitution leur fils en faveur de ses enfants [3].

383. En cas d'absence du mari, la femme autorisée par justice peut consituer une dot à l'enfant commun, et obliger ainsi la communauté [4].

Si, au refus ou en l'absence du mari, la femme veut doter l'enfant qu'elle a d'un premier lit, le tribunal peut l'autoriser, mais alors elle n'engage que la nue propriété de ses biens personnels dont l'usu‑fruit appartient au mari ou à la communauté [5].

384. Lorsque l'enfant d'un interdit se propose de contracter mariage, le conseil de famille peut lui accorder une dot par avancement d'hoirie sur les biens de ce dernier, en indiquant les conventions

1. C. civ., 948; Cass., 23 juillet 1822; Demolombe, XXIII, 448; Laurent, XII, 381.

2. C. civ., 939; Comp., Demolombe, XXIII, 266.

3. C. civ., 906, 1081; Comp., 1048, 1049; Cass., 7 décembre 1826; Laurent, XV, 175; Planiol, III, 3156.

4. C. civ., 1427; Rodière et Pont, 824; Baudry-Lacantinerie, III, 125; Planiol, III, 1102.

5. C. civ., 1427, 1555; Colmet de Santerre, VI, 70 bis; Aubry et Rau, § 537, note 103.

matrimoniales à l'adoption desquelles il entend subordonner l'allocation de ce cadeau [1].

La délibération prise dans la circonstance par le conseil de famille de l'interdit doit être soumise à l'homologation du tribunal [2].

385. D'ailleurs c'est à l'enfant qu'il appartient de régler seul, s'il est majeur, et avec l'assistance des personnes dont le consentement est nécessaire pour la validité du mariage, s'il est mineur, les clauses et conditions de son contrat prénuptial [3].

386. Les donations de biens présents aux futurs époux par leurs père et mère, ou par d'autres personnes, en contrat de mariage, s'appellent constitutions de dot ; elles sont soumises à des règles générales applicables et tous les régimes d'association conjugale.

2^{ent} *Nature et caractère de la dot*

A. — A l'égard du doté et des tiers créanciers

387. Il n'existe pas d'obligation pour les père et mère de doter leurs enfants. En conséquence l'engagement, consigné dans un acte sous seing privé, de fournir une dot déterminée est nul quoique le mariage se réalise avec l'agrément des père et mère, parce que la dot est avant tout une donation soumise à la forme authentique pour sa validité [4].

---

1. Baudry-Lacantinerie, I, 1176 ; Huc, III, 526 ; Vigié, I, 904.

2. C. civ., 511 ; Demolombe, VIII, 589, 590.

3. Aubry et Rau, § 126, note 14.

4. C. civ., 204, 931 ; Cass., 10 décembre 1842, S. 43, 1, 335 ; 7 février 1898, R. N. 10033 ; Amiens, 29 décembre 1898, R. N. 10395 ; Lyon 26 mars 1886 ; Rodière et Pont, 96 ; Laurent, XXI, 159. *contrà*, Metz, 23 juillet 1823 ; Aubry et Rau, § 500, notes 4 à 6 ; Demolombe, XXIV, 551.

388. La donation à titre de constitution de dot par les père et mère à leur enfant participe, dit une jurisprudence trop large, et qui facilite ainsi toutes les fraudes, de la nature des actes à titre onéreux, de sorte que les créanciers ne peuvent l'attaquer, pour le préjudice et l'intention frauduleuse des constituants, qu'à la condition de prouver la complicité du donataire et de son conjoint [1].

Ainsi, à l'égard de la fille dotée, la consitution de dot est considérée comme un acte à titre onéreux [2].

De même la dot constituée au futur par ses père et mère est un acte onéreux [3].

389. Toutefois, la constitution de dot doit être annulée quand elle a été faite postérieurement à la cessation des paiements du donateur, déclaré depuis en faillite ou en liquidation judiciaire, s'il est établi que l'époux doté connaissait l'état des affaires du donateur ; peu importe que l'autre époux ignorât ce mauvais état [4].

---

1. Cass., 18 janvier 1887, 18 décembre 1895, S. 96, 1, 72, D. 98, 1, 193, R. N. 9505 ; Toulouse, 24 juin 1884, Montpellier, 23 février 1894. *contrà*, Cass. Belge, 9 janvier 1890, S. 91, 4, 5, D, 94, 2, 310 ; Paris, 27 juillet 1894 ; Orléans, 8 juin 1898, S. 98, 2, 309, D. 98, 2, 284 ; Planiol, III, 887.

2. Cass., 23 juin 1847 ; 11 novembre 1878, S. 80, 1, 28, D. 79, 1, 416 ; Dijon 11 août 1858 ; Aubry et Rau, § 313, note 27 ; Laurent, XVI, 451.

3. Cass., 14 mars 1848 ; 18 janvier 1887, S. 87, 1, 97, D. 87, 1, 257 ; Bordeaux, 30 novembre 1860 ; Poitiers, 21 août 1878. *contrà*, Demolombe, XXV, 214 ; Aubry et Rau, § 313, note 28.

4. C. comm., 447 ; L. 4 mars 1889, art. 19 ; Caen, 7 mars 1870, D. 70, 2, 97 ; Nancy, 26 août 1874, S. 76, 2, 180.

B. — A l'égard des constituants

§ 1. — *Père et mère*

390. Lorsque le père et la mère constituent une dot à leur enfant, elle est prise sur leurs biens et non sur ceux appartenant personnellement à l'enfant doté et dont ils auraient la possession [1].

391. Si les père et mère ont doté conjointement, sans exprimer la contribution de chacun, ils sont censés avoir donné par moitié [2].

Quand la dot, ainsi constituée, est fournie aux dépens de la fortune de l'un des époux, l'autre lui doit récompense pour la moitié de la dot en capital, d'après sa valeur au temps de la donation [3].

En cas de paiement de la dot en biens communs aux donateurs, chaque époux est tenu de faire récompense de moitié. La femme devra la récompense en renonçant à la communauté [4], à moins qu'il résulte des termes précis du contrat de mariage qu'elle n'a entendu doter que sur sa part dans les biens communs [5].

392. Pour les intérêts du capital constitué en dot ou les arrérages d'une rente, il n'y a pas lieu à récompense entre les donateurs [6].

---

1. C. civ., 1546 ; Aubry et Rau, § 500, note 7.

2. C. civ., 1438, 1544 ; Dijon, 9 août 1893, S. 94, 2, 12, D. 94, 2, 575.

3. C. civ., 1438 ; Bordeaux, 6 décembre 1883, S. 84, 2, 243.

4. Paris, 6 novembre 1854 ; Amiens, 10 Avril 1861, S. 61, 2, 413, D. 61, 2, 102 ; Duranton, XIV, 235 ; Aubry et Rau, § 500, note 11 ; Laurent, XXI, 264.

5. Agen, 23 mai 1865, S. 65, 2, 191.

6. Amiens, 10 avril 1877, S. 77, 2, 239.

393. La dot par les père et mère est toujours constituée solidairement; l'enfant peut alors la demander en totalité à chacun des époux, sans que la stipulation de solidarité modifie les rapports des dotateurs entr'eux [1].

394. Une condition dans l'intérêt unique du survivant des père et mère, consiste à dire que la dot s'imputera sur la succession du prédécédé des donateurs. Il faut alors penser à deux choses : 1° Si la dot non payée comptant n'était pas acquittée au décès du prémourant, le dernier vivant ne devrait rien ; 2° Dans le cas où la dot reçue excéderait la part de l'enfant dans la succession du prémourant, il serait obligé de rapporter la différence à ses cohéritiers.

Pour que l'enfant doté soit certain : 1° de recevoir sa dot entière, la constitution doit être solidaire ; 2° de ne remettre pas plus que ses droits héréditaires dans le partage des biens du prédécédé, il est nécessaire de stipuler que la dot est faite par avancement sur la succession du prémourant des donateurs, à concurrence de la part héréditaire du donataire, et subsidiairement sur la fortune du survivant qui la garantit entièrement [2].

§ 2. — *Un seul des père et mère*

395. La dot constituée par le père seul, pour droits paternels et maternels, n'engage point la mère,

____

1. Cass., 13 novembre 1882, S. 83, 1, 289, D. 83, 1, 238 ; Montpellier, 30 mai 1866, S. 67, 2, 16.

2. Cass., 14 décembre 1885 ; 2 mai 1899, D. 1900, 1, 505, S. 1900 1, 81.

quoique présente au contrat ; elle n'est obligée que si elle parle [1].

Toutefois, lorsque les époux sont mariés en communauté ou société, la mère en acceptant la communauté, reste tenue de payer la moitié de la dot, à moins que le père n'ait déclaré doter en avancement sur sa propre succession [2].

396. Quand la mère, mariée en communauté, dote seule son enfant, avec l'autorisation du mari, celui-ci est tenu d'acquitter la dot, sauf récompense [3].

397. La mère soumise au régime dotal, sans société, s'oblige seule en dotant son enfant, et la dot est prise sur les paraphernaux avant d'atteindre les dotaux [4].

§ 3. — *Survivant des père et mère*

398. Le survivant en constituant une dot pour biens paternels et maternels, est présumé avoir voulu imputer la dot d'abord sur les droits de l'enfant dans les biens du prédécédé et ne s'être engagé qu'à fournir le surplus [5].

398. Le survivant des père et mère impose parfois à l'enfant doté, la condition de ne demander ni compte de tutelle, ni partage des biens indivis ; une telle clause n'est pas obligatoire, on peut seulement

1. C. civ., 1544 ; Cass., 22 décembre 1880, S. 81, 1, 321 ; Aubry et Rau, § 500, note 11.

2. C. civ., 1422, 1439 ; Douai, 6 juillet 1853, S. 55, 2, 117, D. 55, 2, 350 ; Rodière et Pont, 105 ; Demolombe, XX, 274.

3. C. civ., 1409, 1419, 1426 ; Rouen, 27 mai 1854, S. 55, 2, 17, D. 54, 2, 248 ; Laurent, XXI, 168 ; De Folleville, 379.

4. Limoges, 14 juillet 1847, S. 47, 2, 625.

5. C. civ., 1545 ; Cass., 17 décembre 1828.

stipuler : 1° que la dot se précomptera sur les droits de l'enfant dans la succession ouverte et sur le compte de tutelle ; 2° avec un enfant majeur, que le survivant restera en possession des biens indivis pendant cinq ans [1].

§ 4. — *Étranger*

399. Les règles sur la constitution de dot par les père et mère sont, en général, les mêmes pour les étrangers. Toutefois, le mari qui a la faculté de donner des biens de communauté pour doter les en-ants communs, n'a pas ce droit pour doter des étrangers (C. civ., 1422).

A ce point du vue, l'aïeul est assimilé au père quoique l'enfant du premier degré existe [2].

3^{ent} *Garantie de la dot*

400. Toute personne qui a constitué une dot est, de plein droit, tenue de garantir la propriété des biens corporels ou incorporels en formant l'objet, comme aussi de faire disparaître les hypothèques et autres charges qui peuvent les grever [3].

401. La donation à titre de dot étant considérée comme un acte onéreux, la femme du mari donataire est fondée à invoquer la garantie [4].

---

1. C. civ, 469, 815 ; Orléans, 9 août 1836, S. 38, 1, 225.
2. Rodière et Pont, 882 ; Merignhac, 1232.
3. C. civ., 1440, 1547 ; Nancy, 17 mai 1861, S. 61, 2, 473 ; Laurent, XXI, 188 ; Demolombe, XX, 546.
4. Dijon, 11 février 1887, S. 88, 2, 86.

402. La femme qui, en se mariant sous le régime dotal, se serait constitué en dot des objets déterminés, soumis par suite à la jouissance du mari, serait tenue à la garantie ; mais non, si elle s'était constitué l'universalité de ses biens [1].

403. La garantie peut-être exercée pendant le mariage par l'époux doté, et s'il s'agit de la femme, par elle et son mari [2].

4ᵉⁿᵗ *Intérêts de la dot*

404 . Les intérêts des sommes promises en dot courent de plein droit, du jour du mariage, au taux légal de quatre pour cent [3].

405. Quand la dot comprend des choses non frugifères, le retard apporté à la délivrance de ces objets donne lieu à des dommages-intérêts [4].

406. S'il a été fixé un terme pour le paiement de la dot, sans intérêts ; à l'expiration du délai convenu, les intérêts courent de plein droit [5].

407. Comme tous les intérêts, ceux de la dot sont soumis à la prescription de cinq ans [6].

---

1. Cass., 22 mars 1875, D. 76, 1, 503 ; Aubry et Rau, § 500, note 27.

2. Laurent, XXI, 187 ; Aubry et Rau, § 500, note 30 ; Rodière et Pont, 112 ; De Folleville, 383.

3. C. civ., 1440, 1548 ; L. 7 Avril 1900.

4. Rodière et Pont, 128 ; Aubry et Rau, § 500, note 24 ; Baudry Lacantinerie, Le Courtois et Surville, 222.

5. Agen 18 novembre 1830 ; Poitiers, 28 mars 1860, D. 60, 2 168 ; Laurent XXI, 182.

6. C. civ., 2277 ; Toulouse, 14 décembre 1850, S. 50, 2, 102, D. 51, 2, 85 ; Aubry et Rau, § 500, note 25 ; Rodière et Pont, 131.

5^{ent} *Paiement de la dot*

408. Souvent les contrats de mariage portent ceci : « la célébration du mariage vaudra quittance de la dot ». En réalité le versement s'effectue rarement avant le mariage ; mais les praticiens mettent cette clause dans le seul but d'éviter les frais d'une quittance, et peut-être sans réfléchir suffisamment aux suites fâcheuses résultant d'un défaut de paiement, comme en témoignent de nombreux procès.

La clause en question crée en effet, une présomption de paiement de la dot, dispensant le constituant de rapporter une quittance quand il se prétend libéré. Ainsi l'époux à qui la dot n'a pas été versée est alors obligé de prouver le défaut de paiement [1].

409. Le constituant d'une dot en argent à une femme mariée sous le régime dotal, avec clause d'emploi, ne se libère valablement qu'au moyen de la réalisation de l'emploi prescrit [2].

6^{ent} *Rapport de la dot*

410. Si la dot est constituée par les père et mère conjointement, sans clause spéciale de rapport, elle doit être rapportée pour moitié à la succession du père et pour l'autre moitié à celle de la mère ; peu importe qu'elle ait été acquittée par un seul des époux ou avec des effets de communauté [3].

---

1. Cass., 14 décembre 1875, 22 août 1882, 7 mai 1884, S. 85, 1, 28, D. 84, 1, 285 ; Nancy, 7 novembre 1896, D. 97, 2, 46, R. N. 9787.

2. C. civ., 1241 ; Angers, 15 février 1877, S. 77, 2, 324, D. 77, 2, 176 ; Seine, 16 juillet 1879, R. N. 5916.

1. Cass., 16 novembre 1824, 31 mars 1846, S. 46, 1, 337, D. 46, 1, 135 ; Aubry et Rau, § 500, note 9 ; Laurent, XXI, 176.

411. La dot par les père et mère sera rapportable pour la totalité à la succession du prémourant, si elle a été déclarée en avancement sur l'hoirie du prédécédé [1].

Mais le rapport doit toujours être limité, par le contrat de mariage, au montant des droits héréditaires de l'enfant doté dans la succession du prémourant ; le surplus de la dot ne se rapporte qu'à la succession du survivant. C'est une imputation alternante.

412. Quand la dot est contituée par le père seul, elle doit être rapportée à sa succession [2], à moins qu'étant marié en communauté, il ne l'ait constituée en biens communs, auquel cas le rapport s'en fait par moitié à la succession de chaque époux. Toutefois, si la mère renonçait à la communauté, le rapport serait dû alors en entier à la succession du père.

413. Un aïeul, en constituant une dot à son petit-fils, ne peut valablement stipuler qu'elle sera imputable sur la part héréditaire de son fils, alors même que celui-ci présent au contrat donne son consentement, car il y a pacte sur une succession non ouverte [3].

---

1. Cass., 3 juillet 1872, S. 72, 1, 201, D. 73, 1, 369 ; Paris, 14 mai 1903, R. N. 11741.

2. Douai, 6 juillet 1853, S. 55, 2, 117, D. 55, 2, 530 : Laurent, XXI, 167 ; Rodière et Pont, 105.

3. C. civ., 791, 1130 ; Orléans, 21 décembre 1882, R. N. 9877, J. N. 22927 ; Paris, 10 mai 1898, R. N. 10592 ; Bertheau, Dic., *Dot.*, 37901.

L'aïeul ayant un unique fils qui a plusieurs enfants, ne pourrait non plus, en dotant l'un des petits-enfants, lui imposer un rapport à la succession de son père [1].

Dans ces cas, le moyen d'atteindre le but est une donation par l'aïeul au fils à charge de rapport, et sous la condition de constituer immédiatement cette somme en dot au petit-fils; puis de suite, la donation par le fils au petit-fils [2].

414. En principe, toute donation par contrat de mariage, en faveur d'un enfant ou d'un autre successible est rapportable [3].

415. Des biens meubles donnés, le rapport a toujours lieu en moins prenant ou en compte ; les immeubles se rapportent en nature, sauf dans le cas où ils ont été aliénés par le donataire; alors il fait le rapport en moins prenant [4].

416. Pour savoir en quels biens doit être effectué le rapport, il ne faut tenir compte que de la manière dont la dot a été constituée et non de celle dont elle a été payée ; ainsi, la dot en argent quoique payée en un immeuble sera toujours rapportable en argent [5].

1. C. civ., 850 ; Comp., Demolombe, XVI, 265.

2. Comp., Cass., 21 janvier 1812 ; Sol., 12 mai 1900, J. E. 26011,

3. C. civ., 843, 846, 851 ; Comp., Bordeaux, 10 mars 1892, S. 92, 2, 319, D. 92, 2, 351 ; Aubry et Rau, § 631, note 10 ; Demolombe, XVI, 323 ; Planiol, III, 2246.

4. C. civ., 858 à 860, 868 ; Comp.. Bordeaux, 8 Décembre 1869 ; Paris, 8 janvier 1878, S. 78, 2, 36, D. 79, 2, 4.

5. Cass., 4 août 1852, 17 janvier 1870, S. 70, 1, 302 ; 20 mai 1902, S. 04, 1, 497 ; Laurent, XI, 5, XXI, 176 ; Baudry-Lacantinerie et Wahl, *Successions*, 2838 ; Huc, V, 379, IX, 240 ; Comp., Demolombe, XVI, 528.

7^{ent} *Dispense de rapport*

417. D'après l'article 852, sont dispensés de rapport les frais de nourriture, ceux de noces et les menus présents d'usage, en égard à la fortune du donateur ; expressions un peu vagues, mais ne comportant qu'une interprétation restrictive en présence de plusieurs enfants.

418. Le trousseau constitué à la future épouse par ses père et mère n'est pas un présent d'usage ; il rentre dans la catégorie des dépenses sujettes à rapport [1], s'il n'y a une dispense expresse.

419. Une pension annuelle donnée par un père à son enfant doit être considérée comme dispensée de rapport, si elle est modérée en égard aux revenus du donateur [2]. Il y a donc lieu d'apprécier des faits ; une surprise est possible, elle sera évitée en disant expressément que les arrérages de la pension ne donneront lieu à aucun rapport.

420. Le rapport en nature des immeubles pouvant amener des résultats facheux, le donataire en est garanti par une clause exprimant qu'il rapportera en moins prenant une somme déterminée [3].

---

1. Paris, 15 janvier 1853, S. 53, 2, 633, D. 53, 5, 392 ; Comp., Demolombe, XVI, 431 ; Aubry et Rau, § 631, note 32 ; Laurent, X, 627 ; Baudry-Lacantinerie et Wahl, 3653.

2. Cass., 27 juillet 1881 ; 12 mars 1889, S. 92, 1, 379, D. 90, 1, 30 ; 13 avril 1899, S. 02, 1, 185, D. 01, 1, 233.

3. Comp., Cass., 7 juillet 1890, S. 91, 1, 25, D. 90, 1, 301 ; Riom, 9 décembre 1890, D. 92, 2, 237 ; Tr. Nancy, 19 février 1895, D. 95, 2, 434 ; Laurent, XI, 4 ; Baudry-Lacantinerie, II, 272 ; Le Sellyere, *Successions*, III, 1540 ; Planiol, II, 2297.

421. D'ailleurs l'obligation du rapport cesse, au moins dans la mesure du disponible, quand le don a été fait par préciput, hors part ou avec dispense de rapporter [1]. Il est indispensable de formuler expressément la dispense de rapport ; elle ne résulte ni d'une clause de retour ni de la réserve d'usufruit au profit du donateur [2].

422. Toutefois lorsqu'une fille, dotée par son père, a épousé un homme qui se trouvait déjà insolvable et qui n'avait, à cette époque ni fortune ni profession, elle n'est tenue, en cas de perte ou de dépréciation de sa dot, de rapporter que l'action qui lui compète contre son mari pour se la faire restituer et non la dot elle-même. Mais, si le mari n'est devenu insolvable que depuis la constitution de dot, ou bien si, à cette époque, il avait une profession lucrative, la perte de la dot est exclusivement à la charge de la femme [3].

Ces règles sur l'insolvabilité et l'absence de profession du mari lors du mariage, sont restreintes au régime dotal ; sous tous autres régimes, la femme est tenue de rapporter la dot [4].

---

1. C. civ., 866, 1090.

2. Agen, 24 novembre 1897, Sous Cass., S. 1900, 1, 438, D. 99, 1, 485 ; Demolombe, XVI, 246 : Baudry-Lacantinerie et Wahl, 2784.

3. C. civ., 1573 ; Aubry et Rau, § 540, 6° ; Demolombe, XVI, 211 ; Baudry-Lacantinerie, Le Courtois et Surville, 234.

4. Riom, 16 mars 1882, D. 83, 2, 35 ; Demolombe, XVI, 210 ; Aubry et Rau, § 540, note 56 ; Laurent, XXIII, 578 ; Colmet de Santerre, VI, 245 bis.

8ᵉⁿᵗ *Retour conventionnel*

423. Le retour conventionnel est une clause résolutoire permettant au donateur de reprendre les biens
donnés, dans le cas de prédécès du donatataire seul
ou du donataire et de sa postérité [1].

424. Le droit de retour conventionnel n'existe
qu'à la condition d'avoir été stipulé dans le contrat
de mariage contenant la donation [2].

425. D'ailleurs il n'est permis de convenir du
retour qu'au profit du donateur seul ; toute stipulation
l'étendant à ses héritiers ou à des tiers se trouverait
frappée de nullité [3].

426. Si le droit de retour a été convenu pour le
cas de prédécès du donataire, cet évènement y donne
ouverture lors même qu'il laisserait des enfants [4].

Lorsque le retour est réservé pour le prédécès
du donataire sans enfants, son prédécès avec
enfants l'éteint de suite irrévocablement, et il ne
revit point quoique les enfants renoncent à la
succession du donataire ou décèdent avant le donateur [5].

1. C. civ., 951, 952 ; Planiol, III, 2615.

2. Orléans, 10 février 1892, D. 93, 2, 83 ; Aubry et Rau, § 700 ;
Laurent, XII, 457 ; Huc, VI, 229.

3. Cass., 3 juin 1823, 18 avril 1842, S. 42, 1, 525, D. 42, 1, 187 ;
Baudry-Laçantinerie et Colin, 1504 ; Huc, VI, 231 ; Demolombe,
XVIII, 112 ; Planiol, III, 2618. *Contrà*, Laurent. XIV, 270 ; Monnier,
Rev. crit., 1880, p. 118.

4. Cass., 10 novembre 1875, S. 76, 1, 16, D. 76, 1, 480 ; Demolombe, XX, 499 ; Aubry et Rau, § 700, note 8 ; Laurent, XII, 451 ;
Monnier, *Rev. crit.*, 1880, p. 117.

5. Comp., Cass., 29 juillet 1867, S. 67, 1, 430, D. 68, 1, 87 ;
Demolombe, XX, 501, 502 ; Aubry et Rau, § 700, notes 9 et 10 ;
Laurent, XII, 453 ; Planiol, III, 3620.

427. L'ouverture du droit de retour opère révocation de la donation et a pour conséquence de résoudre les aliénations des biens donnés, ainsi que leurs legs et de faire revenir ces biens au donateur, francs et quittes de toutes charges et hypothèques [1].

428. Les immeubles donnés par contrat de mariage au futur mari restent, malgré l'ouverture du retour, affectés à l'hypothèque légale de la femme, pour la dot et les conventions matrimoniales, qui ne se trouveraient pas suffisamment garanties par les biens du mari [2].

Au surplus, l'hypothèque subsidiaire de la femme en cas de retour pourrait être écartée entièrement, ou, à l'inverse, étendue par une clause spéciale du contrat de mariage [3].

429. Assez souvent, il est stipulé que le droit de retour n'aura pas pour effet d'empêcher les libéralités viagères que l'époux donataire ferait à son conjoint. C'est une autorisation de donner ou léguer l'usufruit ; il faut quelle soit clairement énoncée. D'ailleurs, le conjoint du donataire ne pourra prétendre à l'usufruit que s'il y a eu don ou legs en sa faveur par ce donataire [4].

---

1. C. civ., 952 ; Paris, 15 avril 1858 ; Rennes, 31 juillet 1858 ; Bordeaux, 27 mars 1878, S. 78, 2, 240, D. 79, 2, 146.

2. C. civ., 952 ; Demolombe, XX, 527 ; Aubry et Rau, § 700, note 20 ; Laurent, XII, 475.

3. Demolombe, XX, 533 ; Laurent, XII, 478 ; Colmet de Santerre, IV, 94 bis ; Huc, VI, 233.

4. Cass., 7 mars 1892, S. 92, 1, 456, D. 92, 1, 208 ; 2 juillet 1903, S. 04, 1, 65, Rev. not., 11370 ; Demolombe, XX, 533 ; Aubry et Rau, § 700, note 22.

430. Si le donataire est autorisé à vendre, le retour consiste en une créance contre sa succession de la valeur des biens donnés [1].

431. Au cas de donation solidaire par deux époux, la clause de retour doit prévoir le prédécès de l'un des donateurs comme celui de l'un et de l'autre, et en préciser l'effet [2].

432. A toute époque, le donateur renonce valablement au droit de retour conventionnel qu'il s'est réservé [3].

433. En cas de donation par des père et mère ou autres ascendants, la loi leur accorde un droit de retour aux choses données, lorsque le donataire décède sans postérité [4], et sans avoir disposé, à titre onéreux ou même à titre gratuit, des biens reçus (C. civ., 747).

Il s'agit ici d'un droit successoral, ce qui le différencie du retour conventionnel [5].

1, Comp., Bordeaux, 27 mars 1878, S. 78, 2, 240 ; Laurent, XII, 470 ; Huc, VI, 232 ; Demolombe, XX, 523 ; Comp., Cass., 15 avril 1823.

2. Comp., Cass., 11 mai 1875, S. 75, 1, 424 ; Laurent, XIV, 468.

3. Cass., 19 janvier 1836, S. 36, 1, 518 ; Demolombe, XX, 518 ; Laurent, XII, 466 ; Aubry et Rau, § 700, note 15 ; Huc, VI, 232.

4. Le mot postérité paraît exclure des descendants naturels. Cas., 3 juillet 1832, 9 août 1854, S. 54, 1, 564, D. 54, 1, 265 ; Demolombe, XIII, 509 ; Laurent, IX, 179 ; Baudry-Lacantinerie et Wahl, 566 ; Aubry et Rau, § 608, note 15 ; Le Sellyer, 294. *Contrà*, Orléans, 14 mars 1902, S. 04, 2, 276, R. N. 11035 ; Duranton. VI, 219 ; Demante, III, 56 bis ; Vigié, II, 133 ; Planiol, III, 1902.

5. Demolombe, XIII, 480 ; Baudry-Lacantinerie et Wahl, 510.

De ce que le retour légal s'exerce à titre de succession, il résulte que l'ascendant ne saurait y renoncer durant la vie du donataire, par aucun acte [1].

434. Si les ascendants donateurs stipulent à leur profit le droit de retour conventionnel, ils ne sont et ne peuvent pas être par cette convention dépouillés du retour légal [2], ni à plus forte raison de la réserve attribuée par la loi [3].

9ᵉⁿᵗ *Choses données*

435. L'objet de la dot peut être un meuble ou un immeuble, en pleine propriété, en nue propriété ou en usufruit. Dans tous les cas, une désignation précise s'impose.

436. Si la donation a pour objet des meubles matériels, il faut un détail avec estimations, par état annexé, ou dans le contrat de mariage lui-même.

Ce détail est prescrit pour la validité de la donation (C. civ., 948), et d'ailleurs il facilite à tout évènement, une revendication en nature.

437. La donation d'une somme d'argent versée comptant ou payable avant le mariage, avec mention que la célébration du mariage en vaudra quittance aux donateurs, expose la femme à voir contester la réalité de la dot par les créanciers du mari. Un

---

1. C. civ., 791, 1130 ; Rennes, 29 août 1870, D. 73, 2, 192 ; Angers, 18 décembre 1878, S. 79, 2, 322, D. 79, 2, 172 ; Demolombe, XIII, 482.

2. Cass., 24 juillet 1901, 2 juillet 1908, S. 04, 1, 05, R. N. 11370.

3. C. civ., 914, 1094 ; Comp., 791 ; Poitiers, 22 février 1904, S. 04, 2, 193.

dépôt de l'argent, entre les mains d'un banquier sérieux, et énoncé dans le contrat vaudrait beaucoup mieux.

D'autre part, la quittance donnée sans versement de la dot est une imprudence grave que le notaire ne doit pas laisser accomplir.

En cas de donation de somme payable à terme, il sera nécessairement précisé, avec le lieu de paiement et la productivité ou la dispense d'intérêts (C. civ., 1187, 1248).

438. Quand la somme donnée est stipulée exigible au décès du donateur sans intérêt, il faut dire que la propriété est transmise de suite au donataire, sinon la disposition pourrait être considérée comme donation de biens à venir [1].

439. La dot payable à une date éloignée sera souvent garantie par une affectation hypothécaire qu'il y aura lieu de libeller dans les termes ordinaires, et le notaire ne négligera pas de prendre l'inscription à bref délai.

440. Au lieu d'une donation pure et simple il y a parfois donation pour le cas seulement où un évènement se produirait. C'est une disposition soumise à une condition suspensive, par conséquent en mentionnant son caractère, l'impôt proportionnel est évité sur le contrat de mariage.

441. Si la donation est d'une créance sur un tiers, gagée de privilège ou d'hypothèque, il est indispensable de rappeler ces sûretés et de faire subroger le

---

1. Cass., 12 août 1846, S. 46, 1, 602, D. 46, 1, 297 ; Laurent, XV, 176.

donataire dans leur bénéfice [1].

442. Pour la donation de valeurs de bourse, rentes sur l'Etat, actions et obligations, les indications nécessaires sont la nature des titres et leurs numéros.

443. Dans le but d'éviter à leurs enfants des tentations de dépenses ou de spéculations, les parents sont souvent portés à ne pas les doter en capitaux; ils s'engagent à servir une pension annuelle, établie sur la tête des constituants [2], payable à l'enfant doté et en cas de prédécès aux descendants à naître du mariage [3].

Parfois la pension est stipulée reversible au profit du conjoint du donataire. A l'ouverture de la reversion, un deuxième droit de donation sera dû [4].

444. La pension au lieu d'être viagère, sera parfois temporaire, en attendant quelque évènement prévu, par exemple : exigibilité d'un capital d'assurance, ouverture d'une jouissance différée, etc. Il y aura toujours utilité, au point de vue fiscal, de dire qu'en aucun cas la pension ne dépassera la vie du donataire.

445. Quelquefois les parents s'engagent, comme dot, à nourir et loger le jeune ménage et les enfants à naître du mariage.

1. Comp., C. civ., 1690, 2200.

2. C. civ., 1971 ; Duranton, XVIII, 130 ; Pont, 689 ; Aubry et Rau, § 388, note 7.

3. L'évènement prévu arrivant, les descendants auront à payer sur la rente le droit de mutation par décès (Seine, 4 avril 1885, D. 85, 3, 101, J. E., 22490 ; Sol., 27 mars 1893, J. E. 24108, R. P. 8105.

4. Cass., 27 mars 1872 ; 10 décembre 1889, S. 90, 1, 358, D. 90, 1, 348, J. E. 23327.

Il est nécessaire de prévoir le cas de cessation, l'avertissement préalable à donner et la pension annuelle qui serait alors due.

446. Pour la donation d'immeubles, s'il entre dans les vues des parties de faire une dispense de rapport en nature, le contrat fixe la somme que le donataire rapportera en compte à la succession du donateur.

10^{ent} Donation conditionnelle

447. Une donation est alternative lorsque le donateur n'est tenu des diverses prestations qui en forment l'objet, que séparément, en ce sens qu'il sera libéré au moyen de l'accomplissement d'une seule d'entre elles, par exemple : 1° une rente viagère de 600 francs ou d'un capital de 10 000 francs ; 2° un capital de 10 000 francs payable en argent ou en une maison (C. civ., 1189, 1196).

Le choix entre les objets compris dans la donation appartient au donateur, à moins qu'il n'ait été expressément accordé au donataire. Et attendant l'option, la nature mobilière ou immobilière de la donation reste incertaine ; mais, le choix une fois fait et accepté devient irrévocable [1].

Il est important de dire nettement, pour l'alternative entre meuble et immeuble : 1° quel sera le sort des choses données au point de vue du régime adopté, notamment communauté légale ou dotalité ; 2° comment le rapport aura lieu.

______

1. C. civ., 1190 ; Demolombe, XXVI, 51 ; Laurent, XVII, 242.

448. La donation facultative porte sur un seul
objet et contient réserve par le donateur de se libérer
en remplaçant cet objet par un autre, telle est celle
d'une somme de 15000 francs retenant la faculté
d'abandonner en paiement un immeuble déterminé [1].

La nature de la donation facultative est de suite
déterminée par la chose qu'en forme l'unique objet,
quelle que soit la nature de celle qui pourrait
être donnée en paiement.

449. Une donation est sous condition suspensive
lorsque son effet se trouve subordonné à l'arrivée d'un
évènement, avant un délai fixé, ou pendant la vie du
donateur, tels seraient : 1° l'obtention d'une recette
financière, du titre de docteur en médecine, d'un
office de notaire, par le futur ou son conjoint ;
2° l'ouverture d'une succession au profit du donateur ;
3° la naissance d'enfants du mariage de la donataire [2].

Tant que la condition est en suspens l'exécution
de la donation ne saurait être demandé, et cette donation se trouve anéantie quand la condition dé-
faillit [3].

Lorsque la condition prévue vient à s'accomplir,
elle a un effet rétroactif au jour du contrat de mariage, pour ses conséquences en droit civil comme
en droit fiscal [4].

---

1. Demolombe, XXVI, 30 ; Aubry et Rau, § 300.

2. Comp., Cass., 14 décembre 1840, S. 41, 1, 53 ; 20 avril 1846,
S. 46, 1, 395, D. 46, 1, 210 ; Rouen, 22 juillet 1863, S. 64, 2, 108.

3. C. civ., 1181 ; Demolombe, XXV, 376 ; Laurent, XVII, 100 ;
Larombière, art. 1181, n° 10 ; Baudry-Lacantinerie, II, 896.

4. C. civ., 1179 ; Demolombe, XXV, 400 ; Laurent XVII, 84 ;
Aubry et Rau, § 302, note 61.

450. La donation sous condition de renoncer à une
succession non ouverte est nulle, car elle constitue
un pacte en succession future [1]. Ainsi l'oncle dotant
sa nièce ne saurait lui imposer valablement de ne
prendre aucune part aux successions de ses père et
mère lorsqu'elles s'ouvriront [2].

451. En dotant l'enfant commun, les père et mère
ne pourraient mettre la condition de laisser le survivant des donateurs jouir en usufruit de tous les biens
du prédécédé [3] ; la seule clause possible est l'imputation de la dot sur la succession du prémourant
des père et mère.

452. Ne serait pas valable la clause de la donation
par le survivant des père et mère, imposant à l'enfant doté : 1° de ne réclamer aucun compte de la
tutelle que le disposant a eue du donataire ; 2° de
ne pas demander le partage ou la licitation des biens
indivis restés en la posseession du disposant [4].

Mais il est permis de stipuler que la dot s'imputera sur le compte de tutelle et sur les droits héréditaires ouverts.

1. C. civ., 791 ; Demolombe, XVIII, 277 ; Laurent, XI, 455 ;
Aubry et Rau, § 692, notes 31 et 32.

2. Montpellier, 10 août 1887, Sous Cass., 8 avril 1889, S. 89,
1, 212, D. 90, 1, 206 ; Comp., Grenoble, 7 janvier 1873, S. 73, 2,
129, D. 73, 2, 108.

3. Cass., 16 janvier 1838, S. 38, 1, 225 ; Aubry et Rau, § 692,
note 1.

4. C. civ., 472, 815 ; Toulouse, 5 févrter 1828 ; Orléans,
9 août 1836, S. 38, 1, 225.

III. — DONATIONS DE BIENS A VENIR

453. Par donation de biens à venir, on entend une disposition portant sur des biens que le donateur laissera à son décès; cette donation comprend deux genres : l'institution contractuelle et la promesse d'égalité.

1ᵉⁿᵗ *Institution contractuelle*

454. L'institution contractuelle peut émaner soit d'un parent des époux, ascendant ou collatéral, soit d'un étranger (C. civ. 1082).

455. Pour la capacité requise, il faut appliquer celle en matière de donation ordinaire. Ainsi, la femme mariée doit être autorisée de son mari, et la femme dotale ne saurait disposer en cette forme de ses biens dotaux, au profit d'autres personnes que ses enfants [1].

456. Il est permis de donner par institution contractuelle : l'universalité des biens du disposant, une fraction aliquote des mêmes biens, la quotité disponible [2], un ou plusieurs objets déterminés [3].

457. L'institution faite pour une somme à prendre (en nature ou en argent) sur les plus clairs biens de

---

1. Cass., 8 mai 1877, 25 avril 1887, S. 87, 1, 320, D. 88, 1, 169, Agen, 6 novembre 1867, S. 68, 2, 73, D. 68, 2, 154 ; Rouen, 28 mars 1881, S. 82, 2, 41 ; Caen, 23 juin 1886, Sous. Cass., D. 88, 1, 169.

2. Pau, 16 février 1874, S. 74, 2, 229 ; Demolombe, XXIII, 298 ; Aubry et Rau, § 730, Laurent, XV, 181.

3. Cass., 1ᵉʳ mars 1821 ; Metz, 28 juin 1859 ; Aubry et Rau, § 517, note 3.

la succession du donateur [1], est moins rare que celle d'un bien immobilier en nature.

458. Plusieurs institutions se rencontrent souvent dans le même contrat de mariage, notamment par les père et mère du futur au profit de la future et par ceux de la future épouse en faveur du futur [2].

Elles ont généralement pour objet un usufruit ou une pension, assuré à un futur héritier de ses parents, par les père et mère de l'autre, en vue d'établir l'égalité de situation.

459. Une institution contractuelle au profit de l'un des époux est toujours, au cas de survie du donateur, présumée faite au profit des enfants et descendants à naître du mariage, mais elle doit s'adresser en premier lieu aux époux [3].

L'institution ne saurait d'ailleurs profiter à des enfants nés d'une autre union, antérieure ou postérieure [4]

Si l'institué devenu veuf sans enfants se remarie, les enfants du second mariage ne bénéficient donc pas de l'institution. Il faut qu'elle soit renouvelée dans le deuxième contrat de mariage.

1. Rouen, 11 juillet 1856, D. 57, 2, 109, S. 57, 2, 359 ; Bordeaux, 6 avril 1892, D. 93, 2, 274 ; Tr. Poitiers, 19 janvier 1903, J. E. 26520.

2. Duranton, IX, 675 ; Demolombe, XXIII, 578 ; Aubry et Rau, § 739, note 12 ; Laurent, XV, 187.

3. C. civ., 1082 ; Caen, 11 janvier 1858 ; Laurent, XV, 201 ; Colmet de Santerre, IV, 255 bis ; Baudry-Lacontinerie, II, 743 ; Huc, VI, 457.

4. Comp., Dijon, 29 janvier 1868, S. 68, 2, 306 ; Duranton, IX, 722 ; Baudry-Lacantinerie et Colin, 3896.

460. Cette donation est irrévocable en ce sens que le donateur se trouve privé du droit de disposer, à titre gratuit, des biens compris dans la disposition, si ce n'est par dons particuliers et pour sommes modiques eu égard à sa fortune [1].

461. Quand l'instituant s'est réservé de donner certaines choses, s'il décède sans en avoir disposé, l'institué en profite [2].

462. Le donateur conserve intact le droit de disposer à titre onéreux : vente, échange, et d'hypothéquer ses biens; cette faculté ne saurait lui être interdite [3].

463. Ne transmettant actuellement aucun droit réel au donataire, l'institution contractuelle n'est pas soumise à la transcription hypothécaire [4].

464. Durant la vie de l'instituant le droit de l'institué est incessible et insaisissable puisqu'il porte sur une succession non ouverte [5].

465. Quand l'institué et sa postérité légitime décèdent avant l'instituant, la disposition devient caduque ; si le donataire seul prédécède, le droit

1. C. civ., 1083 ; Demolombe, XXIII, 317 ; Laurent, XV, 221 ; Aubry et Rau, § 739, note 48.

2. C. civ., 1086 ; Comp. Demolombe, XXIII, 385.

3. Comp., Cass., 15 novembre 1836, S. 36, 1, 806 ; Demolombe, XXIII, 312, 314 ; Laurent, XV, 213, 215 ; Colmet de Santerre, IV, 256 bis ; Baudry-Lacantinerie et Colin, 3919.

4. Comp., Cass., 4 février 1867 ; 15 mai 1876, D. 77, 1, 195, S. 77, 1, 52 ; Demolombe, XXIII, 277 ; Aubry et Rau, § 704.

5. Cass., 16 août 1841 ; 11 janvier 1853, S. 53, 1, 65, D. 53, 1, 17 ; Demolombe, XXIII, 324 ; Planiol, III, 3179.

de recueillir la succession de l'instituant passe aux enfants ou descendants issus du mariage [1].

466. Après le décès du donateur, l'institué contractuel a le droit d'opter comme tout héritier, entre l'acceptation et la renonciation [2].

2ᵉⁿᵗ *Promesse d'égalité*

467. La clause de contrat de mariage par laquelle des père et mère en mariant l'un de leurs enfants, s'engagent à lui laisser dans leurs successions une part égale à celle des autres, est appelée promesse d'égalité ou assurance de part héréditaire [3].

Cette clause est une institution contractuelle au profit du futur, par rapport à ses frères et sœurs, de sa portion virile dans la quotité disponible [4].

468. La promesse d'égalité n'enlève pas aux père et mère le droit de disposer, de la quotité disponible, au profit d'une personne autre que leurs enfants [5].

Mais le contraire résultera des termes de la clause garantissant au futur tous ses droits dans la quotité

---

1. C. civ., 1089 ; Laurent, XV, 293 ; Planiol, III, 3181.

2. Cass., 20 décembre 1843, S. 44, 1, 214 ; Baudry-Lacantinerie et Colin, 3923.

3. Cass., 11 mars 1834 ; 8 décembre 1837 ; 26 mars 1845 ; 10 mars 1884, S. 85, 1, 351, D. 85, 2, 108.

4. Cass., 11 mars 1834 ; Bordeaux, 20 janvier 1863, S. 63, 2, 98, D. 63, 5, 126 ; Limoges, 23 mai 1888, D. 90, 2, 79 ; Demolombe, XXIII, 297 ; Baudry-Lacantinerie, II, 750.

5. Cass., 22 mai 1833 ; 22 février 1887, D. 88, 1, 128 ; Riom, 2 mars 1882, S. 83, 2, 140, D. 83, 2, 15 ; Orléans, 30 mars 1892, D. 94, 2, 330 ; Demolombe, XXIII, 306 ; Aubry et Rau, § 739, note 107 ; Baudry-Lacantinerie et Colin, 3943. *Contrà*, Bordeaux, 20 janvier 1863, précité ; Troplong, 2377.

disponible, ou interdisant aux donateurs toute disposition au préjudice du futur époux [1].

IV. — DONATION DE BIENS PRÉSENTS ET A VENIR

469. Lorsqu'un contrat de mariage renferme une seule disposition portant cumulativement sur les biens présents et à venir du donateur, il y a donation unique d'une nature particulière [2].

Si la donation des biens présents et à venir n'était pas renfermée dans une même disposition, il y aurait deux donations distinctes, portant l'une sur les biens présents et l'autre sur ceux à venir [3].

470. La donation cumulative de biens présents et à venir, diffère de l'institution contractuelle par le droit d'option dont jouit le donataire, en vertu duquel il est, après le décès du donateur, autorisé à scinder la disposition, en répudiant les biens à venir pour s'en tenir aux biens présents [4].

471. Cette donation est, de plein droit, censée faite au profit des enfants et descendants à naître du mariage, pour le cas où le futur époux, donataire en premier ordre, ne pourrait ou ne voudrait l'accepter [5].

---

1. Cass., 10 mars 1884, S. 85, 1, 351 ; Orléans, 30 mars 1892, D. 94, 2, 330.

2. C. civ., 1084, 1085 ; Aubry et Rau, § 740, note 5.

3. Cass., 18 mars 1835 ; 30 janvier 1839, S. 39, 1, 443 ; Toulouse, 30 juillet 1859 ; Demolombe, XXIII, 347 ; Laurent, XV, 257.

4. Demolombe, XXIII, 348 ; Aubry et Rau, § 740, note 3 ; Laurent, XV, 254 ; Baudry-Lacantinerie et Colin, 3950.

5. Cass., 19 décembre 1843, S. 44, 1, 273 ; Colmet de Santerre, IV, 267 bis ; Demolombe, XXIII, 352 ; Laurent XV, 259 ; Bonnet, 542.

472. Le donataire de biens présents et à venir n'est saisi que par le décès du donateur de la propriété des biens faisant l'objet de la disposition, sans qu'il y ait à distinguer entre les biens à venir et ceux présents [1].

473. Cette donation devient caduque, pour ceux biens présents comme pour ceux à venir, quand le donateur survit au donataire et à sa postérité issue du mariage [2].

474. Le droit pour le donataire de s'en tenir aux biens présents, en répudiant les biens à venir, ne saurait s'exercer qu'à la mort du donateur. D'ailleurs, l'option est soumise à la condition qu'il aura été annexé au contrat de mariage un état des dettes et charges du donateur existantes à l'époque de la donation, sinon la disposition dégénère en institution contractuelle [3].

Cet état pourrait être suppléé par le détail des dettes dans le contrat de mariage.

475. Lorsque la donation comprend des immeubles présents, il est indispensable de les désigner ; en outre, le contrat de mariage doit être transcrit au bureau des hypothèques, afin d'avertir les tiers que

---

1. Cass., 13 avril 1825 ; Bordeaux, 19 juillet 1831, S. 31, 1, 541 ; Aubry et Rau, § 740, note 10 ; Planiol, III, 3192 ; Baudry-Lacantinerie et Colin, 3949.

2. C. civ., 1089 ; Cass., 3 février 1835 ; 28 juillet 1856, D. 56, 1, 428 ; Aubry et Rau, § 740, note 11.

3. C. civ., 1084 ; Grenoble, 19 janvier 1847 ; Limoges, 26 novembre 1872, S. 74, 2, 10, D. 73, 2, 104 ; Colmet de Santerre, IV, 258 bis ; Baudry-Lacantinerie et Colin, 3967.

le donateur ne peut plus conférer que des droits résolubles [1].

476. Quand le donataire opte pour l'exécution intégrale de la disposition, elle se trouve régie par les règles de l'institution contractuelle ; par suite : 1° le donataire est tenu de respecter les aliénations onéreuses faites sans fraude, lors même qu'elles porteraient sur les biens présents [2] ; 2° il est obligé d'acquitter les dettes contractées avant la donation et celles faites depuis [3] ; 3° il est admis à réclamer tous les effets mobiliers se trouvant dans la succession du donateur, quoiqu'ils n'aient pas été décrits ni estimés dans la disposition [4].

477. Au contraire, si l'état des dettes a été annexé à la donation de biens présents et à venir, et que le donataire opte pour les biens présents seulement, en renonçant aux autres, la disposition se transforme en une donation de biens présents produisant les effets suivants :

1° Le donataire est seulement tenu des dettes et charges dont l'état a été annexé au contrat de mariage, et si elles ont été acquittées par le donateur, le donataire en doit récompense à sa succession [5].

---

1. Cass., 15 février 1830 ; Aubry et Rau, § 740, note 21 ; Laurent, XV, 279 ; Huc, VI, 462.

2. Cass., 27 février 1821.

3. Demolombe, XXIII, 354 ; Aubry et Rau, § 740, note 15.

4. Cass., 27 février 1821 ; Duranton, IX, 733 ; Aubry et Rau, § 740, note 18 ; Bonnet, II, 532.

5. Colmet de Santerre, IV, 257 bis ; Demolombe, XXIII, 350 ; Comp., Laurent, XV, 280.

2° Il peut, pour les immeubles, faire anéantir les aliénations à titre onéreux, les hypothèques et les servitudes postérieures à la donation, pourvu que la disposition contienne la désignation des immeubles présents, et qu'elle ait été soumise à la transcription hypothécaire [1].

3° A l'égard des meubles présents, il n'est fondé à réclamer que ceux décrits et estimés dans le contrat de mariage [2].

178. La prescription des actions du donataire ne commence à courir qu'à partir du décès du donateur, quoiqu'il opte pour les biens présents [3].

CHAPITRE X
Avantages entre époux
I. — USUFRUIT LÉGAL

479. L'époux survivant a un droit d'usufruit sur la succession de son conjoint, en vertu de l'article 767 C. civ.

Trois cas sont à distinguer pour l'étendue de cet usufruit : 1° S'il n'existe pas de descendants, il porte sur la moitié des biens du défunt ; 2° en présence d'enfants du mariage, l'usufruit est réduit au quart ; 3° lorsqu'il reste des enfants nés d'une précédente union, le survivant n'a en usufruit qu'une part d'enfant légitime le moins prenant et au maximum un quart.

1. Cass., 15 février 1830 ; Demolombe, XXIII, 358, 363 ; Laurent, XV, 279 ; Planiol, III, 3195.

2. C. civ., 948 ; Aubry et Rau, § 740, note 22.

3. C. civ., 1084 ; Cass., 4 mai 1846, S. 46, 1, 482 ; Aubry et Rau, § 740, note 23 ; Laurent, XV, 281.

Il n'est pas permis au conjoint d'exercer son usufruit : 1° sur les biens formant la réserve des descendants ou des ascendants ; 2° sur ceux légués a des étrangers.

Enfin, la loi soustrait à la jouissance du conjoint survivant les biens soumis à un droit de retour conventionnel ou légal (C. civ., 951, 747).

Mais en prévision d'un retour légal, une donation ou un legs au conjoint pourrait lui assurer un usufruit égal a celui légal dont il se trouve privé [1].

II. — CONVENTIONS AVANTAGEUSES

480. Au moment du contrat, si le notaire n'intervient pas en vue de modérer, dans une juste mesure, les témoignages de leur jeune affection, les futurs époux sont généralement portés à faire bénéficier le survivant de toute la communauté; c'est à lui de faire penser aux enfants, à l'avenir de l'union.

481. Parmi les clauses profitables au dernier vivant des époux, il faut rappeler le préciput, en argent ou en meubles, à concurrence d'une valeur déterminée à prélever sur la masse commune.

Lorsque le préciput est réservé en faveur de la femme survivante, même si elle renonce à la communauté, il forme, cette éventualité se produisant, une véritable libéralité à son profit [2].

1. C. civ., 747 ; Cass., 16 mars 1830 ; Toulouse, 21 décembre 1821 ; Nancy, 24 décembre 1869, D, 72, 2, 57 ; Toulouse, 21 décembre 1891, S. 93, 2, 238, D. 92, 2, 369 ; Demolombe, XIII, 480, 521 ; Laurent, IX, 188, 194 ; Huc, V, 84 ; Baudry-Lacantinerie et Wahl, 568 ; Planiol, III, 1909.

2. Comp., Cass., 12 juin 1872, S. 72, 1, 308, D. 72, 1, 327, R. N. 4617, J. N. 20486, J. E. 19149, R. P. 3520. *Contrà*, Paris, 12 avril 1900, S. 05, 2, 39, R. N. 10577; Aubry et Rau, § 529, note 5.

482. Un autre avantage fréquent au bénéfice du survivant est une attribution extensive dans les profits de la communauté, par exemple l'usufruit de la part de son conjoint. Ce bénéfice doit être stipulé distinctement de toute donation, puisqu'il est une convention de mariage, et à ce titre exempt de tout impôt [1].

483. Souvent faculté est accordée au dernier vivant de conserver en nature le mobilier d'une habitation, un fonds de commerce, un bail, une exploitation agricole, etc. Toutes choses ayant pour lui une valeur d'affection ou donnant des produits susceptibles d'améliorer sa situation pécuniaire.

474. Un délai pour restituer les sommes dues aux héritiers du prémourant, avec ou sans intérêts, est encore une faveur habituellement octroyée au survivant.

485. La reconnaissance au profit de l'un des époux d'une fortune supérieure à celle qu'il possède réellement, est un avantage déguisant une donation : faite en faveur du futur, elle l'autorise à prélever la somme reconnue sur les bénéfices communs, et non sur les biens de la future ; lorsqu'elle a lieu au profit de cette dernière, les conséquences en son plus graves, car non seulement la femme pourra prendre la somme sur les épargnes faites en collaboration, mais encore, à défaut d'économies, le mari n'en sera pas moins obligé de la verser à la femme ou à ses héritiers [2].

1. Cass., 19 décembre 1890, S. 91, 1, 129, J. E. 23596.
2. C., civ., 1099, 1472 ; Cass., 14 avril 1886, S. 86, 1, 289, D. 87, 1, 169.

III. — DONATIONS

1ᵉⁿᵗ Règles générales

486. Les futurs époux ont toute liberté de se faire par contrat de mariage, l'un au profit de l'autre ou réciproquement l'un à l'autre, telles donations qu'ils jugent convenables [1].

Ils peuvent se donner soit des biens présents, soit des biens à venir, soit cumulativement des biens présents et à venir [2].

487. Quelque soit l'objet des donations entre époux, elles sont révocables pour ingratitude ou pour inéxécution des conditions [3] ; la survenance d'enfants ne les révoque pas [4].

488. Au sujet de l'acceptation, il est certain qu'elle n'a pas besoin d'être expresse ; une acceptation tacite suffit toujours [5].

1. C. civ., 1091 , Aubry et Rau, § 741 ; Laurent XV, 325.

2. C. civ., 1091 à 1093 ; Aubry et Rau, § 741, note 1 ; Demolombe, XXIII, 410.

3. C. civ., 299, 954, 959 ; Cass., 10 mars 1856, S. 56, 1, 193, D. 56, 1, 54 ; 22 décembre 1896, S. 97, 1, 397.

4. C. civ., 960 ; Cass., 11 mai 1857, S. 57, 1, 529, D. 57, 1, 215 ; Demolombe, XX, 772 ; Aubry et Rau, § 709, note 15 ; Laurent, XIII, 79.

5. Cass., 7 mars 1855, S. 56, 1, 332, D. 55, 1, 408; Demolombe, XXIII, 422 ; Aubry et Rau, § 741 ; Laurent XV, 298; Huc, VI, 466.

489. L'enfant naturel, sans père ni mère, agira prudemment en donnant à son conjoint la propriété de tous ses biens, pour le cas où il ne laisserait pas d'enfants. A défaut de donation universelle en toute propriété, le conjoint survivant de l'enfant naturel, décédé sans postérité, hériterait de lui, mais il serait obligé de remplir des formalités judiciaires longues et onéreuses [1].

490. En dehors de cette circonstance spéciale, les donations entre époux par contrat de mariage, ne doivent pas être conseillées à cause de leur irrévocabilité ; car, d'une part les suites du mariage ne répondent pas toujours aux espérances de bonheur formées lors du contrat, et d'autre part, ces donations mettent les conjoints dans l'impossibilité de reconnaître et récompenser des services par acte testamentaire, lorsque, à raison du nombre des enfants, la quotité disponible est épuisée. Il est opportun d'appeler l'attention des familles sur ce point et d'engager les futurs époux à ne faire de donations qu'après le mariage, et qu'il est toujours possible de modifier ou révoquer. Si les parties insistent pour les donations dans le contrat, il faut du moins user de modération, afin de réserver la liberté d'une partie de la quotité disponible.

2^{ent} *Biens présents*

491. La donation ayant pour objet des biens présents n'est point censée faite sous la condition de

---

1. C. civ., 767, 769, 770.

survie du donataire ; par suite, il est saisi actuellement et irrévocablement des biens donnés [1].

492. Ce genre de donation comprenant des meubles nécessite un état estimatif, et des immeubles exige la transcription hypothécaire [2].

493. D'ailleurs, la donation de biens présents, peu fréquente, est généralement subordonnée à la condition suspensive de la survie du donataire ; il faut se garder de confondre cette donation avec celle des biens à venir au profit du survivant [3].

494. Sont des donations de biens présents, quoique soumises à la survie du donataire, celles : 1° d'une rente viagère acquittable à compter de la mort du donateur [4] ; 2° d'une somme d'argent exigible au décès du disposant et à prendre sur ses biens actuels [5].

495. A l'égard de la femme donataire, la donation de biens présents est garantie par son hypothèque légale, tandis que celle des biens à venir n'emporte pas cette faveur [6].

---

1. C. civ., 1092 ; Comp., 1081 ; Cass., 9 juillet 1889, 'S. 92, 1, 338, D. 89, 1, 366 ; Demolombe, XXIII, 413.

2. Cass., 4 janvier 1830 ; Douai, 16 février 1846, S. 46, 2, 319, D. 46, 2, 227 ; Demolombe, XXIII, 411.

3. Demolombe, XXIII, 415.

4. Grenoble, 8 février 1879, S. 80, 2, 69, Rev. Not., 5844 ; Montpellier, 9 août 1886, S. 87, 2, 78.

5. Cass., 27 décembre 1859, S. 61, 1, 87, D. 60, 1, 105.

6. Cass., 27 décembre 1859, précité ; Thézard, 91 ; Baudry-Lacantinerie et de Loynes, 985. *Contrà*, Laurent, XXX, 345.

3^{ent} *Biens à venir*

496. Sont des donations de biens à venir celles comprenant : 1° une part d'enfant dans la succession du donateur [1] ; 2° une quotité des biens au décès du prémourant [2] ; 3° une somme à prendre sur la fortune que laissera le disposant [3] ; 4° une rente viagère à payer par la succession du donateur [4].

Toutes les fois que le contrat renferme une attribution extensive de communauté au profit du survivant (n° 482), il faut avoir soin de dire que la donation porte sur les propres seulement.

497. La donation de biens à venir, ou de biens présents et à venir cumulés, est réputée soumise à la condition de survie du donataire et ne se transmet point aux enfants [5].

4^{ent} *Quotité disponible*

498. Quand l'époux donne à son conjoint la pleine propriété des biens qui composeront sa succession, la disposition est réductible à un quart en propriété et un quart en usufruit en présence d'un ou de plusieurs enfants du mariage [6].

---

1. Duranton, IX, 824 ; Troplong, 2719 ; Demolombe, XXIII, 590; Laurent, XV, 389 ; Baudry-Lacantinerie, II, 774.

2. Cass., 14 décembre 1885, S. 86, 1, 481, D. 86, 1, 189.

3. Cass., 16 mai 1855 ; Rouen, 11 juillet 1856, 20 décembre 1856, S. 57, 2, 359, D. 57, 2, 109 ; Laurent, XV, 393.

4. Toulouse, 30 juillet 1888, S. 89, 2, 99, D. 89, 2, 25 ; Huc, VI, 467.

5. C. civ., 1093 ; Cass., 20 décembre 1854, S. 56, 1, 217, D. 55, 1, 117 ; Demolombe, XXIII, 580 ; Colmet de Santerre, IV, 278 bis.

6. C. civ., 1094 ; Cass., 26 mars 1843, 30 juin 1885, S. 85, 1, 352, D. 86, 1, 256 ; Demolombe, XXIII, 500, 505 ; Laurent, XV, 348, 354 ; Baudry-Lacantinerie et Colin, 4039 ; Planiol, III, 3232.

Dans le même cas d'enfants du mariage, la donation universelle en usufruit est réductible à moitié [1].

Et la disposition d'une rente viagère excessive serait réduite à la moitié des revenus de la succession [2].

499. En cas d'existence d'enfant d'un premier lit, la donation entre époux est limitée à une part d'enfant légitime le moins prenant, sans pouvoir excéder le quart des biens [3].

La disposition d'un usufruit ou d'une rente viagère excédant le disponible, en présence d'enfants d'un premier lit, leur laisse le choix d'exécuter la donation en entier ou d'abandonner la quotité disponible en pleine propriété [4].

500. Si l'époux prédécédé laisse seulement des ascendants, la quotité disponible est celle du droit commun (C. civ., 914).

501. Au surplus, la réserve est instituée en faveur des ascendants et des ascendants qui ont toujours le droit de ne pas demander la réduction d'une donation excessive (C. civ., 921). Il est assez fréquent, pour la donation universelle en usufruit, que les enfants du mariage l'éxécutent, quoiqu'elle dépasse la quotité disponible.

---

1. C. 1094 ; Cass., 10 mars 1873, S. 74, 1, 17, D. 74, 1, 9 ; 30 juin 1885, précité ; Demolombe, XXIII, 502 ; Aubry et Rau, § 689, note 8.

2. Cass., 10 mars 1873, précité ; Colmet de Santerre, IV, 274 bis ; Baudry-Lacantinerie et Colin, 4041.

3. C. civ., 1098 ; Comp., Demolombe, XXIII, 590.

4. C. civ., 917 ; Cass., 1er juillet 1873, S. 74, 1, 17, D. 74, 1, 26 ; Laurent, XV, 402 ; de Cacqueray, *Rev. prat.*, XVI, 233.

5^{ent} *Caution*

502. Pour toute donation en usufruit, le survivant des époux se trouve obligé légalement de faire dresser inventaire et état de tous les biens soumis à sa jouissance, et de fournir une caution pour garantir la restitution, entière et en bon état, des choses dont il a l'usufruit [1].

Il est d'ailleurs permis de dispenser le donataire de fournir caution, même en présence d'enfants [2].

503. Souvent le contrat de mariage exempte l'époux survivant de donner les garanties exigées par la loi. La dispense de caution ne présente pas d'inconvénient grave, lorsque la fortune se compose de propriétes foncières qui peuvent seulement être détériorés.

Au contraire, si la fortune est pour la plus grosse partie mobilière, la dispense de caution devient dangereuse, car les nu-propriétaires sont dépourvus de garanties ponr se faire restituer les valeurs encaissées par l'usufruitier.

Dans cette circonstance, le minimum de précaution consiste à obliger l'nsufruitier : 1° à convertir au nominatif toutes les valeurs mobilières soumises à sa jouissance ; 2° à employer de même tous capitaux qu'il serait appelé à recevoir.

504. La défense aux héritiers de faire dresser inventaire ne doit jamais figurer dans un contrat, parce qu'elle est nulle [3].

1. C. civ., 600, 601 ; Comp., Seine, 28 avril 1891.
2. Cass., 26 août 1861, 5 juillet 1876, S. 77, 1, 345 ; Pau, 3 juillet, 1876, S. 77, 2, 120.
3. Bordeaux, 12 août 1851 ; Caen, 30 avril 1855, S. 56, 2, 228.

6^{ent} *Condition de viduité*

505. Quelquefois la donation entre époux défend au survivant de se remarier, sous peine de perdre le bénéfice de la disposition. Cette condition est considérée comme licite et morale [1], quoiqu'il y ait beaucoup à dire relativement aux conséquences fâcheuses qu'elle peut amener, avec un bénéficiaire jeune [2].

CHAPITRE XI

Frais et honoraires

I. — RÈGLES GÉNÉRALES

506. Les frais de contrat de mariage comprennent les droits d'enregistrement et de timbre, les honoraires du notaire et les dépenses relatives aux formalités d'exécution : transcription hypothécaire, inscription, signification, transfert, publicité commerciale, etc.

---

1. Cass., 18 mars 1867, 18 juin 1890, 22 décembre 1896, S. 97, 1, 397, D. 98, 1, 537, R. N. 9711 ; Demolombe, XXIII, 250. *Contrà*, Liège, 11 janvier 1883, D. 84, 2, 62 ; Caen, 24 juillet 1894, S. 95, 2, 279, D. 95, 2, 269 ; Laurent, XI, 501 ; Huc, VI, 60 ; Planiol, III, 3040.

2. Si durant le mariage les époux désirent voir disparaître l'interdiction de convoler, ils peuvent faire des donations pures et simples ne parlant aucunement du contrat de mariage ; à ce moyen, le donataire aura la liberté, en renonçant à la donation du contrat, de bénéficier de celle ultérieure (Comp., Rouen, 15 décembre 1891, S. 93, 2, 217, D. 92, 2, 437, R. N. 8664 ; Baudry-Lacantinerie, Le Courtois et Surville, 118.

507. Au point de vue de la contribution, les frais se répartissent en trois catégories :

1° Ceux concernant le régime adopté et les apports personnels des époux ;

2° Ceux résultant des donations faites à l'un ou à l'autre des époux par des tiers ;

3° Et ceux entraînés par des conventions qui auraient pu être constatées dans un autre acte.

508. Pour les frais entraînés par les conventions étrangères au contrat de mariage, il s'agit uniquement de les faire supporter par ceux dans l'intérêt desquels il ont eu lieu, d'après le droit commun.

509. En ce qui concerne les frais de contrat proprement dit, ils constituent une charge personnelle des époux entre lesquels ils doivent se partager par moitié, conformément au principe de la dette conjointe, et non proportionnellement à l'importance des apports [1].

Par exception, lorsque les époux adoptent le régime de la communauté, sans exclure les dettes antérieures au mariage, les frais de contrat incombent à la masse commune [2].

510. Quant aux droits relatifs aux donations faites à l'un ou l'autre des époux, de choses n'entrant pas

---

1. C. civ., 1213 ; Cass., 21 juillet 1852 ; 8 décembre 1874, S. 75, 1, 209, D. 75, 1, 33 ; Aubry et Rau, § 503, notes 11 à 13. *Contrà*, Dijon, 3 décembre 1869, S. 70, 2, 17, D. 70, 2, 161, Rep. not. 2253.

2. Comp., Rodière et Pont, 195 ; Laurent, XXI, 113.

dans la masse commune, ils sont à la charge exclusive de l'époux donataire [1].

Au surplus, assez souvent, les personnes qui font une donation en acquittent les frais.

511. D'autre fois, les parents des futurs paient tous les frais et honoraires du contrat, par moitié sans distinction.

Par suite de cette diversité d'appréciation sur la contribution aux frais, il est toujours utile d'insérer un article spécial. C'est le moyen d'éviter toute interprétation contraire à la volonté des parties.

512. Deux notaires ayant instrumenté pour un contrat de mariage en partagent les honoraires par moitié, à moins que le réglement de leur compagnie n'indique un autre mode de répartition [2].

Un notaire ne saurait prétendre au partage des honoraires d'un contrat passé hors de son ressort [3]; tout engagement contraire serait sans valeur légale; toutefois, le partage est bénévolement admis par bonne confraternité dans un grand nombre de compagnies.

513. A l'ouverture d'une institution contractuelle ou d'une donation de biens à venir entre époux par contrat de mariage, les honoraires proportionnels acquis sont perçus par le notaire détenteur de la

1. Cass., 21 juillet 1852, 8 décembre| 1874, précité ; Caen, 6 décembre 1877, S. 78, 2, 215, D. 79, 2, 134.

2. Decr., 25 août 1898, art. 11.

3. Cass., 1er avril 1896, 17 mai 1899, R. N. 10273, S. 1900, 1, 21.

minute. Le notaire appelé en second au contrat est fondé à en réclamer sa part parce que, en cette matière, le partage des honoraires a lieu sur l'ensemble des dispositions du contrat, et non suivant la fortune du client de chaque notaire.

514. Après le contrat, la quittance de la dot est aux frais du donateur qui se libère [1].

515. C'est à l'enfant au profit duquel une dot mobilière a été constituée, qu'incombent les frais de transmission des immeubles donnés en paiement de cette dot, car la dation en paiement est une vente [2].

516. A l'égard du droit de poursuite du notaire, il est incontestable qu'il peut l'exercer contre les porties contractantes, solidairement, car il a agi dans leur intérêt commun [3].

A ce point de vue, la clause du contrat mettant les frais à la charge personnelle de l'un des contractants ne modifie pas l'action solidaire du notaire [4].

517. Le droit des notaires au paiement des sommes à eux dues pour un contrat de mariage, se prescrit par cinq ans du jour de l'acte. Par exception, les cinq ans courent seulement à compter du décés de l'auteur de la disposition, pour une institution

---

1. C. civ., 1248 ; Comp.. Demolombe, XXVII, 296.

2. C. civ., 1593 ; Comp., 1595 ; Cass., 29 mai 1902, S. 04, 1, 497 ; Laurent, XXIV, 151 ; Baudry-Lacantinerie, III, 478.

3. C. civ., 2002 ; Cass., 15 novembre 1820 ; 17 juin 1890, S. 90, 1, 416, D. 91, 1, 212 ; Dijon, 20 février 1867, S. 67, 2, 130 ; Aubry et Rau, § 414, note 12 ; Boulet, *Code not.*, 929.

4. Comp., Cass., 20 mai 1829 ; Limoges, 27 décembre 1878, S. 80, 2, 287, D. 79, 2, 178.

contractuelle, ou une donation éventuelle entre époux [1].

II. — Honoraires

518. Souvent les contrats de mariage contiennent plusieurs conventions indépendantes, ét donnant lieu à des droits d'enregistrément distincts, alors l'honoraire est dû pour chacune d'élles [2], soit proportionnellement à l'importance des biens, soit à un chiffre fixe invariable, soit encore à un double honoraire l'un fixe et l'autre proportionnel.

519. L'honoraire proportionnel est établi sur le capital exprimé dans le contrat, ét en arrondissant les sommes de vingt francs en vingt francs [3].

Quand il s'agit de prestations en nature, il faut suivre l'évaluation faite pour la perception du droit d'enregistrément.

Si la valeur d'un immeuble n'a pas été déterminée, élle est obtenue en multipliant le revenu annuel par vingt ou vingt-cinq [4].

520. Quelque soit l'âge de l'usufruitier, l'usufruit et la nue propriété sont respectivement évalués à moitié de la pleine propriété. Toutefois la donation avec réserve d'usufruit au profit du donateur est

---

1. L. 24 décembre 1897, art. 1.

2. Décr., 25 août 1898, art. 6.

3. Décr., 25 août 1898, art. 14; Comp., Toulouse, 7 mars 1904, R. N. 11780.

4. Décr., 25 août 1898, art. 15.

considérée comme portant sur la toute propriété [1].

521. L'honoraire d'ouverture, sur la donation de biens à venir entre époux et les institutions contractuelles, appartient au notaire alors en exercice, comme compris virtuellement dans la cession de l'office consentie par le notaire rédacteur [2].

522. A l'égard des contrats très modiques, les tarifs accordent un minimum d'honoraires [3].

523. Si le contrat n'est pas suivi de célébration, l'honoraire est seulement de cinq francs par rôle de minute, calculé à raison de trente-cinq lignes à la page et de vingt syllabes à la ligne [4].

1^{ent} Apports personnels

524. Tous les tarifs allouent des honoraires proportionnels sur les apports cumulés des époux,

---

1. Décr., 25 août 1898, art. 16 ; Péronne, 28 mai 1900, R. N. 11177, Rep. prat., 12563, J. N. 27784.

2. L. 25 ventôse an XI, art. 59 ; Cass., 13 novembre 1900, S. 01, 1, 182, R. N. 10665 ; Tr. Rouen, 25 novembre 1902, R. N. 1101 ; Baugé, 17 mars 1903, R. N. 11366. *Contrà*, Aix, 18 juillet 1873, R. N. 4499.

3. Caen, Nancy, 12 fr. ; Aix, 20 fr. ; Seine, 25 fr. ; autres ressorts, 15 fr.

4. Décr., 25 août 1898, art. 21.

déduction faite des charges [1].

525. Quand les apports mobiliers ou immobiliers ne sont pas déclarés dans le contrat, l'honoraire est néanmoins dû dès lors que leur existence est certaine [2].

1. Seine, 25 cent. % jusqu'à un million, 125 mill. % au-dessus.

Angers, Caen, Orléans, Rouen, 50 cent. % jusqu'à 50 000 fr., 25 cent. % au-dessus.

Douai, 50 cent. % de 1 à 50 000 fr.; 25 cent. % de 50 000 à 100 000 fr.; 125 mill. % au-dessus.

Pau, 50 cent. % de 1 à 100 000 fr.; 25 cent. % au-dessus.

Agen, Amiens, Besançon, Bordeaux, Dijon, Montpellier, Nancy, 50 cent. % de 1 à 100 000 fr.; 25 cent. % au-dessus.

Lyon, 50 cent. % de 1 à 100 000; 25 cent. %[de 100 000 à 300 000 fr.; 125 mill. % au-dessus.

Poitiers, 50 cent. % de 1 à 100 000 fr.; 25 cent. % de 100 000 à à un million; 125 mill. au-dessus.

Paris, Toulouse, 50 cent% de 1 à 200 000 fr.; 25 cent.% au-dessus.

Riom, 75 cent. % de 1 à 10 000 fr.; 50 cent. % de 10 000 à 50 000 fr.; 25 cent.% au-dessus.

Aix, 75 cent.% de 1 à 100 000 fr; 50 cent. % de 100 000 à 200 000 fr.; 25 cent. % au-dessus.

Nîmes, 1% de 1 à 5 000 fr.; 50 cent.% de 5 000 à 50 000 fr.; 25 cent.% au-dessus.

Rennes, 1% de 1 à 5 000 fr.; 50 cent.% de 5 000 à 25 000 fr.; 25 cent. au-dessus.

Limoges, 1% de 1 à 10 000 fr.; 50 cent.% de 10 000 à 100 000 fr.; 25 cent. % au-dessus.

Bastia, Bourges, Chambéry, Grenoble, 1% de 1 à 10 000 fr.; 50 cent.% de 10 000 à 50 000 fr.; 25 cent. % au-dessus.

2. Bourgagneuf, 19 février 1895; Niort, 4 février 1898, R. N. 10022, Rep. not. 10294. *Contrà*, Orange, 13 janvier 1903, R. N. 11173, J. E. 26549, J. N. 27832; Comp., Barbezieux, 16 juin 1903, J. E. 26671.

2ᵉⁿᵗ *Donations actuelles*

526. Sur les donations entre vifs transmettant actuellement les biens en formant l'objet, des honoraires proportionnels sont dus.

527. Pour la donation d'une rente viagère ou perpétuelle, la base des honoraires est le capital par dix ou par vingt de la rente, quelque soit le chiffre indiqué en vue d'un amortissement.

528. Quand le donateur réserve l'usufruit à son profit, la perception est la même que pour une donation de pleine propriété [1].

529. Une tarification spéciale est applicable aux donations actuelles, faites en ligne directe ou entre époux [2].

1. Décr., 25 août 1898, art. 16.

2. Caen, 50 cent.o/o de 1 à 50 000 fr.; 25 cent.o/o au-dessus.

Seine, 50 cento/o jusqu'à un million; 25 cent. o/o de un à trois millions; 125 mill. au-dessus.

Nancy, 75 cent.o/o jusqu'à 50 000 fr.; 50 cent.o/o de 50 000 à 500 000 fr.; 25 cent.o/o au-dessus.

Poitiers, 75 cent.o/o jusqu'à 50 000 fr.; 50 cent. o/o de 50 000 à un million; 25 cent. o/o au-dessus.

Besançon, 75 cent.o/o jusqu'à 100 000 fr.; 50 cent.o/o de 100 000 à 200 000 fr.; 25 cent.o/o au-dessus.

Bordeaux, 75 cent. o/o de 1 à 100 000 fr.; 50 cent.o/o de 100 000 à 500 000 fr.; 25 cent. o/o au-dessus.

Dijon, 75 cent. o/o de 1 à 100 000 fr.; 375 mill. au-dessus.

Toulouse, 80 cent.o/o de 1 à 200 000 fr.; 50 cent.o/o de 200 000 à 500 000 fr.; 25 cent.o/o au-dessus.

Bastia, 1o/o de un à 10 000 fr.; 50 cent.o/o de 10 000 à 50 000 fr.; 25 cent.o/o au-dessus.

Douai, un o/o de 1 à 10 000 fr.; 75 cent.o/o de 10 000 à 50 000 fr.; 50 cent.o/o de 50 000 à 100 000 fr.; 25 cent.o/o au-dessus.

530. Pour les donations avec dessaisissement immédiat, en ligne collatérale et entre étrangers, il est alloué des honoraires un peu plus élevés qu'en ligne directe [1].

Riom, 1 o/o jusqu'à 10000 fr.; 75 cent. o/o de 10000 à 30000 fr.; 50 cent. o/o de 30000 à 60000 fr.; 25 cent. o/o au-dessus.

Amiens, 1 o/o jusqu'à 20000 fr.; 75 cent. o/o de 20000 à 100000 fr.; 35 cent. o/o de 100000 à 300000 fr.; 25 cent. o/o au-dessus.

Orléans, 1 o/o de 1 à 25000 fr.; 50 cent. o/o de 25000 à 100000 fr.; 25 cent. o/o au-dessus.

Rennes, 1 o/o de 1 à 25000 fr.; 50 cent. o/o de 25000 à 300000 fr.; 25 cent. o/o au-dessus.

Limoges, 1 o/o de 1 à 40000 fr.; 50 cent. o/o de 40000 à 500000 fr.; 25 cent. o/o au-dessus.

Chambéry, Grenoble, 1 o/o de 1 à 50000 fr.; 50 cent. o/o de 50000 à 300000 fr.; 25 cent. o/o au-dessus.

Bourges, 1 o/o jusqu'à 50000 fr.; 50 cent. o/o de 50000 à 500000 fr.; 25 cent. o/o au-dessus.

Angers, 1 o/o jusqu'à 50000 fr.; 50 cent. o/o de 50000 à 600000 fr.; 25 cent. o/o au-dessus.

Agen, Lyon, Montpellier, 1 o/o jusqu'à 100000 fr.; 50 cent. o/o de 100000 à 300000 fr.; 25 cent. o/o au-dessus.

Paris, 1 o/o jusqu'à 100000 fr.; 50 cent. o/o de 100000 à 200000 fr.; 25 cent. o/o au-dessus.

Aix, Nîmes, Pau, Rouen, 1 o/o jusqu'à 100000 fr.; 50 cent. o/o de 100000 à 500000 fr.; 25 cent. o/o au-dessus.

1. Seine, 50 cent. o/o jusqu'a un million ; 25 cent. de un à trois millions ; 125 mill. au-dessus.

Bastia, 1 o/o de 1 à 10000 fr.; 50 cent. o/o de 10000 à 50000 fr.; 25 cent. o/o au-dessus.

Douai, 1 o/o de 1 à 10000 fr.; 75 cent. o/o de 10000 à 50000 fr.; 50 cent. o/o de 50000 à 100000 fr.; 25 cent. o/o au-dessus.

Orléans, 1 o/o de 1 à 25000 fr.; 50 cent. o/o de 25000 à 100000 fr.; 25 cent. o/o au-dessus.

Caen. Rennes, 1 o/o de 1 à 50000 fr.; 50 cent. o/o au-dessus.

531. Quelques tarifs établissent même une différence entre les dispositions en ligne collatérale et celles entre étrangers [1].

Riom, 1 o/o jusqu'à 50 000 fr.; 75 cent. o/o de 50 000 à 100 000 fr.; 25 cent. o/o au-dessus.

Bourges, 1 o/o de 1 à 50 000 fr.; 75 cent. o/o de 50 000 à 100 000 fr.; 50 cent. o/o de 100 000 à 500 000 fr.; 25 cent. o/o au-dessus.

Nancy, 1 o/o de 1 à 50 000 fr.; 75 cent. o/o de 50 000 à 300 000 fr.; 50 cent. o/o de 300 000 à 600 000 fr.; 25 cent. o/o au-dessus.

Angers, 1 o/o jusqu'à 50 000 fr.; 50 cent. o/o de 50 000 à 600 000 fr.; 25 cent. o/o au-dessus.

Poitiers, 1 o/o de 1 à 50 000 fr.; 75 cent. o/o de 50 000 à un million; 50 cent. o/o au-dessus.

Amiens, 1 o/o de 1 à 50 000 fr.; 80 cent. o/o de 50 000 à 100 000 fr.; 50 cent. o/o de 100 000 à 300 000 fr.; 25 cent. o/o au-dessus.

Dijon, 1 o/o jusqu'à 100 000 fr.; 50 cent. o/o au-dessus.

Agen, Lyon, Montpellier, 1 o/o jusqu'à 100 000 fr.; 50 cent. o/o de 100 000 à 300 000 fr.; 25 cent. o/o au-dessus.

Pau, Rouen, 1 o/o de 1 à 100 000 fr.; 50 cent. o/o de 100 000 à 500 000 fr.; 25 cent. o/o au-dessus.

Paris, 1 o/o de 1 à 100 000 fr.; 50 cent. o/o de 100 000 à 200 000 fr.; 25 cent. o/o au-dessus.

Bordeaux, 1 o/o de 1 à 200 000 fr.; 50 cent. o/o de 200 000 à 500 000 fr.; 25 cent. o/o au-dessus.

Limoges, 1 fr. 25 o/o de 1 à 100 000 fr.; 50 cent. o/o au-dessus.

Besançon, 1 fr. 25 o/o de 1 à 100 000 fr.; 75 cent. o/o de 100 000 à 200 000 fr.; 25 cent. o/o au-dessus.

Nîmes, 1 fr. 50 o/o de 1 à 50 000 fr.; 1 o/o de 50 000 à 100 000 fr.; 50 cent. o/o au-dessus.

1. Aix : ligne collatérale, 1 fr. 25 o/o de 1 à 50 000 fr.; 1 o/o de 50 000 à 75 000 fr.; 50 cent. o/o au-dessus; entre étrangers, 1 fr. 50 o/o de 1 à 50 000 fr.; 1 fr. 25 o/o de 50 000 à 75 000 fr.; 50 cent. o/o au-dessus.

Chambéry, Grenoble : ligne collatérale, 1 fr. 25 o/o de 1 à 50 000 ; 1 o/o de 50 000 à 100 000 fr.; 50 cent. o/o au-dessus ; entre étrangers, 1 fr. 50 o/o de 1 à 50 000 fr.; 1 o/o de 50 000 à 100 000 fr.; 50 cent. o/o au-dessus.

3ᵉᵐ *Dispositions subordonnées au décès*

532. Sur les donations éventuelles, les institutions contractuelles et les promesses d'égalité, il y a deux honoraires : l'un fixe acquis sur le contrat de mariage ; l'autre proportionnel qui n'est perçu qu'au cas d'exécution de la disposition.

A. — Droits dus au moment du contrat

533. Il existe une certaine variété dans le chiffre fixe alloué pour chaque :

1° Donation éventuelle [1].

2° Institution contractuelle [2].

3° Promesse d'égalité [3].

Toutefois, dans le département de la Seine, il n'est accordé aucun honoraire.

Toulouse : ligne collatérale, 1 o/o de 1 à 200 000 fr.; 50 cent.o/o de 200 000 à 500 000 fr.; 25 cent. o/o au-dessus; entre étrangers, 1 fr. 25 o/o de 1 à 200 000 fr.; 50 cent. o/o de 200 000 à 500 000 fr.; 25 cent. o/o au-dessus.

1. Agen, Orléans, 5 fr.; Aix, Angers, Caen, Dijon, Douai, Limoges, Nîmes, Poitiers, 6 fr.; Nancy, Paris, Pau, Rouen, 8 fr. ; Toulouse, 12 fr. ; autres ressorts, 10 fr.

2. Agen, 5 fr.; Aix, Caen, Dijon Douai, 6 fr. : Nancy, Nîmes, Rouen, 8 fr. ; Limoges, Lyon, Orléans, Poitiers, Toulouse, 12 fr.; autres ressorts, 10 fr.

3. Limoges, 5 fr. ; Toulouse, 8 fr.; Agen, Chambéry, Grenoble, Pau, 10 fr.; dans les autres ressorts 6 fr.

B. — Honoraires sur l'exécution

534. Lors de l'ouverture des donations éventuelles, institutions contractuelles et promesses d'égalité, un honoraire proportionnel devient exigible [1].

535. Cet honoraire est calculé sur l'actif net que reçoit le bénéficiaire, évalué d'après tous documents probants [2]. Toutefois, lorsque le bénéficiaire a droit à une réserve héréditaire, il n'est rien dû sur ce qu'il recueille à ce titre [3].

536. En cas de renonciation pure et simple à la donation, l'honoraire proportionnel ne saurait être exigé, par le double motif que l'institué ne reçoit rien, et que la renonciation à un effet rétroactif [4].

Il en serait autrement si la donation était fictive, frauduleuse et passée devant un notaire autre que celui ayant reçu le contrat de mariage [5].

---

1. A l'ouverture, le notaire chargé de l'opération a pour devoir de signaler le décès à son confrère, afin de le mettre à même d'exercer ses droits.

L'honoraire proportionnel, au taux fixé par le tarif de 1898, est exigible sur la donation éventuelle contenue dans un contrat de mariage antérieur, lorsque le tarif de la compagnie, en vigueur lors du contrat, prévoyait ce droit, sinon aucune perception ne peut avoir lieu (C. Cass., 13 novembre 1900, S. 01, 1, 182 ; 26 octobre 1903, R. N. 11602, Rep. not. 13369 ; Moulins, 16 juillet 1902).

2. Décr. 25 août 1898, art. 17 ; Bayonne, 30 juillet 1901, Rep. not. 12158.

3. Décr., 25 août 1898, art. 17 ; Angers, 24 février 1904, R. N. 11781.

4. Moissac, 28 avril 1883, Rep. not. 1676 ; Dijon, 25 juillet 1895, R. N. 9527 ; Meaux, 18 juillet 1902, R. N. 11217, Rep. not. 12715 ; Paris, 31 mars 1904, R. N. 11782. *Contrà*, Grenoble, 13 décembre 1892, S. 93, 2, 274, D. 93, 2, 243, R. N. 9169 ; Péronne, 28 mai 1900, R. N. 11177, Rep. not. 12563 ; Beauvais, 22 janvier 1902, R. N. 8633.

5. Comp., Dijon, 25 juillet 1895 ; Paris, 31 mars 1904, précités.

537. Les tarifs, pour l'honoraire d'exécution, font trois distinctions :

1° Ligne directe et entre époux [1].

2° Ligne collatérale et entre étrangers [2].

1. Bastia, 1 % de 1 à 10000 fr. ; 75 cent. % de 10000 à 20000 fr.; 50 cent. % de 20000 à 50000 fr. ; 25 % au-dessus.

Angers, Orléans, 1 % de 1 à 50000 fr. ; 50 cent. % de 50000 à 500000 fr. ; 25 cent. % au-dessus.

Douai, 1 % de 1 à 50000 fr.; 50 cent. % de 50000 à 100000 fr.; 25 cent. % au-dessus.

Riom, 1 % de 1 à 50000 fr.; 75 cent. % de 50000 à 100000 fr.; 50 cent. % de 100000 à 300000 fr.; 25 cent % au-dessus.

Caen, 1 % de 1 à 50000 fr.; 50 cent. % de 50000 à 200000 fr.; 25 cent. % au-dessus.

Amiens, Besançon, Dijon, Montpellier, 1 % de 1 à 100000 fr.; 50 cent. % de 100000 à 300000 fr.; 25 cent. % au-dessus.

Aix, Bourges, Chambéry, Grenoble, Limoges, Nîmes, Pau, Poitiers, Rouen, 1 % de 1 à 100000 fr.; 50 cent. % de 100000 à 500000 fr.; 25 % au-dessus.

Agen, Bordeaux, Paris, Rennes, Toulouse, 1 % de 1 à 200000 fr.; 50 cent. % de 200000 à 500000 fr.; 25 cent. % au-dessus.

Lyon, 1 % de 1 à 300000 fr.; 50 % de 300000 à 600000 fr.; 25 cent. % au-dessus.

Nancy : sur les donations éventuelles, 50 % de 1 à 100000 fr.; 25 cent. % au-dessus. Sur les institutions contractuelles, 75 cent. % de 1 à 50000 fr.; 50 cent. % de 50000 à 500000 fr.; 25 % au-dessus.

Seine, 50 cent. % jusqu'à un million ; 25 cent. % de un à trois millions; 0.125 % au-dessus, sur les institutions contractuelles et les promesses d'égalité. Il n'est rien dû pour les donations éventuelles.

2. Bastia, 1 % de 1 à 10000 fr.; 75 cent. % de 10000 à 20000 fr.; 50 cent. % de 20000 à 50000 fr.; 25 cent. % au-dessus.

Caen, Orléans, 1 % de 1 à 100000 fr.; 50 % au-dessus.

Douai, 1 % de 1 à 100000 fr.; 50 cent. % de 100000 à 200000 fr.; 25 % au-dessus.

Amiens, Montpellier, 1 % de 1 à 100000 fr.; 50 cent. % de 100000 à 300000 fr.; 25 cent. % au-dessus.

Pau, Rouen, 1 % de 1 à 100000 fr.; 50 cent. % de 100000 à 500000 fr.; 25 cent. % au-dessus.

3° Subdivision de la ligne collatérale et des étrangers [1].

Agen, Angers, Bordeaux, Paris, 1 o/o de 1 à 200 000 fr. ; 50 cent o/o de 200 000 à 500 000 fr.; 25 o/o au-dessus.

Toulouse, 1 fr. 25 o/o de 1 à 50 000 fr. ; 1 o/o de 50 000 à 200 000 fr.; 50 cent. o/o au-dessus.

Rennes, 1 fr. 25 o/o de 1 à 100 000 fr. ; 75 cent. o/o de 100 000 à 200 000 fr.; 50 cent. o/o au-dessus.

Limoges, 1 fr. 25 o/o de 1 à 100 000 fr.; 1 o/o de 100 000 à 200 000 fr.; 50 cent. o/o au-dessus.

Poitiers, 1 fr. 25 o/o de 1 à 100 000 fr.; 1 o/o de 100 000 à 200 000 fr.; 75 cent. o/o de 200 000 à 500 000 fr.; 50 cent. o/o au-dessus.

Besançon, 1 fr. 25 o/o de 1 à 100 000 fr.; 75 o/o de 100 000 à 300 000 fr.; 25 o/o au-dessus.

Nîmes, 1 fr. 50 o/o de 1 à 50 000 fr. 1 o/o de 50 000 à 100 000 fr.; 50 cent. o/o au-dessus.

Chambéry, Grenoble, 1 fr. 50 o/o de 1 à 100 000 fr.; 1 o/o de 100 000 à 200 000 fr.; 50 cent. au-dessus.

Nancy, Seine, mêmes honoraires qu'en ligne directe.

1. **Aix** : ligne collatérale, 1 fr. 25 o/o de 1 à 50 000 fr.; 1 o/o de 50 000 à 100 000 fr.; 50 cent. au-dessus. Entre étrangers, 1 fr. 50 de 1 à 50 000 fr. ; 1 o/o de 50 000 à 100 000 ; 50 o/o au-dessus.

Bourges : ligne collatérale, 1 fr. 25 o/o de 1 à 50 000 fr. ; 1 o/o de 50 000 à 100 000 fr.; 50 cent. au-dessus. Entre étrangers, 1 fr. 25 de 1 à 100 000 fr. ; 50 cent. au-dessus.

Riom, ligne collatérale, 1 fr. 25 de 1 a 50 000 fr. ; 75 cent. o/o de 50 000 à 100 000 fr.; 50 cent. o/o au-dessus. Entre étrangers, 1 fr. 50 o/o de 1 à 50 000 fr.; 1 o/o de 50 000 à 100 000 fr.; 50 cent. o/o au-dessus.

Dijon, ligne collatérale, 1 fr. 25 o/o de 1 à 100 000 fr. ; 50 cent. o/o au-dessus. Entre étrangers, 1 fr. 50 o/o de 1 à 100 000 fr. ; 75 cent. o/o de 100 000 à 300 000 fr.; 50 cent. o/o au-dessus.

Lyon, ligne collatérale, 1 fr. 25 o/o de 1 à 300 000 fr.; 75 cent. o/o de 300 000 à 600 000 fr.; 50 cent. o/o au-dessus.. Entre étrangers, 1 fr. 50 o/o de 1 à 300 000 fr. ; 1 o/o de 300 000 à 600 000 fr. ; 50 cent. o/o au-dessus.

4^{ent} *Société de ménage*

538. Uue clause peu fréquente est la société de ménage entre les futurs époux et les père et mère de l'un d'eux; elle donne ouverture à un honoraire fixe, d'après les deux tarifs qui l'ont prévue [1].

III. — HONORAIRES SECONDAIRES

1^{ent} *Contre-lettre*

539. La contre-lettre donne ouverture aux mêmes honoraires que le contrat, mais seulement sur les modifications qu'elle contient, avec tarif minimum [2].

2^{ent} *Résiliation*

540. Pour l'acte de résiliation d'un contrat, les tarifs allouent un simple honoraire fixe [3].

3^{ent} *Actes d'exécution*
A. — Bordereau d'inscription

541. La rédaction des doubles bordereaux d'inscription, dressés à la suite d'un contrat de mariage, est rémunérée par un modique honoraire proportionnel [4].

1. Agen, 4 fr.; Bordeaux, 6 fr.;

2. Rouen, 5 fr.: Agen, 6 fr.; Aix, Angers, Besançon, Bourges, Dijon, Limoges, Nancy, Orléans, Pau, Rennes, Toulouse, 8 fr.; Bordeaux, 9 fr.; Bastia, Caen, Lyon, Paris, 10 fr.; Chambéry. Douai, Grenoble, Nîmes, 12 fr.; Amiens, Poitiers, 15 fr.

3. Bastia, 5 fr.; Angers, Bourges, Caen, Chambéry, Dijon, Douai, Grenoble, Limoges, Orléans, Paris, Pau, Poitiers, Rennes, Riom, Rouen, Toulouse, 8 fr.; Bordeaux, 9 fr.; Agen, Aix, Amiens, Lyon, Montpellier, Nancy, Nîmes, 10 fr.; Besançon, Seine, 12 fr.

4. Angers, Bordeaux, Pau. 5 cent. o/o; Orléans, Paris, Riom, 10 cent. o/o jusqu'à 20000 fr.; 5 cent. o/o au-dessus; autres ressorts, 10 cent. o/o. Si l'hypothèque doit être inscrite dans plusieurs arrondissements, 4 fr. par bureau en sus du premier.

Seine, rôles de minute sur le bordereau de chaque arrondissement.

B. — Formalités hypothécairres

542. Les diverses formalités accomplies par le notaire dans un bureau d'hypothèques, donnent lieu à de petites perceptions d'honoraires [1].

C. — Dépôts d'extraits

543. Indépendamment du coût des quatre extraits à publier des contrats des commerçants, un honoraire spécial et très faible est alloué pour le dépôt aux greffes et chambres [2].

D. — Certificat de propriété

544. Pour arriver aux transferts et mutations de rentes sur l'État, en vertu d'un contrat de mariage, le notaire délivre un certificat de propriété qui donne ouverture à un honoraire fixe [3].

---

1. 1° Réquisitions de transcription de donations, y compris les réquisitions d'états sur cette formalité, d'après la valeur en capital des immeubles donnés, jusqu'à : 500 fr. 1 fr. 50 ; 1 000 fr. 2 fr. 50 ; 2 000 fr. 3 fr. 50 ; 5 000 fr. 6 fr. ; au-dessus 8 fr.

2° Réquisitions d'états d'inscriptions : par notaire résidant au siège de la conservation 2 fr. ; autre notaire 3 fr.

3° Réquisitions de subrogation : par notaire résidant 1 fr. ; notaire non résidant, 1 fr. 50.

4° Envoi de pièce, par notaire non résidant au siège de la conservation, 1 fr.

Dans la Seine, les formalités hypothécaires ne donnent lieu à des honoraires que pour les notaires ne résidant pas au siège de la conservation.

2. Poitiers, 4 fr. ; Bordeaux 5 fr. ; autres ressorts 6 fr. ; Seine, il n'y a d'honoraires qu'en cas de dépôts faits en dehors de la residence du notaire.

3. Seine, 9 fr., plus 6 fr. pour chacun des notaires concourant au certificat. Tous autres ressorts 4 fr.

E. — Décharge

545. Sur la décharge des objets mobiliers constitués en dot, par acte séparé, un honoraire fixe est alloué [1].

F. — Quittance

546. La quittance d'une dot en argent, donnée par acte séparé, entraîne la perception d'un honoraire proportionnel [2].

1. Seine, 9 fr.; Aix, 8 fr.; autres ressorts 6 fr.

2. Bastia, Rennes, 50 cent. o/o de 1 à 20 000 fr. ; 25 o/o au-dessus.

Bourges, Chambéry, Grenoble, Nancy, Orléans, Riom, 50 cent. o/o de 1 à 50 000 fr. ; 25 cent. o/o au-dessus.

Caen, 50 cent. o/o jusqu'à 50 000 fr.; 30 cent. o/o au-dessus.

Aix, Amiens, Angers, Dijon, Douai, Limoges, Montpellier, Poitiers, Rouen, 50 cent. o/o de 1 à 100 000 fr. ; 25 cent. o/o au-desssus.

Besançon, 50 cent. o/o de 1 à 100 000 fr.; 25 cent. o/o de 100 à 200 000 fr. ; 0. 125 o/o au-dessus.

Bordeaux, Toulouse, 50 cent. o/o de 1 à 200 000 fr.; 25 cent. o/o au-dessus.

Paris, 50 cent. o/o de 1 à 200 000 fr. ; 25 cent. o/o de 200 000 à 500 000 fr.; 0. 125 au-dessus.

Lyon, 50 cent. o/o de 1 à 300 000 fr. ; 0. 375 de 300 000 à 500 000 fr.; 25 cent. o/o au-dessus.

Pau, 60 cent. o/o de 1 à 50 000 fr.; 30 cent. o/o au-dessus.

Agen, 60 cent. o/o de 1 à 100 000 fr.; 30 cent. o/o au-dessus.

Nîmes, 75 cent. o/o de 1 à 3 000 fr.; 50 cent. o/o de 3 000 à 50 000 fr.; 25 cent. o/o au-dessus.

Seine, 50 cent. o/o de 1 à 800 000 fr.; 25 cent. de 800 000 à 1 500 000 fr.; 0. 125 au-dessus. Si la quittance est reçue par le notaire rédacteur du contrat ou par un autre notaire de la Seine, moitié des honoraires ci-dessus.

Minimum : Besançon, Bordeaux, Bourges, Caen, Nancy, Poitiers, 4 fr.; Aix, Chambéry, Douai, Grenoble, Lyon, 6 fr. ; autres tarifs, 5 fr.

CHAPITRE XII

Droit fiscal

I. — TIMBRE

1ᵉⁿᵗ *Minutes et copies*

547. Tous les contrats de mariage sont assujettis, commes les autres actes des notaires, au timbre de dimension [1].

548. Les expéditions, grosses et extraits, doivent également être écrits sur timbre et du format de 1 fr. 80 [2].

549. Par exception, les extraits destinés à l'accomplissement d'une subrogation hypothécaire ou autre formalité, et qui doivent rester au bureaux des hypothèques, sont dispensés de timbre pourvu qu'ils indiquent la formalité à remplir [3].

550. Les notaires sont obligés, sous peine d'amende, de se servir pour leurs actes et expéditions du papier débité par la régie [4].

Toutefois, il est permis d'employer pour les minutes comme pour les expéditions et autres copies, du parchemin timbré à l'extraordinaire, à la condition de le soumettre au timbrage préalablement à la signature [5].

---

1. L. 13 brumaire an VII, art. 12.
2. L. 13 brumaire an VII, art. 19 ; L. 28 avril 1816, art. 63.
3. L. 27 juillet 1900, art 1.
4. L. 13 brumaire an VII, art. 26 ; L. 16 juin 1824, art. 10.
5. L. 13 brumaire an VII, art. 17 et 18 ; Sol. 17 décembre 1883.

551. Est exempt de timbre le certificat délivré par le notaire rédacteur du contrat de mariage, pour remettre à l'officier de l'état-civil avant le mariage (C. civ., 1394).

2ᵉⁿᵗ *Acte à la suite*

552. Il est obligatoire d'écrire sur le même timbre que le contrat de mariage, les contre-lettres ou actes modificatifs (C. civ. 1397).

La résiliation d'un contrat de mariage étant considérée comme un changement à ce contrat, s'écrit à la suite de la minute.

553. Les quittances et décharges, par actes notariés, de sommes, capitaux de rentes, meubles constitués en dot, peuvent être placées sur la même feuille que le contrat de mariage [1].

Quant aux quittances et décharges sous signatures privées, mises sur l'expédition du contrat de mariage, il faut toujours qu'elles soient revêtues d'un timbre de 10 cent [2].

3ᵉⁿᵗ *Acte en conséquence*

554. En principe, il est défendu d'énoncer des actes sous seing privés ou passés à l'étranger, à moins de les annexer au contrat de mariage, pour être soumis en même temps que lui aux formalités de timbre et d'enregistrement [3].

---

1. L. 13 brumaire an VII, art. 23.

2. L. 23 août 1871, art, 18 ; Cass. 29 avril 1884, S. 85, 1, 229, D. 84, 1, 466, J. E. 22312, Rev. not. 7035.

3. L. 22 frimaire an VII, art. 23 et 12 ; L. 13 brumaire an VII, art 24 ; L. 28 avril 1816, art. 48 ; L. 16 juin 1824, art. 13 ; Sol. 8 janvier 1825, J. E. 7897.

Par dérogation de cette règle, le notaire peut énoncer dans les déclarations d'apport des futurs époux, sans être obligée de les faire enregistrer :

1° Des billets sur un tiers non présent au contrat de mariage [1].

2° Une police d'assurance sur la vie en l'absence de la compagnie débitrice [2].

555. Les notaires ne peuvent mentionner les titres de rente, emprunts et autres effets publics des gouvernements étrangers, qu'ils soient ou non cotés à la bourse, sans indiquer le lieu, la date et le numéro du visa pour timbre, ainsi que le montant du droit payé, ou si la formalité a été donnée au moyen soit du timbre extraordinaire, soit d'un timbre mobile, les mentions contenues dans l'empreinte du timbre apposé [3],

556. En ce qui concerne les actions et obligations des sociétés étrangères et les titres des emprunts des villes, provinces et corporations étrangères, il est permis de les énoncer lorsqu'elles figurent soit à la cote de la bourse de Paris, soit, à défaut de cote aux listes publiées dans le *Journal officiel* les 15 janvier et 15 juillet ; en dehors de ces cas, l'énonciation n'est permise qu'à la condition de rapporter entièrement les mentions du timbre [4].

---

1. Del. 30 janvier 1833, 13 octobre 1835 ; Sol. 3 octobre 1865, R. P. 2238 ; Sol. 1er août 1870, Dict. enreg. Vo *Cont. de mar*, 257.

2. Sol. 6 août 1866, S. 66. 2, 329, R. P. 2295, J. E. 18227 ; Comp. Cass., 21 mars 1848, S. 48. 1, 282 ; Meaux, 13 août 1884, J. E. 22379, R. P. 6388.

3. L. 30 mars 1872, art. 2 modifié le 28 décembre 1895.

4. L. 30 mars 1872, art. 2 ; Décr. 22 juin 1898, art. 8.

II. — Enregistrement

1ent *Conventions matrimoniales*

A. — Tarif

557. En l'an VII les contrats de mariage avaient été tarifiés au droit fixe de 3 fr., porté plus tard à 5 fr., puis converti en droit gradué, lui-même remplacé par un droit proportionnel [1].

Actuellement, restent soumis au droit fixe de 5 fr. les contrats de mariage qui ne contiennent que la déclaration du régime adopté par les futurs, sans constater de leur part aucun apport [2].

Quant aux contrats mentionnant des apports personnels par les futurs époux, ils acquittent le droit de 20 cent. % sur le montant net de ces apports [3].

Pour le contrat portant adoption du régime exclusif de communauté ou de celui de la séparation de biens, l'énonciation de la fortune des époux donne lieu au droit proportionnel comme les apports proprements dits [4].

L'impôt est établi sur les apports immobiliers constatés dans le contrat, comme sur ceux mobiliers [5].

Quant aux biens personnels dont le contrat ne fait pas mention, l'impôt ne saurait les atteindre [6].

1. L. 22 frimaire an VII, art. 68, § 3, no 1 ; |28 avril 1816, art. 45, no 2 ; 28 février 1872, art. 1, et 28 avril 1893, art. 19.

2. L. 28 avril 1893, art, 20.

3. L. 28 février 1872, art. 1, no 4 ; 28 avril 1893, art. 19 ; Inst. 2433.

4. Seine, 13 mai 1876, 22 décembre 1876, S. 77, 2, 155, R. P. 4575, J. E. 20295.

5. Seine, 19 mai 1893, J. E. 24174 ; Sol. 22 mars 1897, J. E. 25237.

6. Seine, 9 janvier 1875, S. 75, 2, 58, Rep. per. 4210 ; Seine 19 mai 1893, J. E. 24174, R. P. 8104 ; Sol. 24 avril 1888, J. E. 23313, R. P. 7233.

558. Le droit de 20 cent. °/₀ se calcule sur le montant cumulé des apports des deux futurs, et déduction faite du passif qui les grève.

En conséquence, si l'apport de l'un des époux est grevé d'un passif supérieur à l'actif, l'excédent doit être déduit de l'apport de l'autre époux [1].

559. Il faut que les apports personnels soient évalués dans le contrat, ou qu'il y soit suppléé par une déclaration estimative au pied de l'acte [2].

Du reste, une estimation unique pour l'ensemble des apports est suffisante, au point de vue fiscal.

B — Dispositions dépendantes ou indépendantes

560. L'impôt de 20 cent. °/₀ couvre les stipulations essentielles du contrat de mariage : déclaration d'apport, réception de la dot et régime adopté [3].

§ 1. — Apport

561. La déclaration d'apport est exempte d'impôt particulier, lorsqu'elle n'a pas pour effet de créer un titre à l'égard de personnes concourant au contrat.

Mais, si la somme apportée par l'un des futurs était déclarée déposée entre les mains de son père ou d'une autre personne partie au contrat, le droit de titre à 1 fr. °/₀ serait dû [4].

---

1. Beaune, 16 avril 1897, S. 99, 2, 87, R. N. 9999 ; Sol. 26 juin 1897 J. E. 25179, R. E. 1459.

2. L. 22 frimaire an VII, art. 16 ; 28 février 1872, art. 2.

3. L. fr. art. 68, § 3, n° 1.

4. Dijon, 22 décembre 1841, J. E. 12969 ; Château-Gontier, 22 décembre 1849, J. E. 15218 ; Cherbourg, 13 janvier 1904, J. E. 26729 ; — *Contrà*, Angers, 28 décembre 1877, J. E. 20092 ; Domfront, 15 juillet 1904, J. E. 26876.

562. Quant un futur constate que son apport est grevé d'une dette déterminée, sans mention de titre, au profit de son père, qui comparaît au contrat pour lui constituer une dot, il y a disposition dépendante ayant pour but d'établir la consistance nette de l'apport et ne pouvant, par suite, être passible du droit d'obligation [1].

563. D'autre part, le droit de quittance ou de décharge est exigible, lorsque la déclaration d'apport constitue, à l'égard de l'une des parties contractantes, une véritable libération [2].

§ 2. — *Réception de la dot*

564. Il n'y a pas d'impôt sur la reconnaissance, dans le contrat, par le futur époux, d'avoir encaissé la dot de la future, quelque soit le régime [3].

Au contraire, si le père du futur, ou toute autre personne, reconnaît, dans le contrat, avoir reçu la dot de la future, le droit d'obligation est exigible [4].

565. La reconnaissance par le futur d'avoir reçu la dot de sa future étant exempte d'impôt, et le cautionnement d'un engagement ne pouvant donner ouverture à un droit supérieur à celui frappant la disposition principale, la clause par laquelle les

---

1. Nancy, 14 août 1894, J. E. 24571, R. N. 9491 ; — *Contrà*, Soissons, 20 janvier 1847, J. E. 14162.

2. Auch, 19 août 1873, J. E. 19390, R. P. 3717.

3. L. frim., art. 68. § 3, n° 1 ; Comp. Inst. 392.

4. Sol. 7 juillet 1831, 21 septembre 1832. J. E. 10049, 10447; Naquet, 1048.

parents du futur se portent caution de celui-ci pour la restitution de la dot de sa future, est affranchie de toute perception. peu importe que cette dot vienne des économies de la future ou lui soit donnée [1].

566. Lorsque la dot constituée au profit de l'un des futurs est payée en l'acquit du donateur, avec subrogation dans les droits du donataire, il y a prêt passible de 1 fr. % [2].

567. Au cas où la dot des futurs est versée aux mains de leurs parents, sans intérêt, parce que ceux-ci s'engagent à loger, nourrir et entretenir leurs enfants, le droit de 2 fr. % devient exigible, pour bail à nourriture, sur le montant des intérêts de la dot, au taux légal [3].

568. Un droit spécial de 20 cent. % comme société a été souvent réclamé sur la stipulation que les futurs demeureront avec leurs parents et que toutes les parties seront en commun dans leur revenus, travaux et profits, mais cet impôt n'est pas dû [4].

§ 3. — *Adoption de régime*

569. Les stipulations relatives au régime adopté par les futurs époux, quel qu'il soit, sont dispensées

1. L. 22 frim. an VII, art. 68, § 3, n° 1 et art. 69, § 2, n° 3 ; Bastia, 13 juillet 1900 ; Tulle, 19 juillet 1900, J. E. 26022 ; Oloron, 19 mars 1903, J. E. 26496.

2. Pamiers, 21 février 1866, J. E. 18287, R. P. 2344 ; Dél. 27 août 1833, J. E. 10708, J. N. 8217 ; Auch, 19 août 1873, précité.

3. Mauriac, 1er décembre 1856, J. E. 18393, J. N. 18882, R. P. 2527 ; Sol. 8 septembre 1854, R. P. 2527 ; 19 octobre 1872, J. E. 19143 ; — *Contrà*, Carpentras, 4 mai 1875, J. E. 19790.

4. Sol, 17 juillet 1880, R. P. 5522 ; Rodière et Pont, 268. *Contrà*, Sol. 11 août 1869.

d'un impôt particulier ; notamment : 1° la communauté d'acquêts suivie d'une mise en communauté [1];
2° la stipulation de communauté universelle [2]; 3° la
clause de reprise par la femme de ses apports francs
et quittes [3]; 4° l'attribution de toute la communauté
au survivant des époux, à titre de convention de
mariage [4]; 5° l'adjonction d'une société d'acquêts au
régime dotal ; 6° le pouvoir donné au mari d'aliéner
l'immeuble dotal [5]; 7° l'estimation d'un fonds de
commerce avec clause de vente à la communauté
d'acquêts [6].

570. En ce qui concerne le préciput à exercer
sur les biens de la communauté, il est exempt
d'impôt [7].

Au contraire, un droit fixe de 7 fr. 50, pour donation éventuelle devient exigible lorsque la femme
est autorisée à prendre son préciput même en renonçant à la communauté [8].

---

1. Sol. 15 janvier 1875, R. G., *Contrat de mar.*, 25.

2. Cass., 2 août 1899, S. 1900, 1, 233, J. E, 25801 ; Naquet, 1034 ;
Comp. Cass., 18 janvier 1888, S. 90, 1, 179.

3. Déc. min. fin., 6 mai 1828.

4. Cass., 10 décembre 1890, S. 91, 1, 129 ; Sol. 25 janvier 1892,
R. P. 7794.

5. Dél. 17 novembre 1826, J. E. 8564, Inst. 1205 ; *Dic. enreg.*,
Mandat, 44.

6. Déc. min. fin., 22 mai 1810 ; Sol. 19 septembre 1862, *Dict.
enreg.*, Contr. de mar., 101.

7. Cass., 30 juillet 1823 ; Déc. min. fin., 6 mai 1828 ; Inst. 1256,
J. E. 7043 ; Sol. 11 septembre 1829, J. des not., 7010.

8. Cass., 12 juin 1872, S. 72, 1, 308, D. 72, 1, 327 ; Le Havre,
1er juin 1894, J. E. 24412, R. P. 8432, R. N. 9313.

571. La faculté accordée au survivant de conserver un fonds de commerce ou un établissement agricole, est une convention entre associés, exempte d'impôt, encore que le fonds appartienne à l'un des époux [1].

Mais, lorsqu'il est stipulé que le survivant sera fondé à exiger bail de locaux servant au fonds de commerce, quoique dépendant de la succession du prémourant, il y a promesse de bail donnant ouverture au droit fixe de 3 fr. [2].

572. Le délai, en faveur de l'époux survivant, pour rendre aux ayants droit de la femme prédécédée, les biens dont il n'aurait pas l'usufruit, sans être tenu à payer aucun intérêt, constitue une donation éventuelle passible du droit de 7 fr. 50 [3].

2^{ent} *Donation aux époux*

A. — Tarif

573. Les donations de meubles et d'immeubles faites aux futurs époux sont ainsi tarifées :

1° Ligne directe, descendante ou ascendante, 2 fr. % ;

2° Entre époux, 3 fr. 50 % ;

3° Frères et sœurs, 7 % ;

4° Oncles et tantes, neveux et nièces, 8 fr. % ;

5° Grands-oncles, grand'tantes, petits-neveux, petites-nièces, cousins-germains, 9 fr. % ;

---

1. Cass., 7 avril 1856, S. 56, 1, 538, R. P. 665 ; Sol. 14 février 1890, J. E. 24008 ; 17 novembre 1891, R. P. 7734. L'acte constatant la réalisation de cette clause n'est passible que du droit fixe (Lille, 27 décembre 1900, S. 03, 2, 119, R. E. 2765.

2. Le Havre, 1er juin 1894, précité.

3. Fontainebleau, 14 juin 1888, R. P. 7414.

6° Parents aux 5ᵉ et 6ᵉ degré, 10 fr. °/₀ ;

7° Parents au-delà du 6ᵉ dégré, alliés et non parents, 11 fr. °/₀.

Ces droits sont exempts de décimes [1].

574. Pour les donations hors contrat de mariage les droits sont plus élevés, ainsi il est perçu : en ligne directe, 3 fr. 50°/₀; entre époux, 5 fr. °/₀; entre frères et sœurs, 9 fr. °/₀.

575. Le tarif de faveur s'applique aux donations contenues dans le contrat de mariage, il ne saurait être invoqué pour une donation faite en vue du mariage, mais par un acte antérieur au contrat prénuptial [2].

Toutefois, la libéralité consentie avant le contrat de mariage et qui ne serait acceptée que par ce contrat bénéficierait du tarif réduit. car l'acceptation de donation n'a pas d'effet rétroactif [3].

576. De même, la reconnaissance de don manuel dans le contrat de mariage, par l'un des époux, profite du tarif de faveur (n° 605) [4].

577. Quant à la donation postérieure au contrat de mariage, elle est évidemment assujettie à l'impôt des donations hors contrat [5].

---

1. L. 25 février 1901, art. 18.

2. Cass., 7 novembre 1842, S. 42, 1, 820. J. E. 13121, J. N. 11472 ; Seine, 21 janvier 1881, J. E. 21548 ; Comp., Uzès, 17 novombro 1886, R. P. 6799.

3. Cass., 9 avril 1828 ; Sol. 9 février 1847 ; Inst. 1796.

4. Seine, 29 décembre 1866, J. E. 18363. J. N. 18960.

5. Dél. 11 novembre 1835, J. E. 11402 ; Noutron, 7 décembre 1843, J. E. 13413.

578. Il ne suffit pas, pour justifier l'application du tarif réduit, que la donation ait été faite par contrat de mariage ; il faut de plus que le bénéficiaire soit l'un des futurs époux, ou tous deux, sinon le tarif ordinaire est applicable.

B. — Liquidation

§ 1. — Meubles

579. Le droit est liquidé pour les biens meubles, en général, sur la déclaration estimative des parties, sans distraction des charges [1].

580. A l'égard des créances, le droit est toujours assis sur le capital nominal [2].

581. Les rentes perpétuelles, sur particuliers, ont pour valeur imposable le capital au denier 20 ; et les rentes viagères le denier 10. [3].

582. Pour les rentes sur l'Etat, et les actions et obligations dans les sociétés, cotées à la bourse, l'impôt est calculé d'après le cours moyen au jour du contrat, sans avoir égard au capital nominal [4].

A défaut de cote à la date de la transmission, celle qui a précédé immédiatement est applicable [5].

583. Les actions et obligations non cotées à la bourse, sont estimées en capital par les parties [6].

---

1. L. 22 frim. an VII, art. 14, 8°.

2. L. frim., art. 14, 2° ; Besançon, 6 août 1895, R. P. 8720 ; Cass., 24 avril 1861, S. 61, 1, 645.

3. L. frim., art. 14, 9° ; Seine, 25 janvier 1902, J. E. 26266.

4. L. 18 mai 1850, art. 7.

5. Marseille, 30 juillet 1885, R. P. 6579, J. E. 25529.

6. L. 18 mai 1850, art. 7.

Certaines valeurs, non admises à la cote officielle de la bourse, se négocient sur le marché libre, dont la cote est publiée périodiquement ; il faut, dans ce cas, une évaluation en rapport avec le cours de la banque, et avec le dernier bilan de la société [1].

584. Les fonds publics, actions, obligations et autres valeurs mobilières étrangères, donnent ouverture aux mêmes droits que les valeurs françaises [2].

§ 2. — *Immeubles*

585. Pour les immeubles, l'impôt est liquidé d'après le prix des baux courants, ou, à défaut de baux, d'après l'évaluation du produit des biens, sans distraction des charges [3].

586. Le produit des biens ou le prix des baux courants, est multiplié par 20 pour les immeubles urbains, et par 25 lorsqu'il s'agit d'immeubles ruraux [4].

587. Sont des immeubles urbains : 1° les maisons d'habitations de ville et de campagne, quoique comprenant, dans leurs dépendances, des vergers, jardins, parcs et autres biens servant à embellir la résidence [5] ; 2° les usines, fabriques et autres bâtiments destinés à un usage industriel ou commercial [6].

---

1. Cass., 7 juillet 1898, S. 98, 1, 469, D. 99, 1, 120 ; Reims, 29 décembre 1880, J. E. 21552 ; Seine, 22 janvier 1886, J. E. 22625.

2. L. 23 août 1871, art. 3 et 4.

3. L. frim., art. 15, 7° ; Cass., 23 mars 1812.

4. L. frim., art. 15, 7° ; L. 21 juin 1875, art. 2.

5. Sol. 6 avril 1878, J. E. 20966, R. N. 5596, J. N. 22130, S. 79, 2, 34.

6. Sol. 15 novembre 1876, 28 août 1877.

Si les biens servant à un usage industriel sont loués avec des herbages ou autres terrains n'en formant pas l'accessoire indispensable, ces herbages sont considérés comme immeubles ruraux et l'usine comme bien urbain [1] ; 3° un terrain loué à l'Etat, pour servir de champ de manœuvre, bien que le bailleur se soit réservé le droit de pâturage [2] ; 4° les mines, minières et carrières ; leurs produits étant dus à l'industrie extractive et nullement à la culture agricole [3] ; 5° les jardins de ville loués pour l'agrément [4].

588. Sont des immeubles ruraux : 1° tous les terrains en culture, les prairies, les bois [5] ; 2° les corps de ferme et les bâtiments destinés à l'exploitation de terres, prés et vignes, que l'exploitation ait lieu par le propriétaire ou par un fermier [6]; 3° les enclos et jardins séparés des habitations [7].

589. En ce qui concerne les immeubles dont la destination actuelle n'est pas de procurer un revenu tels que terrain à bâtir, château, villa, parc, etc., et non loués, l'impôt est établi sur la valeur vénale qu'il faut déclarer [8].

---

1. Sol. 22 août 1878, J. E. 21317, S. 79, 2, 89.

2. Sol. 1er octobre 1878, J. E. 20947, S. 79, 2, 340.

3. Sol. 21 février 1882, R. P. 5893, D. 82, 5, 198.

4. Sol. 26 février 1879, Tr. Caen, 8 mars 1893.

5. Sol. 28 janvier 1878, 19 septembre 1878.

6. Alençon, 17 décembre 1877, J. E. 20627, R. N. 5685, J. N. 21941 ; Vitry-le-François, 6 février 1879, J. E. 21042, S. 79, 2, 340; Valenciennes, 13 mars 1895, J. E. 24720, R. N. 9754.

7. Sol. 21 décembre 1878, 8 mars 1880.

8. L. 25 février 1901, art. 12 ; Comp., Corbeil, 18 mai 1904, J. E. 26869.

590. Les actions immobilisées de la Banque de France, sont des immeubles fictifs ; la détermination de leur valeur pour la perception de l'impôt, a lieu d'après le dernier revenu multiplié par 20 [1].

591. Si la donation comprend des immeubles situés à l'étranger, ou aux colonies françaises, dans lesquelles l'impôt d'enregistrement n'est pas établi, elle acquitte un droit proportionnel de 0 fr. 20 % sur la valeur en capital de ces immeubles, à l'exclusion de celui de donation [2].

§ 3. — *Usufruit et nue propriété*

592. En cas de donation de nue propriété ou d'usufruit, de biens meubles ou immeubles, la valeur imposable comprend une portion de la propriété entière, évaluée d'après les règles ordinaires.

Si l'usufruitier a moins de vingt ans son droit vaut $7/10^e$ de la pleine propriété, au-dessus de cet âge, la valeur de l'usufruit diminue de $1/10^e$ tous les dix ans, sans fraction, de sorte qu'au dessus de soixante-dix ans l'usufruit est estimé à un dixième seulement. Il faut que le contrat de mariage fasse connaître le lieu et la date de la naissance de l'usufruitier.

La nue propriété forme toujours la différence entre la valeur de l'usufruit et celle de la pleine propriété [3].

---

1. Sol. 12 janvier 1867, J. E. 18400, J. N. 19101 ; 5 décembre 1892, R. P. 8189.

2 Loi 28 avril 1893, art. 19.

3. L. 25 février 1901, art. 13 et 14 ; Comp. Tarbes, 19 janvier 1903, J. E. 26689 ; Villeneuve-sur-Lot, 31 décembre 1903, J. E. 26823.

C. — Donations diverses

593. Si une donation immobilière est faite à l'un des futurs à la charge de verser une somme à un tiers, le tarif de donation sera appliqué pour la partie dont le futur profite, et le droit de vente sur ce qu'il doit verser [1].

594. Un seul droit est exigible, d'après le tarif des donations par contrat de mariage, lorsque les grands-parents de la future épouse font une donation entre-vifs à leur fille, mère de la future, d'une somme déterminée à la condition que la donataire constituera cette même dot à sa fille, et à laquelle la constitution est faite de suite dans les conditions prévues et par le même acte : il y a donation principale et donation secondaire [2].

595. La donation par le survivant des père et mère, avec clause d'imputation sur la succession de son conjoint prédécédé, se divise en deux parties : 1° sur ce qui est donné par le survivant, le tarif de donation est appliqué ; 2° sur ce qui a été recueilli dans la succession du prédécédé, le droit d'apport en mariage est seul exigible. Pour déterminer la portion venant du prédécédé, le fisc n'admettant comme susceptibles d'entrer en ligne que les biens mobiliers existant dans la succession, et encore à la condition d'en justifier par inventaire, partage ou

---

1. Cass. 26 août 1868, S. 69, 1, 40, D. 69, 1, 17 ; Mirande, 6 avril 1894, J. E. 24435.

2. Cons. d'Ét., 10 septembre 1808 ; Cass., 21 janvier 1812 ; Inst. 2447 ; Sol., 12 mai 1900, J. E. 26011 ; Dict. enreg. *Donat.* 725, 729.

déclaration de succession, il faut toujours payer plus qu'il n'est équitablement dû [1].

C'est une forme à ne pas employer.

L'apport personnel par le futur de ses droits dans la succession de son père décédé, estimés à une somme fixe, suivi de la promesse par la mère survivante de parfaire sur sa fortune personnelle, en cas d'insuffisance, est un procédé préférable, parce que le droit de donation ne sera exigible que sur l'évaluation faite de ce que la mère donne [2].

Lorsque la somme délivrée est mentionnée comme prélèvement fait, même par un mineur, sur la fortune indivise, le droit de donation ne saurait être perçu [3].

Si au moyen de la somme donnée ou prélevée, l'enfant doté renonce à demander compte et partage à l'ascendant survivant de la succession du prédécédé, le droit de vente de droits successifs est exigible [4]. Il n'en n'est ainsi que pour une renonciation formelle et précise : toute autre clause constitue une simple suspension de partage [5].

596. La donation des revenus d'immeubles affermés, pour avoir droit aux fermages jusqu'au décès du donateur, forme une donation d'usufruit [6].

1. Seine, 9 avril 1871, S. 73, 2, 56, R. P. 3463, J. E. 19217; Lille, 23 février 1877, J. E. 20347.

2. Comp., Meaux, 7 janvier 1904, J. E. 26785.

3. Comp. Sol., 28 octobre 1860.

4. Cass., 4 décembre 1827 ; Privas, 16 mai 1842, J. E. 13025 ; Nantes, 9 février 1892, R. P. 7810.

5. Cass., 9 mai 1831 ; Château-Thierry, 7 août 1845 ; Dict. enreg., *Donation*, 949.

6. Sol. 25 septembre 1891, D. 92, 5, 282.

597. L'engagement par les père et mère de l'un des époux de fournir la nourriture et le logement au jeune ménage, à la charge par les époux de travailler dans leur maison, est une donation sur évaluation à faire par les parties de la charge annuelle, et qui se capitalise par 10 [1].

D. — Donations éventuelles

598. La donation de biens à venir, ou donation éventuelle ou encore institution contractuelle, opère immédiatement un simple droit fixe de 7 fr. 50, et au décès du donateur, le droit de mutation par décès [2].

Sont assujetties à la perception du droit fixe de 7 fr. 50 comme donation éventuelle : la promesse d'égalité [3], la promesse d'une part égale à celle du plus prenant [4], la promesse de part héréditaire [5]; la clause de reversion d'une donation au profit du conjoint du donataire [6].

Les donations éventuelles faites par plusieurs personnes en faveur de l'un des futurs, donnent lieu à autant de droits fixes de 7 fr. 50 qu'il y a de donateurs [7].

---

1. Uzès, 28 juin 1839, J. E. 1237 6; Charolles, 29 janvier 1842, J. E. 12955.

2. Cass., 8 août 1836, 23 mars 1840, S. 40, 1, 475 ; Brignoles, 8 février 1899, J. E. 25809.

3. Grenoble, 3 juin 1872, J. E. 19206.

4. Cass., 3 août 1871, S. 71, 1, 154, D. 71, 1, 342, J. E. 18930, R. P. 3332.

5. Cass., 8 décembre 1837.

6. Saint-Quentin, 9 mai 1861, J. E. 17363, R. P. 1518.

7. Sol., 16 août 1862 ; Dict. enreg., *Donation*, 969.

599. Quant à la donation cumulative des biens présents et à venir, ne dessaisissant pas le donateur, elle reste disposition soumise à l'événement du décès et par conséquent tarifée au droit fixe de 7 fr. 50 le droit de mutation par décès sera dû, soit que le donataire opte pour la totalité des biens, soit qu'il renonce à la succession pour s'en tenir aux biens qui existaient au jour de la donation [1].

600. Il ne faut pas confondre la donation cumulative de biens présents et à venir, avec la donation de biens présents accompagnée d'une donation de biens à venir ; celle-ci comporte deux libéralités distinctes dont l'une est passible immédiatement de l'impôt proportionnel et l'autre d'un droit fixe de donation éventuelle [2].

601. La donation au profit de l'un des époux d'une somme payable au décès du donateur est immédiatement soumise au droit proportionnel, s'il en résulte dessaisissement actuel par clause de retour, réserve d'usufruit, productivité d'intérêts [3].

Au contraire, la donation d'une somme à prendre sur les plus clairs biens que laissera le donateur ou qui composeront sa succession, sans aucune addition, est une institution contractuelle passible du droit fixe [4].

1. Cass., 1er décembre 1829, J. E. 9488.

2. Cons. d'Ét., 19 décembre 1809 ; Cass., 20 mars 1833, S. 33, 1, 306, J. E. 10597.

3. Cass., 4 février 1867, S. 67, 1, 224, D. 67, 1, 74, R. N. 1834, J. E. 18358, R. P. 2411.

4. Cass., 1er mai 1821 ; Pontoise, 1er mai 1851, J. E. 15212 ; Seine, 26 décembre 1863, J. E. 17834, R. P. 1883, R. N. 986, J. N. 18070.

E. — Donations conditionnelles

602. Sur les donations alternatives, telles que :
1° obligation par les père et mère de nourrir et loger
les futurs époux, avec condition qu'en cas de séparation ils serviront une rente viagère dont le chiffre
est déterminé ; 2° une rente viagère de 500 fr. ou un
capital de 10000 fr. ; 3° une rente perpétuelle avec
liberté de se libérer en remettant une rente sur l'État
de pareil chiffre, le droit le moins élevé est perçu lors
du contrat [1] ; puis, sur l'acte de délivrance d'un objet
autre, le complément du droit devient exigible, en
imputant celui perçu lors du contrat de mariage [2].

603. La donation facultative est passible du droit
sur la chose objet de la donation principale. Mais si
l'autre objet est définitivement livré, la régie est
fondée à réclamer le supplément de droit dû sur
l'excédent de valeur [3].

604. Est passible de droit fixe de 3 fr. la donation
d'une somme exigible seulement lors de l'établissement du donataire et s'il a lieu du vivant du donateur, car il en résulte une condition suspensive [4].
La condition venant à s'accomplir, le droit propor-

1. Cass., 15 juin 1808, 27 décembre 1815 ; Tarbes, 15 avril 1862,
J. E. 17677, R. P. 1715 ; Déc. min. fin. 11 octobre 1808; Sol.
7 avril 1866, J. E. 18378 ; 1er avril 1873, R. N. 4510, J. N. 20724,
R. P. 3598.

2. Déc. min. fin., 3 février 1807 ; Inst. 766 ; Sol., 20 janvier 1868,
J. E. 18457, R. P. 3051.

3. Dict. enreg. V°, *Donat.* 520 ; Rep. gén. V°, *Donat.* 354, 355.

4. Cass., 14 décembre 1840, S. 41, 1, 53; Comp. Cass.,
20 avril 1846, S, 46, 1, 395, D. 46, 1, 210.

tionnel devenu exigible est perçu au taux réglé pour les donations par contrat de mariage [1].

F. — Don manuel

605. La déclaration ou reconnaissance d'un don manuel par l'un des futurs époux est assujettie au droit de donation (n° 576) [2].

Cette déclaration par le donataire quoique faite, passée en l'absence du donateur, suffit pour autoriser la perception de l'impôt [3].

606. L'apport en mariage par une jeune fille mineure, sans fortune personnelle apparente, d'une somme d'argent relativement élevée, fait présumer qu'elle a reçu des dons manuels, mais ne saurait, dans aucun cas autoriser à percevoir le droitde donation [4].

3ᵉⁿᵗ Donations entre époux

607. Les donations entre époux, faites par le contrat de mariage, n'engendrent pas immédiatement le droit proportionnel ; elles acquittent seulement le droit fixe de 7 fr. 50 toutes les fois qu'elles s'appliquent aux biens que le donateur laissera à son décès, ou à une somme à prendre sur la succession du donateur, sans dessaisissement actuel [5].

---

1. Cass., 15 mai 1834, S. 34, 1, 408, J. E. 10931.

2. L. 18 mai 1850, art. 6.

3. Gray, 18 février, 1869, R. P. 3021 ; Seine, 2 novembre 1875, R. P. 4443.

4. Cass., 28 novembre 1859, S. 60, 1, 282, D. 59 1, 510, J. E. 17053, R. P. 1269.

5. L. frim., art. 68, § 3, n° 5 ; 28 avril 1816, art. 45, n° 4 ; 28 février 1872, art. 4.

Un seul droit fixe est exigible quoique le contrat de mariage renferme plusieurs donations éventuelles entre les époux.

608. A la mort du donateur, l'impôt proportionnel de mutation par décès doit être acquitté dans le délai ordinaire, d'après le tarif en vigueur à cette époque [1].

609. Parfois les donations entre époux, par contrat de mariage, sont avec dessaisissement actuel et sans condition de survie ; dans ce cas, le droit proportionnel est immédiatement exigible [2].

4^{ent} *Résiliement*

610. Pour obtenir la restitution des droits perçus lors de l'enregistrement d'un contrat de mariage non suivi de célébration, il doit être justifié d'un acte authentique de résiliement signé de ceux qui ont été parties au contrat [3].

611. Sans acte de résiliement, la restitution est obtenue sur la production d'un acte de l'état-civil constatant soit le décès de l'un des futurs avant le mariage, soit son union avec une autre personne [4].

612. Lorsqu'un contrat a été refait, entre les mêmes personnes, les droits perçus pour le premier sont restituables sous réserve d'un droit fixe [5].

---

1. Cass., 21 décembre 1870, S. 71, 1, 37.

2. Comp. Milhau, 17 décembre 1862, J. E. 17623 ; Joigny, 12 août 1868, J. E. 18781, R. P. 2890.

3. Montmédy, 22 juillet 1852, J. E. 15544 ; Sol. 8 mai 1867, S. 67, 2, 362, J. E. 18712, R. P. 2827.

4. Sol. 23 février 1838, J. E. 12002.

5. Sol. 13 décembre 1889, J. E. 23511, R. P. 7408.

613. Si le contrat a été transcrit au bureau des hypothèques, le fisc prétend que le droit de transcription n'est pas restituable, sous le prétexte que ce droit constitue le salaire d'une formalité [1].

614. La demande en restitution doit être présentée dans le délai de deux ans, à partir de l'enregistrement du contrat [2].

5^{ent} *Quittances*

615. Quand la somme donnée par contrat de mariage est payée ultérieurement, l'acte constatant le versement est soumis au droit de 50 cent. % comme libération [3].

616. Lorsque des père et mère ont constitué en dot à leur enfant une rente viagère, en se réservant la faculté de l'éteindre moyennant le paiement du capital au denier 20, l'acte par lequel ils usent de cette faculté a le caractère d'un amortissement soumis au droit de 50 cent. %, et ne saurait être considérée comme l'exécution d'une donation alternative de la rente ou du capital au denier 20 [4].

1. Sol. 8 janvier 1902, J. E. 26350.

2. Déc. min. fin., 7 juin 1808; Cass., 20 décembre 1838, J. E. 12199, S. 38, 1, 961.

3. Cass., 20 novembre 1839, S. '39, 1, 980 ; 10 mars 1851, S. 51, 1, 267, D. 51, 1, 112, J. E. 15152, J. N. 14302.

4. Lille, 15 février 1884, J. E. 22289 ; Nantes, 1er décembre 1891, J. E. 24221, R. P. 7867 ; Orléans, 15 juillet 1896, J. E. 25257, R. N. 8818. *Contrà*, Saint-Amand, 16 janvier 1903, J. E. 26636; Dict. enr. *Rente*, 97.

III. — — Hypothèques

1^{ent} *Transcription*

617. Dans quatre cas il y a lieu de faire transcrire
et par extrait seulement, un contrat de mariage : 1°
donation de biens immeubles présents ; 2° Donation
d'immeubles présents, mais sous condition suspensive ; 3° Donation d'immeubles présents et à venir ;
4° Ameublissement d'immeubles déterminés.

618. Sur la donation d'immeubles présents, sans
condition, le droit proportionnel de transcription
est compris dans celui de mutation perçu à l'enregistrement [1].

619. Pour la donation sous condition suspensive,
la donation d'immeubles présents et à venir, et l'ameublissement, le droit de transcription à 1 fr. 50 %
plus décimes, n'est pas perçu à l'enregistrement; il
est acquitté au bureau des hypothèques lors de la
formalité [2].

Cet impôt est d'ailleurs imputable sur le droit de
mutation lorsqu'il devient exigible dans les deux
cas de donation prévus.

620. En cas de transcription d'un contrat de
mariage contenant des apports immobiliers, le droit
de 1 fr. 50 % est perçu et non restituable, alors
même que la formalité serait absolument inutile [3].

1. L. 25 février 1901, art. 18.
2. L. 28 avril 1816, art. 54.
3. Cass., 12 mai 1891, S. 92, 1, 97, J. E. 23593.

621. Quant à la taxe hypothécaire de 25 cent. %,
sans décimes, elle est due à l'occasion de toute
transcription de contrat de mariage, sur la valeur
brute des immeubles [1].

622. Les salaires du conservateur comprennent :
20 cent. pour mention au registre des dépôts et
50 cent. par rôle de transcription [2].

2^{ent} *Subrogation*

623. Pour faire mentionner la subrogation en
marge de l'inscription garantissant une créance
donnée, il faut déposer un extrait sur papier libre,
précisant sa destination [3].

Cette formalité donne ouverture à une taxe de
10 cent. %, sans décimes, au profit du Trésor, et à
deux salaires en faveur du conservateur : 20 cent.
pour mention au registre des dépôts, et 50 cent. pour
la subrogation [4].

3^{ent} *Inscription*

624. Pour l'inscription des hypothèques conférées
à la garantie des donations de rentes perpétuelles
ou viagères, de sommes payables à terme, etc..., il
est nécessaire de produire : 1° une expédition du
contrat ; 2° un double bordereau établi sur papier
libre [5].

1. L. 27 juillet 1900, art. 2 et 3.

2. Décr., 28 août 1875, art. 2 ; 24 novembre 1855 et 9 juin 1856.

3. L. 27 juillet 1900, art. 1 ; Comp. Sol. 17 février 1903.

4. L. 27 juillet 1900, art. 2, 3°, art. 3 ; Déc. 28 août 1875, 21 septembre 1810.

5. C. civ., 2148 ; L. 27 juillet 1900, art. 1, 2°.

La formalité d'inscription donne ouverture : au profit du Trésor à la taxe hypothécaire de 25 cent. % sans décimes, sur le montant de la créance inscrite; au profitdu conservateur à 20 cent. pour mention au registre des dépôts, et 1 fr., pour l'inscription [1].

4^{ent} *Certificats hypothécaires*

625. A l'égard des certificats hypothécaires, ils se délivrent sur papier libre, et les salaires du conservateur sont de 1 fr. pour chaque extrait d'inscription ou certificat qu'il n'en existe aucune, et 1 fr. pour chaque certificat de non transcription d'acte de mutation [2].

---

1. L. 27 juillet 1900, art. 2 et 3 ; Déc. 28 août 1875, 21 septembre 1810.
2. L. 27 juillet 1900 art. 1, 4º; Déc. 21 septembre 1810.

FORMULES

---

1. — Communauté légale, simple ; préciput, donations.

Devant M⁰..., notaire à ...,

Ont comparu :

1⁰ M. Eugène Blot, cultivateur demeurant à...,

Fils majeur de M. Jacques Blot et Mᵐᵉ Marie Fouquet, son épouse ;

2⁰ Mˡˡᵉ Lucie Duport, ménagère, demeurant à...,

Fille majeure de M. Paul Duport et Mᵐᵉ Berthe Huet, son épouse ;

3⁰ M. et Mᵐᵉ Paul Duport, l'épouse autorisée du mari, cultivateurs, demeurant à....

Lesquels ont arrêté, ainsi qu'il suit, les conventions civiles du mariage projeté entre M. Blot et Mˡˡᵉ Duport, et dont la célébration aura lieu à la mairie de....

ARTICLE 1er

Les futurs époux ont adopté le régime de la communauté, tel qu'il est établi par le Code civil (145 1).

Il est convenu que les bénéfices de communauté seront partagés par moitié, après prélèvement par le survivant d'un préciput de 1 000 fr., en deniers ou en meubles, d'après prisée d'inventaire, à son choix (227).

---

1. Les chiffres entre parenthèses renvoient aux numéros du traité.

Art. 2

Les biens du futur époux consistent en : 1º un mobilier corporel, évalué à la somme de...; 2º une somme de 1000 fr. due par M... suivant obligation pour prêt, passé devant Mᶜ..., notaire à..., le...; 3º et maison avec cour et clos situés à..., d'une valeur de....

Le futur a donné connaissance de son apport à la future épouse et à ses père et mère qui le reconnaissent. (360).

Art. 3

M. et Mᵐᵉ Paul Duport, en considération du mariage, ont constitué en dot à la future épouse, leur fille, qui acccepte, en avancement d'hoirie, et par moitié sur leurs successions, la somme de 2000 fr., qu'ils se sont obligés, solidairement, de payer aux futurs époux, à leur première demande, sans intérêts (391, 406, 410)

Comme condition de cette constitution de dot, M. et Mᵐᵉ Duport ont expressément réservé le droit de retour en leur faveur de la somme donnée, pour le cas où ils survivraient à la future épouse et à sa postérité, mais sans que ce retour mette obstacle à l'exécution de la donation en usufruit ci-après (423, 429).

Art. 4

Les futurs époux se font mutuellement donation, ce qu'ils acceptent respectivement, au profit du survivant d'eux, de l'usufruit de tous les biens meubles et immeubles qui composeront la succession du prémourant (498).

Le survivant jouira de cet usufruit, pendant sa vie, à compter du décès de son conjoint, sans être tenu de fournir caution, mais à la charge de faire dresser inventaire authentique (503).

Telles sont les conventions des parties.

Dont acte :

Fait et lu à...

L'an..., le...

Lecture faite, des présentes et des articles 1391 et 1394 du Code civil, les parties ont signé avec le notaire, après délivrance par ce dernier, aux futurs, du certificat à remettre à la mairie, avant le mariage, pour constater l'établissement de leurs conventions matrimoniales.

2. — Communauté légale; partage inégal; reprise d'apports par la future.

Par devant M⁰..., notaire à...

    Ont comparu :

M. Eugène Blot...

Et Mˡˡᵉ Lucie Duport...

Lesquels, en vue dn mariage projeté entr'eux et dont la célébration aura lieu prochainement à la mairie de..., en ont fixé les conditions civiles de la manière suivante.

ARTICLE 1ᵉʳ. — Régime

Les futurs époux adoptent le régime de la communauté de biens, institué par le Code civil, sauf les modifications ci-après.

ART. 2.   Partage de la communauté

Les bénéfices nets de la communauté stipulée par le présent appartiendront, savoir :

1⁰ S'il n'existe pas de descendants du mariage au jour du décès du prémourant : au survivant, pour moitié en toute propriété et pour moitié en usufruit ; et aux représentants du prédécédée, pour cette dernière moitié en nue propriété ;

2⁰ Et en cas d'existence d'enfants du mariage : au survivant, pour moitié en toute propriété et pour un quart en usufruit ; et, aux héritiers du prédécédé, pour un quart en toute propriété et pour le dernier quart en nue propriété (235).

Dans tous les cas, pour jouir de cet usufruit, le survivant devra faire dresser inventaire, moyennant quoi il se trouvera dispensé de caution et d'emploi (503).

ART. 3. — Apport du futur

M. Blot, futur époux, déclare apporter en mariage :

1⁰ Les vêtements et linges à son usage...

Duquel apport, déclaré exempt de toute dette, le futur époux a donné connaissance à sa future qui le reconnait (360).

ART. 4 — Apport de la future épouse

Mˡˡᵉ Duport, future épouse, possède et apporte en mariage :

1⁰ Les linges, hardes et bijoux...

2o 200 f.. de rente 3o/o en un titre portant le no...

Cet apport est déclaré libre de toute charge ; la future épouse en a donné connaissance à son futur qui le reconnaît et consent à en demeurer chargé par le seul fait de la célébration du mariage (216, 217, 359)).

ART. 5. — *Reprise d'apports*

En renonçant à la communauté, la future épouse aura la faculté de reprendre ses apports en mariage, indépendamment des biens meubles et immeubles qui pourront lui advenir pendant la communauté, n'importe à quel titre personnel (219).

Toutes ces reprises seront franches et quittes des dettes de la communauté, mais sans nuire aux droits des tiers. Si la future épouse se trouvait tenue envers les créanciers, elle serait garantie et indemnisée par le futur époux et sur ses biens,

Telles sont les conditions des parties, arrêtées en présence :

Du côté du futur de : 1o M...

Du côté de la future de : 1o M...

Avant de clore, Me..., notaire soussigné, a donné lecture aux parties des articles 1391 et 1394 du Code civil et leur a délivré le certificat prescrit par ce dernier article, pour être remis à l'officier de l'état-civil avant la célébration du mariage.

Dont acte.

Fait et passé à...

L'an..., le...

Et après lecture faite des présentes, les parties ont signé avec leurs parents et amis et le notaire.

3. — Communauté d'acquêts. très simple ; préciput ; frais.

Par devant Me... notaire à...

Ont comparu :

M. Eugène-Louis Moreau...

Mlle Juliette-Marie Gordon...

Lesquels ont établi de la manière suivante les conditions civiles du mariage projeté entre eux :

ARTICLE 1er

Les futurs choisissent le régime de la communauté, avec exclusion des dettes et réserve des propres, conformément à l'article 1498 du Code civil (174).

ART. 2

M. Moreau apporte en mariage ; 1o ses linges et effets corporels, évalués, pour l'enregistrement, à...; 2o et une somme de... en deniers comptants.

ART. 3

Mlle Gordon fait apport en mariage : 1o des linges, hardes et bijoux à son usage, estimés, pour l'enregistrement, à...; 2o d'un trousseau d'objets mobiliers comprenant... (*détailler et estimer*); 3o et de ses droits indivis, d'une valeur de..., dans les successions de ses père et mère dont elle est héritière pour un quart.

Duquel apport le futur consent à demeurer chargé par le seul fait de la célébration civile du mariage.

Malgré l'estimation donnée aux apports mobiliers de la future celle-ci pourra, à tout évènement, en exercer la reprise en nature ou en argent, à son choix (358).

ART. 4

Le survivant des époux prélèvera par préciput et avant partage de la communauté, tous les meubles meublants et objets mobiliers corporels (c'est-à-dire deniers, rentes et créances exceptés), qui existeront dans l'habitation des époux et ses dépendances, lors du décès du prémourant, quelle qu'en soit la valeur (227).

ART. 5

Les frais des présentes sont à la charge de la communauté (511).

Dont acte...

4. — Communauté d'acquêts ; préciput et assurance ; fonds de commerce ; donation en usufruit

Par devant Mes Chatel et Morin, notaires à...

Ont comparu :

M. Paul-Louis Karel, commerçant, demeurant à...

Majeur, né à..., le..., fils de M. Denis Karel, cultivateur, et Mme Hortense Fortin, sa femme, demeurant à...

D'une part.

Mlle Virginie Regnault, sans profession, demeurant à..., chez ses père et mère.

Mineure, née à..., le..., fille de M. Eloi Regnault, agriculteur, et Mme Marie Bort, son épouse, demeurant ensemble à...

D'autre part.

Et. M. et Mme Regnault, père et mère de la future,

Agissant tant pour l'assister et autoriser en raison de sa minorité qu'à cause de la donation qu'ils vont lui faire.

Aussi d'autre part.

Lesquels ont arrêté de la manière suivante les conditions civiles du mariage projeté entre M. Karel et Mlle Regnault.

ARTICLE 1er

Les futurs époux adoptent le régime de la communauté, avec exclusion tant de leurs biens meubles actuels que de ceux dont ils deviendront propriétaires pendant mariage, par succession, donation, legs, ou à toute autre titre personnel. En conséquence la communauté sera réduite aux acquêts, et, par suite, chacun des époux demeurera chargé de ses dettes présentes comme de celles dont seront grevés les biens et droits qui leur adviendront par la suite (174).

ART. 2

Le futur époux apporte en mariage comme provenant de ses économies :

1º Les effets, linges et bijoux à son usage personnel, d'une valeur de six cents francs (357) ;

2º Divers meubles et objets mobiliers matériels évalués à 500 fr.;

3º Le fonds de commerce d'épicerie qu'il exploite dans une maison située à..., rue..., nº...; ce fonds composé de l'achalandage, du matériel, des marchandises, de l'argent en caisse et des bonnes créances du commerce, le tout montant, d'après estimation faite entre les parties, à une somme de cinq mille francs. déduction faite de toutes dettes et autres charges du commerce.

Il est convenu que l'estimation donnée au fonds de commerce en transmet la propriété à la communauté, de sorte que la reprise pour raison de cet apport demeure irrévocablement fixée à cinq mille francs, quel que soit, par la suite, le sort du fonds (356).

ART. 3

La future épouse apporte en mariage, comme provenant de ses épargnes : 1° les vêtements et linges à son usage personnel, d'une valeur de trois cents francs ; 2° un bracelet or, deux bagues or, une paire de boucles d'oreilles avec perles, et une montre en or, le tout estimé à 300 fr. ; 3° deux obligations de 500 fr. 3 % anciennes de la compagnie des chemins de fer de l'ouest, n°s...., au porteur, évaluées à 900 fr.

Il a été donné connaissance de cet apport au futur époux qui le reconnaît et consent en demeurer chargé par le seul fait de la célébration civile du mariage (359).

ART. 4

En considération du mariage, M. et Mme Regnault font donation conjointement et solidairement, en avancement d'hoirie, par imputation sur la succession du premier mourant, à concurrence des droits de la donataire, et subsidiairement, s'il y a lieu, sur celle du survivant, à la future épouse, leur fille, qui accepte, des biens dont l'indication suit (394) :

1° Un trousseau composé de :

24 draps de lit estimés à 280 fr.	280 fr. »	
Une armoire acajou avec glace, estimée à 340 fr.	340	»

2° Et deux mille francs déposés au Crédit Lyonnais, succursale de..., à la date du..., sous le n°... (437), ci . . . . 2.000 »

Ensemble, cinq mille six cent francs, ci . . . . . 5.600 fr. »

Le tout livrable et payable le jour du mariage, dont la célébration vaudra décharge aux donateurs, et reconnaissance par le futur qu'il en a pris possession.

ART. 5

Le survivant des époux, prélèvera à titre de préciput et avant tout partage, tels des effets mobiliers dépendant de la communauté qu'il lui plaira de choisir, jusqu'à concurrence de douze cent francs d'après la prisée de l'inventaire qui sera fait, ou cette somme en deniers, ou partie en objets et le surplus en deniers, le tout à son choix (227).

ART. 6

Aussitôt après la célébration du mariage, le futur époux contractera une assurance sur la vie pour une somme de..., payable lors de son décès à la future épouse, ou, en cas de prédécès de celle-ci, aux héritiers et ayants droit du futur époux.

Si la future épouse survit, elle prélèvera le montant de cette assurance à titre de préciput, sans aucune récompense pour les primes payées. Il en sera ainsi, même en cas de renonciation à la communauté.

Si c'est le futur époux qui survit, l'assurance lui appartiendra, également par préciput, et sans récompense, mais les primes postérieures à la dissolution du mariage resteront à sa charge.

ART. 7

A la dissolution du mariage, le survivant des époux, la future, qu'elle accepte la communauté ou qu'elle y renonce, aura la faculté, en le déclarant dans les trois mois du décès, à peine de déchéance, de conserver pour son compte personnel, le fonds de commerce qui serait exploité au décès du premier mourant, avec les ustensiles, objets et marchandises en dépendant ; le tout d'après la prisée de l'inventaire ou l'estimation de deux experts, choisis contradictoirement ou désignés sur requête par le président du tribunal du domicile des époux, avec pouvoir en cas de désaccord de s'adjoindre un tiers-expert qui prononcera définitivement. Le survivant imputera la valeur du fonds d'abord sur ses droits en propriété dans la communauté et dans la succession du prédécédé, puis sur ses droits en usufruit. Si après ces imputations il reste débiteur envers les héritiers et représentants du prédécédé, il aura pour s'en libérer un délai de cinq années, par cinquième, d'année en année, avec intérêt à cinq pour cent par an du jour du décès, payable par semestre ; mais le survivant serait déchu du terme en cas de vente du fonds de commerce, et la somme alors due deviendrait immédiatement exigible.

En usant de cette faculté, le survivant aura seul droit au bail des locaux servant au fonds et à l'habitation des époux, à la

charge d'exécuter toutes les conditions, de rembourser les loyers
d'avance et d'acquitter les loyers à courir. Si le commerce s'exerce
dans un immeuble acquêt ou propre au prédécédé, le survivant
aura le droit d'exiger qu'il lui soit fait un bail, pour neuf années,
des locaux affectés au commerce et à l'habitation, moyennant un
prix et aux conditions fixés à l'amiable ou par experts désignés
ainsi qu'il est dit plus haut (232). 571).

Art. 8

En témoignage de leur attachement, les futurs époux, la future
avec l'assistance de ses père et mère, se font donation mutuelle
en faveur du dernier vivant, ce accepté par chacun pour le survivant, de l'usufruit du quart des biens meubles et immeubles
qui composeront la succession du prédécédé (490).

Art. 9

La communauté supportera tous les frais des présentes, compris
ceux de la donation en faveur de la future épouse (511).

Telles sont les conventions des parties.

5. — Communauté réduite aux acquêts ; établissement industriel.

Par devant M^e..., notaire à...

Ont comparu :

M. Paul-Louis Karel, négociant...

Mlle Virginie Regnault, sans profession...

Lesquels ont arrêté de la manière suivante les conventions
civiles de l'union projetée entr'eux :

ARTICLE 1er. — *Régime...*

ART. 2e. — *Apport du futur...*

ART. 3e. — *Apport de la future...*

ART. 4e. — *Prise de l'établissement industriel*

§ 1. — *Décès de l'un des époux sans association*

Les futurs époux conviennent que le survivant d'eux pourra
si bon lui semble, conserver pour son compte personnel, tout

établissement industriel ou commercial, de communauté ou même propre à l'époux prédécédé, qui serait exploité par les futurs époux, ou par l'un d'eux au décès du prémourant, ensemble l'achalandage, les marchandises, le matériel et tous accessoires quelconques en dépendant, ainsi que la jouissance locative des lieux où il sera exercé et de ceux servant à l'habitation; à la charge par le survivant :

1º De prendre cet établissement avec marchandises, matériel et autres accessoires pour la valeur fixée dans l'inventaire, après le décès du prémourant, par deux experts choisis amiablement par les parties en cause ou désignés sur simple requête par M. le Président du tribunal civil compétent ; lesquels experts, en cas de désaccord, pourront s'adjoindre un tiers expert qui prononcera définitivement ;

2º De demeurer seul tenu du paiement des loyers, ainsi que de l'exécution des conditions des baux, à partir du décès du prémourant.

Si l'établissement était exploité dans un immeuble dépendant de la communauté ou même propre à l'époux prédécédé, le survivant pourra exiger qu'il lui soit passé bail des lieux occupés par l'établissement, ainsi que de ceux nécessaires à l'habitation, pour neuf années au moins à compter du jour du décès de son conjoint, aux charges de droit et moyennant un loyer annuel convenu à l'amiable, sinon fixé par les experts choisis ou nommés pour l'estimation de l'établissement comme il a été dit.(232, 571).

L'époux survivant sera tenu de faire connaître son intention de bénéficier ou non de la présente clause dans les trois mois du décès du prémourant, à défaut de quoi il sera réputé renonçant.

Si le survivant opte pour la conservation de l'établissement et accessoires, l'effet de cette option remontera au jour du décès de son conjoint.

D'autre part, le survivant sera tenu, dans ce cas, de suivre gratuitement le recouvrement de toutes les créances commerciales, avec charge d'en rendre compte semestriellement.

Dans le cas où le survivant ne conserverait pas l'établissement aux conditions exprimées, il ne pourrait s'intéresser, directement ou indirectement, dans un aucun fonds ou établissement similaire placé à moins de mille mètres du lieu d'exploitation, sous peine

de tous dommages et intérêts vis-à-vis de la personne qui en serait
devenue acquéreur (*ou* similaire dans la même ville, à peine
de...).

§ 2. — Décès au cours d'une association

Si le futur époux survit et que, lors du prédécés de la future,
il se trouve associé commercialement, il est convenu :

1o Que les héritiers ou représentants de la future ne pourront
réclamer d'autres droits, au sujet de cette société, que ceux
résultant du dernier inventaire social, ou, s'il n'y a pas encore
eu d'inventaire, d'autres droits que ceux résultant de l'acte de
société ;

2o Que le futur aura la faculté de conserver pour son compte
les droits appartenant à la communauté dans la société, sans
aucune indemnité à payer aux héritiers de la future épouse,
sauf les droits acquis dans la société, constatés comme il vient
d'être dit.

Au cas où le futur époux viendrait à décéder en état d'association commerciale, la future survivante aurait le droit de
prendre la place du futur, si les actes de société ne le lui interdisent pas, et elle l'exercera au regard des héritiers et représentants du futur dans les conditions exprimées ci-dessus sous le
présent paragraphe.

§ 3. — Délai de remboursement

En bénéficiant de la faculté de conservation qui lui a été
réservée, le survivant imputera la valeur de l'établissement ou
des droits sociaux sur les sommes qui lui reviendront, tant en
pleine propriété qu'en usufruit, dans la communauté dissoute
et dans la succession de son conjoint. S'il y avait un excédant il
le paierait dans le délai de trois ans, par tiers d'année en année,
et avec intérêt au taux de 5 %.

Ce délai cesserait de plein droit en cas de vente de l'établisse-
mont ou de convol à de nouvelles noces, et les sommes dues
deviendraient immédiatement alors exigibles.

ART. 5. — *Donation...*

**6. — Communauté d'acquêts ; culture réservée au
survivant ; donation entre époux de meubles en
propriété et d'immeubles en usufruit.**

Par devant Mᵉ..., notaire à...

    Ont comparu :

M. Claude-Eugène Durel, agriculteur, demeurant à...,
    Majeur, fils de M. Ambroise Durel, et Mᵐᵉ Honorine Toutain,
    son épouse, tous deux décédés,

                               D'une part ;

Et Mˡˡᵉ Gabrielle Lubin, sans profession, demeurant à...,
    Majeure, fille de M. Auguste Lubin, cultivateur, demeurant
    à...,et de Mᵐᵉ Marie-Louise Quinet, décédée, son épouse,

                               D'autre part.

Lesquels ont arrêté ainsi qu'il suit les conditions civiles du
mariage projeté entre eux :

Article 1ᵉʳ

Les futurs époux adoptent le régime de la communauté établi
par le Code civil, sauf les modifications ci-après.

Ils ne seront pas tenus des dettes l'un de l'autre qui seraient
antérieures au mariage ou qui grèveraient les biens par eux
recueillis pendant la durée de la communauté ; ces dettes seront
acquittées par celui des époux qui les aura contractées ou du
chef duquel elles proviendront, sans que l'autre époux, ses biens
ou sa part dans la communauté en puissent être chargés.

Les apports en mariage des futurs époux, les biens qui vont
leur être constitués en dot et tous ceux tant meubles qu'immeubles qui, pendant la durée de la communauté, écherront à
chacun d'eux par succession, donation, legs ou à tout autre titre
personnel, seront exclus de la communauté pour être repris lors
de sa dissolution par chacun des époux ou ses représentants.

De sorte que la communauté se composera uniquement des
revenus des époux et des économies faites pendant le mariage.

Art. 2

Le futur époux apporte en mariage les biens qui suivent, provenant tant du lot qui lui est échu par le partage des successions

de ses père et mère, opéré suivant acte passé devant M^e..., notaire à..., le..., que de ses économies :

1º Les vêtements, linges et bijoux à son usage personnel, d'une valeur pour l'enregistrement de cinq cents francs ;

2º Les objets mobiliers, instruments aratoires, chevaux, bestiaux, grains, fourrages, etc., garnissant la ferme qu'il habite, le tout estimé à quinze mille francs, ci . . . .   15.000   »

3º Le droit au bail de cette ferme qui lui a été consenti par M..., pour... années expirant le..., suivant acte reçu par M^e..., notaire à..., le..., ensemble les engrais, labours et semences des terres affermées, le tout estimé à mille deux cents francs, ci . . . .   1.200   »

4º Et une somme de treize cents francs en deniers comptants et en créances d'un recouvrement certain, ci. . . . .   1.300   »

Ensemble, dix-sept mille cinq cents francs, ci .   17.500 fr.»

Le futur époux déclare que ses apports sont grevés de diverses dettes, compris tous fermages courus au... dernier, dont il a donné connaissance à la future, montant ensemble à deux mille cinq cents francs, ci . . . .   2.500   »

Cette somme déduite, il reste net quinze mille fr. ci.   15.000 fr.»

Il est convenu que les estimations qui précèdent n°s 2 à 4 valent vente à la communauté de toutes les choses qui en font l'objet, de sorte que la reprise pour raison de ces apports demeure irrévocablement fixée à quinze mille francs, quel que soit par la suite le sort de la culture (356).

ART. 3

La future épouse apporte en mariage, comme provenant tant des attributions à elles faites par le partage de la communauté ayant existé entre ses père et mère et de la succession de sa mère, résultant d'un acte passé devant M^e.... notaire à..., le..., que de ses épargnes :

1º Les vêtements, linge et bijoux à son usage personnel évalués huit cents francs ;

2º Les meubles meublauts et objets mobiliers ci-après décrits et prisés :

Un sommier et un matelas estimés à cent-vingt fr.. ci. 120 »

Une glace avec cadre doré, un guéridon acajou, estimés à cent-trente francs, ci . . . . 130 »

Un buffet en noyer...   »

Total des estimations, deux mille huit cents francs, ci. 2.800.»

3º Une propriété située à..., consistant en maison d'habitation, bâtiments accessoires, avec cour et jardin, terres labourables, près et vigne ; le tout d'une contenance de seize hectares cinq ares, compris au plan cadastral, section A, nᵒˢ...

Cette propriété évaluée à 20.000 fr., pour l'enregistrement seulement.

Duquel apport, libre de dettes, le futur époux consent à demeurer chargé par le seul fait du mariage.

M. Lubin, père de la future épouse, déclare garantir la fortune actuelle de celle-ci franche et quitte de toute dette antérieure au mariage (218).

ART. 4

Les habits, linges, bijoux et autres objets à l'usage personnel des futurs époux et par eux apportés en mariage leur resteront propres en nature, et à la dissolution de la communauté, chacun d'eux reprendra comme représentation de cet apport toutes les choses de même nature à son usage, sans avoir égard à la différence de valeur pouvant exister entre les choses apportées et celles qui seront reprises (357).

ART. 5

Le survivant des époux aura le droit de conserver pour son compte personnel l'exploitation de culture qu'ils feraient valoir au décès du prémourant, ensemble le mobilier de ferme, les instruments aratoires, chevaux, bestiaux, grains, fourrages, fumiers, labours, semences et fruits en dépendant, ainsi que la jouissance des lieux servant à cette exploitation et des terres tenues à bail.

En bénéficiant de cette faculté, le survivant se trouvera chargé :

1º De tenir compte aux héritiers du prédécédé de leurs droits dans la valeur de l'exploitation et ses accessoires, d'après l'estimation qui en sera faite dans l'inventaire par deux experts, choisis à l'amiable ou désignés par M. le Juge de paix du domicile des époux ; lesquels experts pourront, en cas de désaccord, s'adjoindre un tiers qui prononcera définitivement ;

2o De demeurer seul tenu du paiement des loyers et fermages, ainsi que de l'exécution des conditions des baux à partir du décés du prémourant.

Il est expliqué ici : que le survivant n'aura rien à payer pour le droit au bail ; que les récoltes non coupées seront comprises dans l'estimation pour les labours, engrais et ensemencements, augmentés du prorata de fermage, représentatif de la récolte, au jour de la dissolution du mariage.

Le survivant imputera la valeur du tout sur les sommes qui lui reviendront en propriété et en usufruit. Il paiera le surplus dans le délai de quatre ans à compter du décés de son conjoint, avec l'intérêt au taux de quatre pour cent et sans charge de caution : mais le délai accordé cesserait de plein droit en cas de vente de l'établissement ou de convol à de secondes noces.

Dans le cas où les bâtiments, terres et autres biens composant l'exploitation, appartiendraient, en tout ou en partie au prémourant, ou dépendraient de la communauté, les droits de propriété et d'usufruit du survivant porteraient en premier lieu sur ces immeubles, et s'ils ne les absorbaient pas entièrement, le survivant pourrait exiger bail à son profit de l'excédent, pour neuf annécs, à compter du décés du prédécédé, aux charges légales et moyennant un fermage annuel qui serait fixé par les experts dont il a été parlé.

Le survivant devra faire connaître son intention dans le mois qui suivra la clôture de l'inventaire ; à défaut de quoi, il sera réputé avoir opté pour la conservation de l'exploitation et de ses accessoires, aux conditions exprimées ci desssus, et l'effet en remontera au jour du décés du prémourant (*ou, à défaut de quoi, il sera réputé renonçant à la faculté de conserver l'exploitation*).

Art. 6

En considération du mariage, les futurs époux se font donation mutuelle, en faveur du survivant d'eux, ce accepté pour le

survivant, de la pleine propriété des biens meubles et de l'usufruit des biens immeubles qui composeront la succession du
premier mourant.

Cette donation, en cas d'existence d'enfants ou autres descendants du mariage, comprendra : 1º en propriété, les biens meubles
inférieurs au quart de la succession ou jusqu'à concurrence du
quart s'ils sont supérieurs ; 2º et en usufruit, si les biens meubles
sont inférieurs au quart, des immeubles pour parfaire ce quart
et un autre quart de la succesion, et si les biens meubles sont
supérieurs au quart, le surplus des biens meubles et subsidiairement des immeubles pour parfaire le second quart.

Le survivant, en raison de l'usufruit, sera dispensé de fournir
caution et de faire emploi, mais il devra faire dresser un inventaire authentique (498, 503).

ART. 7 — *Frais*

Tous les frais, droits et honoraires des présentes seront supportés par la communauté, sans recours contre les époux (509).

Telles sont les conventions des parties...

**7. — Communauté d'acquêts ; apport d'un office ;
donation par père et mère du futur ; droits indivis
de la future, etc.**

Par devant Mᶜ..., notaire à...

Ont comparu :

M. Frédéric-Léon Cordier,..., demeurant à...

Majeur, étant né à..., le..., du mariage de M. Lucien
Cordier avec Mᵐᵉ Marie Passé.

Contractant en son nom personnel.

D'une part ;

Mˡˡᵉ Eugénie-Berthe Huret, sans profession, demeurant à...

Majeure, étant née à..., le..., du mariage de feu
M. Edouard Huret, ancien président du tribunal de commerce de..., avec Mᵐᵉ Augustine Duval.

Procédant en son nom particulier.

D'autre part ;

M. Lucien Cordier, ..., et Mme Marie Passé, son épouse, qu'il autorise, demeurant ensemble à...

> Stipulant à cause de la dot qu'ils vont constituer à M. Frédéric-Léon Cordier, leur fils,

> > Aussi d'une part ;

Mme Augustine Duval, propriétaire, demeurant à..., veuve de M. Edouard Huret.

> Agissant à raison de la constitution de dot qu'elle va faire à Mlle Huret, sa fille,

> > Aussi d'autre part.

Lesquels, en vue du mariage projeté entre M. Frédéric-Léon Cordier et Mlle Huret, et dont la célébration doit avoir lieu prochainement à la mairie..., en ont arrêté les conditions civiles de la manière suivante :

ARTICLE 1er. — *Régime*

Les futurs époux adoptent le régime de la communauté de biens, conformément aux dispositions du Code civil, sauf les modifications ci-après exprimées.

ART. 2. — *Exclusion des dettes*

Ils ne seront pas tenus des dettes l'un de l'autre antérieures à la célébration du mariage ni de celles dont se trouveraient grévés les biens qui leur adviendraient pendant le mariage par succesion, donation, legs ou autrement.

Ces dettes, s'il en existe ou survient, seront supportées par celui des époux qui les aura contractées ou du chef duquel elles proviendront, sans que l'autre époux, ses biens ni ceux de la communauté en puissent être chargés.

ART. 3. — *Apport du futur*

M. Cordier, futur époux, apporte en mariage :

1o Les vêtements, linges et bijoux à son usage personnel, et sa bibliothèque, estimés à..., pour l'enregistrement seulement, la reprise devant en être faite en nature (357) ;

2o L'office de..., à la résidence de..., auquel il a été nommé par décret du..., et qu'il a acquis de M..., suivant acte.., moyennant un prix sur lequel il a payé...

3º Le cautionnement de... qu'il a déposé au Trésor public ;

4º Les recouvrements à opérer sur ses clients, montant à... déduction faite des créances douteuses ;

5º et une somme de... en numéraire.

Duquel apport, libre de toute autre dette que le reliquat du prix de l'office, le futur époux a donné connaissance à la future épouse et à ses père et mère qui le reconnaissent.

Art. 4. — *Donation au futur époux*

En considération du mariage, M. et Mᵐᵉ Cordier donnent et constituent en dot, solidairement entr'eux, par avancement d'hoirie, à imputer pour moitié sur chaque succession.

A M. Frédéric-Léon Cordier, futur époux, leur fils, qui accepte :

Une somme de..., que les donateurs s'obligent, avec solidarité, payer au futur époux dans le mois qui suivra la célébration du mariage, en la demeure des donateurs, sans intérêts (393, 406).

Il est entendu que le survivant des donateurs sera tenu de garantir et compléter sans délai, l'intégralité de la dot, si le donataire, par suite de rapports à ses cohéritiers, ne pouvait la conserver en entier (394).

Art. 5. — *Apport de la future épouse*

Mˡˡᵉ Huret, future épouse, déclare apporter les biens suivants :

1º Un trousseau se composant de vêtements, linges, bijoux à son usage personnel, le tout évalué à... ;

2º 40 actions au porteur de la compagnie des chemins de fer du nord, portant les nᵒˢ..., évaluées à...

3º La somme de..., qui lui sera remise par Mᵐᵉ Huret, sa mère, le jour du mariage, pour ses droits dans la succession de son père et le reliquat du compte de tutelle que sa mère doit lui rendre.

M. Huret, père de la future, est décédé à..., le..., laissant :

1ᵉⁿᵗ. Son épouse commune en biens et donataire pour..., ainsi qu'il en résulte...

2ᵉⁿᵗ. Et pour seuls héritiers deux enfants mineurs : la future épouse et Mˡˡᵉ Julie Huret, sa sœur, ainsi que le constate l'intitulé de l'inventaire dressé...

Il n'a pas encore été procédé aux opérations de compte, liquidation et partage de la communauté ayant existé entre M. et

Mᵐᵉ Huret et de la succession de M. Huret.

Les biens et valeurs de ces communauté et succession sont restés, depuis le décès de M. Huret, sous l'administration de Mᵐᵉ Huret, tant en son nom personnel que comme tutrice légale de ses enfants mineurs.

En conséquence, Mᵐᵉ Huret remettra à la future épouse, le jour même du mariage et avant sa célébration, qui en vaudra décharge, la somme de..., en espèces de monnaie du cours, provenant des valeurs de la communauté ayant existé entre M. et Mᵐᵉ Huret et de la succession de feu M. Huret.

Cette somme comprendra d'abord le reliquat dont Mᵐᵉ Huret pourra être débitrice envers la future épouse à raison de l'excédant des recettes sur son compte de tutelle, et le surplus ou la totalité, s'il y a lieu. sera imputable sur les droits revenant à la future dans la succession de M. Huret, son père (595).

Il a été donné connaissance de cet apport au futur époux qui le reconnaît.

ART. 6. — *Donation éventuelle à la future par sa mère*

Mᵐᵉ Huret, prévoyant le cas où les droits de la future épouse, tels, qu'ils résulteront du compte de tutelle à rendre et de la liquidation à faire des communauté et succession dont il s'agit, ne s'élèveraient pas à une somme de..., en dehors de tout passif ;

Déclare faire donation par avancement d'hoirie à Mˡˡᵉ Eugénie-Berthe Huret, sa fille, future épouse, qui accepte :

De la somme qui formerait la différence entre le montant des droits disponibles de la future épouse, définitivement fixés par le compte de tutelle et la liquidation à établir, et la somme de ... en question.

Cette donation est faite par Mᵐᵉ Huret à la future épouse, pour assurer à cette dernière, comme apport en mariage, l'intégralité de la somme de...

La donatrice explique que la future épouse n'aura aucun rapport à faire pour l'intérêt jusqu'au jour du décès de Mᵐᵉ Huret, à raison de la somme entière remise à la future.

Pour la perception du droit d'enregistrement, les parties déclarent évaluer à..., l'importance de la donation qui précède.

ART. 7 — *Retour conventionnel*

M. et Mme Cordier réservent à chacun d'eux le droit de retour
sur la portion dont il sera établi donateur dans la constitution
de dot, après l'imputation dont il a été parlé, pour le cas où ils
survivraient l'un ou l'autre, ou tous deux, *au futur époux* et à sa
postérité.

Mais l'exercice de ce droit de retour ne mettra pas obstacle à
l'effet de tous avantages viagers que le futur époux pourra faire
à la future, soit par ces présentes, soit postérieurement (429).

ART. 8. — *Réserve de propres*

Les futurs époux se réservent propres et excluent de la communauté leurs apports et dots ci-dessus constatés, ensemble tout
ce qui, pendant le mariage, pourra advenir et échoir à chacun
d'eux tant en meubles qu'en immeubles par donation, succession,
legs ou autrement ; en conséquence, la communauté sera réduite
aux acquêts et ne se composera dès lors que des revenus des
biens personnels des futurs époux et des économies qu'ils pourront faire pendant le mariage.

Toutefois l'estimation ci-dessus donnée au n° 4 de l'apport
du futur époux en vaudra vente à la communauté.

La bibliothèque du futur époux lui restera propre, et à la dissolution de la communauté, il reprendra en nature tous les livres
la composant alors, quelle que soit leur valeur, et ce par représentation de l'apport fait aux présentes d'une bibliothèque.

La future épouse reprendra de même en nature tous les meubles et objets mobiliers composant le n° 1 de son apport.

Quant aux valeurs de bourse apportées par la future épouse, la
reprise s'en fera en nature si elles se retrouvent, sinon, pour le
montant de leur aliénation ou de leur remboursement s'il peut
en être justifié, et à défaut de justification pour leur valeur d'après
le présent contrat.

En ce qui concerne les valeurs de Bourse qui, par la suite,
adviendront aux futurs époux par succession, donation, legs ou
autrement, la reprise en sera faite en nature si ces valeurs se
retrouvent au jour de la dissolution de la communauté ; dans le
cas contraire, la reprise s'exercera en deniers pour le montant

de l'aliénation qni en aura été effectuée s'il peut en être justifié, et à défaut de justification à cet égard, d'après le cours porté en tous actes de donation et partage et, à défaut d'actes de cette nature, d'après le cours de la bourse du jour où l'un des époux séra devenu propriétaire.

ART. 9. — *Propriété de l'office ministériel*

L'office apporté par le futur époux, ou tout autre dont il pourrait devenir titulaire durant le mariage, lui restera propre, à la charge d'indemniser la communauté de toutes les sommes qu'elle aurait déboursées (234, 354).

Le futur ou ses représentants, en reprenant l'office en nature, auront seuls droit au bail des locaux occupés tant pour l'étude que pour l'habitation, à la charge d'en payer les loyers et d'exécuter toutes les conditions du bail.

Si les locaux dont il s'agit dépendaient de la communauté ou appartenaient à la future, il en serait fait bail au profit du futur ou de ses représentants, pour un temps à leur choix, sans pouvoir excéder neuf années, au prix et conditions fixés à dire d'experts.

Dans le cas où l'office serait cédé pendant la communauté, le futur ou ses représentants effectueraient la reprise du prix, sous la déduction des sommes payées par la communauté.

A l'égard des recouvrements non effectués à la dissolution de la communauté, le futur époux devra se charger gratuitement de les faire, et rendra compte chaque semestre (*ou* le futur époux les reprendra pour la somme qui sera fixée par trois membres de la chambre du ressort).

ART. 10. — *Remploi*

Le remploi des biens propres aux époux qui seraient aliénés ou remboursés pendant le mariage, se fera conformément aux dispositions du Code civil, sans que les tiers aient à s'en inquiéter.

A défaut de remploi, les reprises s'exerceront contre la communauté, et même, en ce qui concerne la future épouse ou ses représentants, sur les biens du futur, s'il y a lieu (246).

Art. 11. — *Préciput*

Le survivant des époux prendra par préciput, en nature, tout le mobilier qui existera dans les maisons de ville et de campagne des époux, quelle qu'en soit l'importance, et sans avoir à tenir aucun compte de la prisée, s'il y avait nécessité d'en faire une.

Cependant, le prémourant pourra disposer, au profit de qui bon lui semblera, d'objets mobiliers matériels, à concurrence d'une somme de...

La future épouse, si elle survit, aura droit à ce préciput même en renonçant à la communauté (227, 231).

Le mobilier, objet du préciput, ne comprendra pas l'argent comptant, les créances, rentes, actions, obligations et valeurs industrielles.

Art. 12. — *Constatation du mobilier*

Afin de faciliter à chacun des époux la reprise des valeurs mobilières qui lui écherront pendant le mariage, le mari sera tenu de les faire constater par des inventaires réguliers.

Art. 13. — *Donation mutuelle*

Les futurs époux font donation au survivant d'eux, ce qui est accepté respectivement, d'une rente viagère de..., dont il jouira à compter du décès du prémourant.

Cette rente sera incessible et insaisissable et restera toujours indivisible entre les représentants du prémourant ; elle devra être garantie en une rente sur l'État ou par hypothèque sur les biens immeubles de la succession du donateur, s'ils sont suffisants.

Les arrérages seront payés sans retenue, par trimestre, et d'avance, en la demeure du survivant, qui est dispensé de fournir des certificats de vie tant qu'il signera les quittances.

Enfin, le survivant n'aura ni frais, ni droits de mutation à payer pour la rente donnée.

Art. 14. — *Frais*

Le futur époux acquittera tous les frais relatifs à la donation qui lui a été faite ; tous autres droits et honoraires seront supportés par la communauté (511).

8. — Communauté ; futur veuf ; future mineure sans père ni mère, assistée d'une ascendante ; oncle donateur

Par devant M^e..., notaire à...,

    Ont comparu :

M. Eugène Foulard, manufacturier, demeurant à...,

Veuf, avec un enfant mineur, de Mme Charlotte Lebon, décédée à..., le...,

    Majeur, étant né à..., le..., du mariage de M. Marc Foulard avec Mme Marie Mouton, tous deux décédés,

D'une part ;

Mlle Marguerite-Dive Bernier, sans profession, demeurant à...,

    Mineure, étant née à..., le..., de feu M. Marc Bernier, officier supérieur, chevalier de la Légion d'honneur, officier de l'Instruction publique et Mme Françoise Erlon, son épouse, décédés,

    Agissant avec l'assistance de Mme veuve Erlon, son aïeule,

D'autre part ;

Mme Lucie-Marie Fumay, rentière, demeurant à..., veuve de M. Jacques Erlon,

    Stipulant en qualité de seule aïeule survivante de la future épouse, mineure, ayant droit à ce titre de l'assister pour régler les conditions civiles de son mariage.

Aussi d'autre part ;

M. Edmond Janzé, propriétaire, demeurant à...,

    Concourant ici à cause de la dot qu'il va constituer à Mlle Bernier, future épouse, sa nièce,

Encore d'autre part.

Lesquels ont arrêté de la manière suivante les conditions civiles du mariage projeté entre M. Foulard et Mlle Bernier, et dont la célébration aura lieu prochainement à la mairie de...

ARTICLE 1er. — Régime

Les futurs époux adoptent pour base de leur union le régime de la communauté...

ART. 2. — Apport du futur

M. Foulard futur époux déclare :

Que Mme Charlotte Lebon, son épouse décédée à..., le..., a laissé pour unique héritier le mineur Paul Foulard, son fils.

Qu'après le décès de Mme Foulard un inventaire a été dressé par M^e..., notaire à..., le..., à la requête du déclarant qui a agi : comme ayant été commun en biens aux termes de son contrat de mariage passé devant M^e..., notaire à..., le..., comme donataire de moitié en usufruit, en vertu du même contrat, et en qualité de tuteur de son fils mineur.

Que d'après l'inventaire :

La prisée... *(faire ressortir sommairement l'actif et le passif)* ;

Qu'en vertu de la faculté réservée par son contrat de mariage, il a déclaré, lors de la clôture de l'inventaire, conserver pour son compte personnel le fonds de commerce que les époux exploitaient ;

Que les biens qu'il possède aujourd'hui comprennent :

1° Les meubles et objets mobiliers décrits dans l'inventaire après le décès de son épouse, estimés à 6000 fr. . . . .   6.000 fr. »

2° Le fonds de commerce de... qu'il exploite à..., rue..., ensemble les ustensiles... évalué à 18000 fr. . . . .   18.000   »

3° Ses immeubles personnels, consistant en... évalués à 30000 fr. . . . .   30.000   »

4° Sa moitié dans les immeubles de communauté, comprenant..., évalué à 15000 fr. . . . . .   15.000   »

5° Son droit d'usufruit sur les biens composant la succession de Mme..., sa défunte épouse, évalué à 10000 fr. . . . .   10.000   »

Ensemble, soixante-dix-neuf mille francs, ci. .   79.000 fr. »
Le tout grevé des droits de l'enfant mineur du déclarant, dont l'importance sera établie par les comptes à intervenir entre eux mais évaluée pour l'enregistrement à 9000 fr.   . . . . .   9.000 fr. »

Il reste donc net soixante-dix mille francs, ci. .   70.000 fr. »
Duquel apport, libre de tout passif autre que celui déclaré plus haut, le futur époux a donné connaissance à la future qui le reconnaît.

ART. 3. — *Apport de la future épouse...*

ART. 4. — *Donation de biens présents et à venir*

En considération du mariage, M. Janzé fait donation entre vifs, expressément par préciput, à Mlle Bernier, future épouse, sa nièce, qui accepte :

De tous les biens meubles et immeubles qui lui appartiennent actuellement et de ceux qui pourront lui appartenir à l'avenir, sans aucune exception.

La future épouse disposera des biens donnés à partir du décès du donateur.

Les biens présents de M. Janzé consistent en :

1° ... (*Désigner les meubles et immeubles comme dans une donation ordinaire*).

Ses dettes se composent de :

1° ... (*Détailler dans le contrat ou dans un état annexé*).

Il sera loisible à la donataire de renoncer aux biens à venir pour s'en tenir aux biens présents, afin de n'être tenue que des dettes actuelles, qu'elle paiera aux créanciers, ou aux héritiers du donateur, si celui-ci les acquitte.

En cas de prédécés de la donataire, ses descendants à naître du mariage projeté bénéficieront de la libéralité, avec la faculté de s'en tenir aux biens présents (470, 474, 477).

S'il y a renonciation aux biens à venir, la donation se transformera en donation de biens présents ; à cet effet, pour être opposable aux tiers, elle sera trancrite au bureau des hypothèques de... (*Bureau de la situation des immeubles désignés*).

ART. 5. — *Donation mutuelle*

Les futurs époux se font donation réciproque au profit du survivant d'eux, ce qui est accepté respectivement, de l'usufruit à partir du décès du prémourant, de tous les biens meubles et immeubles qui composeront la succession du prédécédé.

S'il existe des enfants du mariage, cette donation sera réduite à moitié en usufruit de tous biens.

En cas d'existence au décès du futur époux, de l'enfant issu de son premier mariage, la présente donation comprendra pour la future épouse survivante, la pleine propriété d'une part d'enfant légitime le moins prenant, si mieux n'aiment les héritiers du futur donateur laisser jouir la future épouse, pendant sa vie, de la moitié de tous les biens du futur époux (499).

Dans tous les cas, le survivant pourra toucher tous capitaux et autres valeurs mobilières soumises à son usufruit, hors la présence des nu propriétaires et sans aucune obligation d'emploi ou de remploi, mais à la charge : 1o De faire dresser un inventaire régulier ; 2o De convertir au nominatif toutes les valeurs soumises à sa jouissance ; 3o Et d'avancer, avec les deniers de la succession, tous droits de mutation à la charge des héritiers pour la nue propriété, sauf compte sans intérêts à la fin de l'usufruit (502).

Telles sont les conventions des parties.

9. — Futur fils d'un interdit doté par ses père et mère ; future mineure assistée du délégué de son conseil de famille

Par devant Me..., notaire à...,

Ont comparu :

M. Arsène-Marcel Galtier, propriétaire, demeurant à...,

Majeur, étant né à..., le..., du mariage de M. Eugène Galtier avec Mme Marie Mouly,

Contractant en son nom personnel,

D'une part ;

Mlle Louise-Pauline Tabard, sans profession, demeurant à...,

Mineure, étant née à..., le..., du mariage de M. Paul Tabard avec Mme Louise-Félicie Arnal, tous deux décédés,

Agissant avec l'assistance du délégué de son conseil de famille, à défaut d'ascendant.

D'autre part ;

Mme Marie Mouly, propriétaire, demeurant à..., épouse de M. Eugène Galtier,

Stipulant ici en son nom personnel et en celui de son mari, à raison de la dot qu'ils vont constituer au futur époux, leur fils,

Aussi d'une part ;

M. Charles Rudelle, propriétaire, demeurant à...,

Sistant pour autoriser la future épouse mineure ; délégué à cet effet par son conseil de famille, suivant délibération relatant les conventions matrimoniales ci-après, prise sous la présidence de M. le Juge de paix du canton de..., ainsi qu'il résulte du procès-verbal que ce magistrat en a dressé, assisté de son greffier, le..., dont une expédition est demeurée ci-jointe, après avoir été revêtu d'une mention d'annexe par les notaires soussignés,

Aussi d'autre part.

Lesquels, dans la vue du mariage projeté entre M. Galtier et Mlle Tabard, en ont arrêté les conditions civiles de la manière suivante :

ARTICLE 1er — *Régime*

Les futurs époux ont déclaré adopter pour base de leur union le régime de la communauté.

ART. 2. — *Apport du futur époux*

M. Galtier possède et apporte en mariage :

1o Les vêtements, linges et bijoux à son usage personnel, évalués à...

2o Une assurance sur la vie d'une somme de..., payable lors de son décès, à ses héritiers et ayants droit, contractée avec la compagnie..., ayant son siège à..., rue..., moyennant une prime annuelle de..., payable le...

Cette assurance est évaluée à..., d'après sa valeur de rachat à ce jour, mais l'estimation ne transmettra pas la propriété à la communauté, le futur époux entendant se réserver propre le bénéfice de l'assurance, sauf récompense du montant des primes qui seraient acquittées avec des deniers communs.

3o Le quart du navire *Le Dauphin*, trois mâts à voiles, attaché au port de...

Cette part évaluée à...

4º La somme de.... valeur d'ouvrages publiés par le futur époux ou en cours de publication.

A cet égard il est convenu : a. que la communauté profitera des bénéfices de toutes les publications qui seront faites pendant sa durée par le futur époux ; b. qu'à la dissolution de cette communauté le futur époux ou ses ayants droit reprendront, comme biens propres, le profit éventuel de nouvelles éditions à faire des ouvrages publiés, les ouvrages en cours de publication et les manuscrits non publiés, à la charge d'indemniser la communauté de tous les frais faits pour les ouvrages et manuscrits ainsi réservés.

ART. 3. — Constitution de dot au futur

En considération du mariage, Mme Galtier, tant pour elle que pour son mari, donne et constitue en dot à M. Galtier, futur époux, leur fils, qui accepte :

Une rente de 6.000 fr. par année, pendant la vie des donateurs, et que ceux-ci seront tenus solidairement de payer par semestre, à compter du jour du mariage, au domicile des futurs époux (443, 581).

Il est expressément convenu :

Que les donateurs ne pourront se libérer du service de la rente constituée, par un versement de capital, sans le consentement du futur époux ;

Que cette rente ne donnera lieu à aucun rapport aux successions des donateurs ;

Qu'en cas de prédécès du futur, la rente sera servie aux enfants du donataire ;

Qu'au décés du prémourant des donateurs, cette rente s'éteindra pour la portion correspondant à l'intérêt de 4 % de l'émolument du futur dans la succession du donateur décédé, et elle sera complètement éteinte si le futur recueille la toute propriété d'une somme de... (capital au denier 25 de la rente). Mais il est bien entendu que la rente devra être servie jusqu'au moment où le futur se trouvera en possession réelle de ses droits héréditaires par la consommation définitive du partage.

Cette constitution de dot est faite par Mme Galtier en son nom personnel, et au nom de son mari, en vertu : 1º D'une délibération du conseil de famille de M. Galtier, interdit, tenue sous la présidence de M. le Juge de paix de..., le.. ; 2° et d'un jugement d'homologation rendu par le tribunal civil de..., le...(384, 385).

Des expéditions de ces délibération et jugement sont demeurées annexées aux présentes, après mention.

Art. 4. — Apport de la future épouse

La future épouse apporte en mariage :

1° Les linges, vêtements, dentelles, bijoux, diamants et autres objets à son usage personnel, évalués à..., pour l'enregistrement, la reprise devant en être faite en nature ;

2° La somme à laquelle s'élèvera le compte qui lui sera rendu par M..., de la gestion et administration qu'il a eues de ses biens en qualité de tuteur datif depuis le...

Ce reliquat de compte est évalué pour l'enregistrement à...

3° Une ferme située à..., nommée..., contenant..., louée à M... pour un fermage annuel de..., payable le...

Cette ferme appartient à la future épouse en vertu d'un partage reçu par Mᵉ..., notaire à..., le...

Elle est évaluée à...

Duquel apport, libre de toute dette, il a été justifié au futur époux qui le reconnaît et consent à en demeurer chargé par le seul fait de la célébration civile du mariage.

Art. 5. — Donation entre époux

Les futurs époux se font donation mutuelle au profit du survivant d'eux, ce qui est accepté respectivement, de l'usufruit, à partir du décès du prémourant, de tous les biens meubles et immeubles qui composeront la succession du prédécédé.

Au cas où les enfants issus du mariage refuseraient d'exécuter intégralement cette donation, elle serait réduite à la quotité disponible en usufruit (501).

Le survivant sera tenu : 1° de faire dresser un inventaire authentique et un état des immeubles ; 2° de convertir au nominatif toutes les valeurs mobilières ; 3° et d'avancer, avec les deniers de la succession, tous droits de mutation à la charge des héritiers pour la nue propriété, sauf compte sans intérêts à la fin de l'usufruit.

D'autre part, le donataire pourra toucher seul, hors la présence des nu propriétaires, tous capitaux exigibles, et le montant des titres, actions et obligations, sortis à des tirages.

Il ne sera tenu, à l'égard des tiers, à aucune obligation d'emploi ni de remploi.

Nonobstant la donation qui précède, le prémourant pourra disposer, au profit de qui bon lui semblera, de la somme de...

A défaut de disposition à ce sujet, la somme en question restera confondue dans la donation ci-dessus.

Il est d'ailleurs convenu que les droits du survivant ne pourront porter, à quelque titre que ce soit, sur les habits, linges et bijoux à l'usage du prémourant ; ces objets seront remis aux héritiers qui tiendront compte de la valeur d'après la prisée de l'inventaire.

10. — Futurs enfants naturels mineurs ; l'un assisté de sa mère ; l'autre d'un tuteur AD HOC ; communauté attribuée au survivant ; institution contractuelle ; donation universelle entre époux.

Par devant M⁰..., notaire à...

Ont comparu :

M. Alfred Loré, artiste peintre...,

Mineur, étant né à..., le..., fils de Mme Louise Loré, ainsi qu'il résulte de son acte de naissance et d'un acte reçu par M⁰..., notaire à..., le..., (5).

Contractant sous l'autorisation de sa mère,

D'une part ;

Mlle Marceline Eugénie Hétier, sans profession, demeurant à...,

Née à..., le..., fille de M. Charles Hétier, décédé.

Agissant avec l'autorisation de son tuteur *ad hoc*.

D'autre part ;

Mme Louise Loré, rentière, demeurant à...,

Concourant tant pour assister son fils, futur époux, mineur, qu'à cause de la donation qu'elle va lui faire,

Aussi d'une part ;

M. Louis Loré, propriétaire, et Mme Marie-Eugénie Duroc, son
épouse, qu'il autorise, demeurant à...,

Stipulant à cause de l'institution contractuelle qu'ils
vont faire en faveur du futur époux.

Encore d'une part :

M. Jacques-François Gambier...,

Figurant en qualité de tuteur *ad hoc* de Mlle Hétier,
future épouse, à l'effet de l'habiliter au présent contrat,
en vertu d'une délibération de famille présidée par M. le
Juge de paix du canton de..., assisté de son greffier, le...;
de laquelle délibération une expédition est demeurée an
nexée aux présentes après mention (27),

Aussi d'autre part,

Lesquels, dans la vue du mariage, proposé et agréé entre M.
Loré et Mlle Hétier, et dont la célébration doit avoir lieu inces-
samment à..., ont arrêté les conditions civiles de cette union de
la manière suivante :

ARTICLE 1er. — *Régime*

Les futurs époux ont déclaré se soumettre au régime de la
communauté avec exclusion des dettes et réserve des propres,
conformément à l'article 1498 du Code civil.

Il est expressément convenu que tous les biens meubles et
immeubles qui composeront la communauté, stipulée par le
présent contrat, appartiendront en toute propriété au survivant
des époux, dans le cas seulement où il n'existerait pas d'enfants
du mariage.

En conséquence, l'époux survivant, en profitant du bénéfice
de cette stipulation, sera tenu d'acquitter toutes les dettes communes, et les représentants du premier mourant, après la reprise
des biens entrés dans la communauté du chef de ce dernier,
n'auront aucun droit sur les autres biens qui en dépendront.

S'il existe des enfants du mariage, le survivant aura, outre sa
moitié en pleine propriété de la communauté, l'usufruit de
l'autre moitié revenant aux héritiers du prédécédé.

Cet usufruit sera soumis aux conditions indiquées plus loin
sous l'article six.

Art. 2. — *Apport du futur époux...*

Art. 3. — *Institution contractuelle au futur époux*

En considération du mariage, M. et Mme Louis Loré instituent le futur époux, seul héritier de tous les biens meubles et immeubles qui composeront leurs successions.

Néanmoins, cette institution ne préjudiciera pas aux avantages que M. et Mme Louis Loré pourront se faire l'un à l'autre, en usufruit, et ils se réservent expressément de disposer gratuitement, au profit de qui bon leur semblera, chacun d'une somme de mille francs (454, 460, 461).

Art. 4. — *Donation au futur époux...*

Art. 5. — *Apport de la future épouse...*

Art. 6. — *Donation mutuelle entre époux*

Les futurs époux se font réciproquement donation au profit du survivant d'eux, ce qui est accepté respectivement, de tous les biens meubles et immeubles qui composeront la succession du prémourant, à titre de propres.

Le survivant disposera de ces biens comme bon lui semblera en toute propriété, à partir du décès de son conjoint (489).

En cas d'existence d'enfants, cette donation sera réduite à moitié en usufruit de tous biens, y compris les rapports (*ou* sera réduite à la quotité disponible la plus étendue en propriété et en usufruit, y compris les rapports).

Le survivant, en cas d'usufruit, sera dispensé de caution, mais il devra faire dresser inventaire et fournir emploi de tous les biens mobiliers soumis à son usufruit, en rentes sur l'Etat, actions de la Banque de France, actions et obligations des grandes Compagnies des chemins de fer français ou autres valeurs nominatives garanties par l'Etat.

L'usufruitier pourra toucher tous capitaux et aliéner tous biens meubles, même ceux acquis en remploi, sur sa simple signature et sans le concours des nu propriétaires, mais à la charge du remploi ci-dessus exprimé.

Lés emplois et remplois ne seront valables qu'autant que les titres feront mention de l'origine des deniers, des noms des nu propriétaires et de la faculté d'aliéner à charge de remploi.

Tous tiers, débiteurs ou acquéreurs, seront responsables de l'accomplissement des emplois ou remplois ; mais, une fois effectués, les tiers n'auront à répondre ni de leur utilité, ni de leurs suites (503).

Telles sont les conventions des parties.

11. — Communauté avec mises

Par devant Me..., notaire à...

    Ont comparu :

M. Louis-Victor Million...

Et Mlle Aimée-Marie Chapelle...

Lesquels ont arrêté de la manière suivante les conditions civiles de l'union projetée entr'eux.

ART. 1. — *Régime*

Il y aura communauté de biens entre les futurs époux, conformément aux dispositions du Code civil, sauf les modifications ci-après exprimées.

ART. 2. — *Apport du futur*

M. Million, futur époux, possède et apporte en mariage :

1o Les vêtements, linges et bijoux à son usage personnel, évalués à 600 fr. pour l'enregistrement seulement ;

2o Une assurance mixte de 10000 fr., sur sa tête, payable à lui même le 4 juin 1912, ou à ses héritiers et aussitôt son décès, s'il vient à mourir avant l'époque fixée, contractée avec la compagnie *La Draineuse* dont le siège est à Paris, rue Richelieu no 168, moyennant une prime annuelle de 420 fr., payable le 4 juin de chaque année.

Cette assurance est estimée à 2.320 fr. formant sa valeur de rachat.

Il est convenu que l'estimation donnée à l'assurance en transmettra la propriété à la communauté ; en conséquence la reprise à exercer pour cet objet par le futur époux ou ses représentants est irrévocablement fixée à 2.320 fr., quelque soit le sort ultérieur de cette assurance.

3° La somme de 12.600 fr., à laquelle s'élèvent, d'après estimation à forfait et déduction faite de tout passif, les droits du futur époux dans la Société en nom collectif formée entre lui et M. Paul Lavy, pour le commerce de mercerie, suivant acte sous signatures privées du..., enregistré à..., le... folio..., case..., au droit de..., et publié.

L'estimation ci-dessus de 12.600 fr. forme la reprise que le futur aura à exercer contre la communauté, laquelle est substituée aux droits de M. Million, futur époux, dans la Société avec M. Lavy (356).

Le futur époux déclare que son apport est libre de tout passif; il en a donné connaissance à la future épouse qui le reconnaît.

ART. 3. — Apport de la future

Mlle Chapelle, future épouse, fait apport en mariage :

1° De vêtements, linges et bijoux à son usage particulier, évalués à 1.000 fr.;

2° D'un piano Erard, d'une montre or avec chaîne de cou, une paire de boucles d'oreilles or avec perle, le tout estimé à 1.000 fr.;

3° De ses droits non liquidés dans la succession de M. Jacques Chapelle, son père, décédé à..., le..., dont elle est héritière pour un tiers, et dans la communauté ayant existé entre M. et Mme Jacques Chapelle; le tout est constaté dans un inventaire dressé par M^e..., notaire à..., le...;

Les biens et valeurs de ces communauté et succession sont restés en la possession de Mme veuve Chapelle, mère de la future.

En attendant le partage définitif des communauté et succession dont il s'agit, Mme veuve Jacques Chapelle, ici intervenante, s'engage à prélever sur les revenus indivis une somme annuelle de 2.000 fr., qu'elle versera à la future épouse en quatre termes égaux, à partir de la célébration du mariage (595).

Lors du partage, la future tiendra compte des sommes qu'elle aura reçues, mais sans intérêts.

Il est déclaré par les parties que les droits de la future épouse dans l'indivision énoncée, s'élèvent à 60.000 fr. en capital, donnant un revenu annuel de 2.000 fr. au moins.

La future épouse a donné connaissance de son apport au futur époux qui le reconnaît et consent à en demeurer chargé par le seul fait de la célébration civile du mariage.

ART. 4. — *Mise en communauté*

Des biens des futurs époux, il entrera en communaute, de part et d'autre la somme de 3.000 fr., pour former un fond commun de 6.000 fr. (209).

Le surplus de leurs biens actuels, ceux qui leur ont été constitués en dot et tout ce qui, pendant la durée du mariage, écherra à chacun d'eux, n'importe à quel titre, est exclu de la communauté pour être repris lors de sa dissolution par chacun des époux ou ses représentants.

(ou . Les futurs époux mettent en communauté, savoir : la future, une somme de 3.000 fr. et le futur, une somme de 5.000 fr.

Le surplus de leurs biens actuels...

Nonobstant l'inégalité de leurs mises, les futurs époux auront droit à une part égale dans les biens qui composeront la communauté).

ART. 5. — *Conservation de mobilier*

Le survivant aura la faculté de conserver en nature, pour son compte personnel et en déduction de ses droits, telle partie du mobilier meublant qu'il lui plaira choisir, et même la totalité de ce mobilier, sauf à tenir compte à qui de droit de la valeur des objets d'après l'estimation qui en aura été faite, et à la charge de déclarer son option a cet egard avant la clôture de l'inventaire.

ART. 6. — *Donation mutuelle*

Les futurs époux se font donation mutuelle, au profit du dernier vivant d'eux, ce qu'ils acceptent respectivement, de l'usufruit, pendant la vie du survivant et à compter du décès du prémourant, d'une somme de... à prendre sur les plus claire biens qui composeront la succession du premier décédé (496).

En cas d'existence d'enfants...

12. — Communauté avec réalisation partielle

Par devant Me.... notaire à...

    Ont comparu :

M. Louis-Jules Leblanc...

Et Mlle Rose-Aglaé Lenoir...

Lesquels ont arrêté ainsi qu'il suit les conditions civiles de l'union projetée entr'eux et dont la célébration aura lieu incessament à la mairie de...

Article 1er

Les futurs époux déclarent se soumettre au régime de la communauté établi par le Code civil, sauf les modifications résultant des articles ci-après :

Art. 2

M. Leblanc, futur époux, possède et apporte en mariage...

Art. 3

Mlle Lenoir, future épouse, se constitue personnellement en dot la somme de 6000 fr. qu'elle a prélevée sur ses droits dans la succession de sa mère et le reliquat du compte de tutelle que son père doit lui rendre, sauf rapport sans intérêt, lors du partage à intervenir (595).

    Il est rappelé ici :

Que Mme..., mère de la future, est décédée à..., le..., laissant :

1o Son mari commun en biens et donataire, ainsi qu'il résulte de leur contrat de mariage passé devant Me..., notaire à..., le..., 2o et pour seuls héritiers deux enfants mineurs, la future épouse et M..., son frère, ce qui est constaté par l'intitulé de l'inventaire dressé par Me..., notaire à..., le...

Que les biens dépendant tant de la communauté ayant existé entre M. et Mme..., que de la succession de Mme..., sont restés dans l'indivision et sous l'administration de M..., en son nom et comme tuteur de ses enfants.

Pour l'enregistrement seulement, la future épouse évalue à 6000 fr. ce qui doit lui revenir de la succession de sa mère et comme reliquat de compte de tutelle.

ART. 4

Le futur époux déclare exclure de la communauté tout son mobilier actuel qui lui restera par conséquent propre (202).

ART. 5

Une somme de 2000 fr. à prendre sur les apports de la future épouse sera employée à son profit personnel dans le délai d'un mois, en immeubles ou en meubles qu'elle devra accepter comme propres (206).

ART. 6

A la dissolution de la communauté, pour quelque cause que ce soit, les époux ou leurs représentants, reprendront en nature les vêtements, linges, bijoux et en général tous les objets à leur usage personnel dans l'état, le nombre et la quotité où ils se trouveront alors, sans estimation, comme étant la représentation de ceux apportés en mariage.

ART. 7

A titre de convention de mariage, il est stipulé que l'actif de la communauté appartiendra en totalité au futur époux ou à ses héritiers, à la charge de payer comme forfait à la future épouse ou représentants une somme de..., dans le délai de..., à partir de la dissolution de cette communauté, sans intérêt (238).

Cette convention ne recevra effet que s'il n'existe point d'enfants du mariage.

ART. 8

Les futurs époux font donation au profit du survivant d'eux, ce qu'ils acceptent respectivement, du droit d'habiter pendant sa vie, à partir du décès de son conjoint, la propriété et ses dépendances qu'occuperont les futurs époux, et avec la jouissance du mobilier mort et vif qui s'y trouvera, que le tout ou partie dépende, soit de la communauté ci-dessus établie, soit de la succession du prédécédé.

Le survivant sera tenu de supporter les impôts, réparations et autres charges qui incomberont à la jouissance de cette propriété.

13. — Communauté universelle

Devant M⁰..., notaire, à...

    Ont comparu :

M. Jean-Louis Morieux...

                                     D'une part,

Et Mᵐᵉ Louise Abadie, propriétaire, demeurant à..., veuve, sans enfants, de M. Désiré-Eugène Rousse.

                                     D'autre part,

. Lesquels, en vue du mariage projeté entr'eux, et dont la célé-qration aura lieu à la mairie de..., en ont arrêté les conditions civiles de la manière suivante :

Article 1ᵉʳ — Régime

Les futurs époux adoptent pour base de leur union le régime de la communauté.

Ils mettent en communauté tous leurs biens meubles et immeubles présents et à venir, sans exception (168).

Par suite, la communauté sera tenue de toutes les dettes des époux qui seraient antérieures au mariage ou qui grèveraient es biens par eux recueillis pendant l'union.

Art. 2. — Attribution de la communauté

Tous les biens meubles et immeubles qui composeront la communauté, stipulée par le présent contrat, appartiendront en pleine propriété au survivant, sans que les héritiers ou représentants du prédécédé puissent y prétendre aucun droit.

En conséquence, l'époux survivant, en profitant du bénéfice de cette stipulation, sera tenu d'acquiter toutes les dettes de communauté (239).

Art. 3. — Apport des futurs

En raison du régime adopté, les futurs époux ont déclaré ne pas avoir de biens actuels à constater.

Art. 4 — Donation

Les futurs époux font donation au profit du survivant d'eux, ce qui est accepté respectivement, de la pleine propriété de tous les biens meubles et immeubles qui composeront la succession du prémourant, à titre de propres (498).

    Dont acte...

14. — Attributions particulières de la communauté

I. A titre de convention de mariage, les parties stipulent que l'actif de la communauté appartiendra en entier au futur époux, mais seulement en cas de survie et s'il n'existe pas d'enfants du mariage (239).

II. Par dérogation au partage égal de la communauté, il est stipulé à titre de convention de mariage, que, outre sa moitié en propriété, le survivant des époux jouira en usufruit, pendant sa vie, de la moitié revenant à l'époux prédécédé dans tous les biens meubles et immeubles qui composeront la communauté, qu'il y ait ou non des enfants issus du mariage.

Pour jouir de cet usufruit, le survivant est dispensé de caution et d'emploi, mais il devra faire dresser inventaire authentique.

En profitant du bénéfice de cette stipulation, l'époux survivant sera tenu, comme usufruitier, des dettes qui pourraient grever la moitié de l'époux prédécédé dans la communauté.

III. A défaut d'existence d'enfants issus du mariage, les biens de la communauté appartiendront pour trois quarts à l'époux survivant, et, pour le dernier quart, aux héritiers de l'époux prédécédé (235).

Les dettes de la communauté seront supportées dans la même proportion.

IV. Dans le cas où il n'existerait pas d'enfants issus du mariage, les héritiers de l'époux prédécédé n'auront à prétendre, pour tous droits dans la communauté, qu'à une somme de... francs stipulée à forfait dès à présent.

En conséquence, le survivant sera propriétaire de tous les biens meubles et immeubles qui composeront la communauté, à la charge d'acquitter seul toutes les dettes de cette communauté.

Le forfait de... francs devra être payé dans le délai de..., à partir de la dissolution de la communauté, sans intérêt.

15. — Préciput

I. Lors de la dissolution du mariage, le survivant des époux prélèvera, à titre de préciput et avant partage de la communauté, tels objets et effets mobiliers en dépendant qu'il lui plaira choisir:

jusqu'à concurrence d'une somme de..., d'après la prisée de l'inventaire qui sera fait alors, ou cette somme en deniers comptants ; le tout à son choix. Dans le cas où les effets mobiliers n'auraient pas une valeur de..., le survivant ne pourrait prendre le complément de préciput sur les deniers ou autres valeurs : les parties voulant que le préciput ne puisse être exercé que sur les objets matériels susceptibles d'être prisés dans l'inventaire.

II. Le survivant des époux prendra par préciput, en nature, tout le mobilier qui existera dans les maisons de ville et de campagne des époux, quelle qu'en soit l'importance. et sans avoir à tenir aucun compte de la prisée, s'il y avait nécessité d'en faire une (227).

Cependant, le prémourant pourra disposer, au profit de qui bon lui semblera, d'objets mobiliers matériels, à concurrence d'une comme de...

La future épouse, si elle survit, aura droit à ce préciput quoiqu'elle renonce à la communauté.

Le mobilier, objet du préciput, ne comprendra pas l'argent comptant, les créances, rentes, actions, obligations et valeurs industrielles.

III. Le survivant des futurs époux prélèvera, à titre de préciput, avant tout partage de la communauté, les habits. linges et bijoux à son usage personnel, plus un lit complet, une armoire, douze draps, etc. ; le tout à son choix.

IV. La future épouse survivante, prélèvera, à titre de préciput tout le mobilier de sa chambre à coucher.

En cas de dissolution de la communauté, pour quelque cause que ce soit, la future épouse aura droit, dès ce moment, et sans être assujettie à aucune restitution, au préciput ci-dessus stipulé, même si elle renonce à la communauté (230).

16. — Ameublissement

I. Les futurs époux déclarent faire entrer en communauté et en conséquence ameublir, savoir :

Le futur époux, une pièce de terre en labour sise à..., nommée..., contenant...

Et la future épouse, une maison sise à..., rue..., n°... (165).

II. Melle..., future épouse déclare mettre en communauté et par suite ameublir une pièce de terre sise à..., nommée...

Cet ameublissement est limité à une somme de... à prélever sur la valeur de l'immeuble dont il s'agit (167).

III. M..., futur époux déclare faire entrer en communauté et en conséquence ameublir tous ses immeubles présents, mais seulement à concurrence d'une somme de...

17. — Reprise d'apports par la femme et ses héritiers

La future épouse, ses héritiers ou ayants cause, en renonçant à la communauté, reprendront l'apport en mariage de la future, les biens qui lui ont été constitués en dot et tous ceux qui lui seront advenus pendant le mariage, tant en meubles qu'en immeubles, par succession, donation, legs ou autrement ; le tout en exemption des dettes de la communauté, mais sans nuire aux droits des tiers (220).

Si la future épouse se trouvait tenue envers les créanciers par suite d'engagements qu'elle aurait contractés ou de condamnations prononcées contre elle, le futur ou ses héritiers seraient tenus de l'en garantir et indemniser elle-même ou ses représentants.

18. — Communauté à titre universel

I. — *Biens présents*

Les futurs époux mettent en communauté la totalité des biens qu'ils possèdent actuellement (168).

Quant aux biens meubles et immeubles qui pourront leur advenir pendant la durée de la communauté, par succession, donation, legs ou à tout autre titre personnel, ils sont réservés propres à chacun d'eux.

Par suite, la communauté ne sera tenue que des dettes à la charge des biens présents des futurs.

Les dettes, dont pourront être grevés les biens à venir de chacun des époux, seront acquittées par celui du chef duquel elles proviendront.

II. — *Biens à venir*

Les futurs époux mettent en communauté tous les biens meubles et immeubles qui pouront leur advenir pendant la commu nauté par succession, donation, legs ou autrement (168).

Mais ils réservent propre à chacun d'eux la totalité des biens meubles et immeubles qu'ils possèdent actuellement.

En conséquence, la communauté acquittera les dettes dont pourront être grevés les biens à venir des futurs époux.

Quant aux dettes à la charge de leurs biens présents, chacun des futurs du chef duquel elles proviennent sera tenu de les acquitter seul.

19. — Remploi facultatif

Le remploi des biens propres à chacun des époux, qui seraient aliénés ou remboursés pendant le mariage, se fera conformément aux dispositions du Code civil, sans que les tiers aient à s'en inquiéter.

A défaut de remploi, les reprises s'exerceront contre la communauté, dans les termes du droit commun, et même, en ce qui concerne la future épouse ou ses représentants, sur les biens du futur, s'il y lieu (246).

20. — Encaissement des capitaux

Tous les capitaux de la future épouse et les prix d'aliénation de ses biens meubles et immeubles ne pourront être touchés qu'avec son concours, et les tiers ne seront libérés que sur quittance donnée conjointement par le mari et la femme (245).

D'ailleurs celle-ci pourra exiger, au moment de la réception, tous emplois ou remplois qu'elle jugera à propos pour s'en assurer la restitution, ou consentir au retirement pur et simple des sommes versées.

21. — Remploi obligatoire pour le mari seul

En cas de vente, licitation, partage et échange d'immeubles personnels à la femme, le mari sera tenu de faire emploi des prix et soultes, soit en acquisition d'immeubles, soit en rentes sur l'Etat, obligations des chemins de fer dont les intérêts sont garantis par l'Etat. ou actions de la Banque de France, soit en placements hypothécaires ou privilégiés sur des tiers, soit encore en immeubles dépendant de la communauté ou propres du mari.

Ces emplois devront être acceptés par la future épouse et les titres inscrits à son nom.

En cas de revente des biens ou de remboursement des valeurs formant remploi, le mari sera tenu de faire un nouvel emploi au profit de la future.

L'obligation d'emploi est exclusivement imposée au mari ; elle ne concernera pas les tiers acquéreurs ou débiteurs. Ceux-ci n'auront ni à suivre ni à surveiller les emplois et n'encourront aucune responsabilité à défaut d'emploi. A leur égard les biens de la femme seront toujours de libre disposition (246).

22. — Remploi obligatoire pour les tiers

Malgré l'adoption du régime de la communauté, il est convenu que la propriété de..., appartenant à la future épouse ne pourra être vendue ni échangée, en totalité ou en partie, qu'à la condition de faire remploi des prix ou soultes au profit de la future épouse et avec son acceptation, en acquisition d'immeubles fonciers productifs et non industriels sis en France, ou en rentes sur l'État dont les titres devront faire mention de l'obligation successive de remploi.

Les tiers acquéreurs et débiteurs seront tenus de veiller, sous leur responsabilité, à la réalisation régulière des remplois, mais à l'égard des immeubles ils ne seront pas garants de la suffisance en valeur (247).

Cette convention de remploi n'empêchera pas à la future épouse de contracter tous engagements exécutoires sur la propriété dont il s'agit, et même de l'hypothéquer, comme tous autres immeubles.

23. — Faculté de doter les enfants du premier lit.

La future épouse se réserve de pouvoir disposer à titre gratuit, quand bon lui semblera, pour l'établissement de chacun des enfants issus de son premier mariage, d'une somme de... en pleine propriété, à prendre sur ses biens personnels, sans avoir besoin de l'autorisation maritale (383).

24. — Reprise des effets personnels et du mobilier garnissant les habitations propres.

Lors de la dissolution de leur communauté, pour quelque cause qu'elle arrive, les époux pourront reprendre en nature comme étant la représentation de ceux par eux apportés en mariage, et avant tout partage de la communauté, savoir :

1° Le futur époux : ses objets mobiliers, linges, vêtements, bijoux, ses armes, chevaux et équipages de chasse ; ses diamants et portraits de famille ;

2° Et la future épouse : ses habillements, linges, effets, dentelles, fourrures, bijoux, parures, diamants et autres objets personnels. Elle exercera ce prélèvement même en renonçant à la communauté.

De plus, chacun des époux pourra reprendre en nature comme lui appartenant en propre, le mobilier de toute espèce garnissant les châteaux, hôtels et habitations avec toutes leurs dépendances qui lui appartiendront personnellement, à quelque titre que ce soit lors de la dissolution de la communauté.

De ce mobilier seront toutefois exceptés l'argent comptant et les rentes, titres et valeurs dépendant de la communauté ou appartenant à l'autre époux ; de même que les objets mobiliers sur lesquels ce dernier pourrait établir son droit de propriété, et spécialement ses tableaux, portraits de famille, argenterie, diamants, bijoux et objets d'art.

Ces reprises se feront sans inventaire, ni estimation, mais, comme conséquence, les époux ne pourront exercer sur la communauté aucune reprise en deniers du chef du mobilier repris en nature en vertu de la présente clause.

Les héritiers et représentants de chacun des futurs époux auront les mêmes droits que ceux-ci, et bénéficieront comme eux des stipulations qui précèdent. (227, 232, 357).

25. — Annexes de propres

Chacun des époux aura la faculté de conserver pour son compte personnel, lors de la dissolution du mariage, les immeubles de toute nature acquis par voie de vente ou d'échange pendant la communauté d'acquêts, et qui pourront former des annexes attenant aux immeubles propres. Pour user du bénéfice de cette clause, les époux devront tenir compte à la communauté d'acquêts, de toutes les sommes qu'elle aura déboursées en principal et frais à cet égard. L'option sera déclarée par les intéressés, à peine de déchéance, dans les trois mois qui suivront le décès du prémourant (233).

26. — Délai en faveur du survivant

Le survivant des époux aura un délai de deux ans, à compter du décès de son conjoint, pour payer aux héritiers et représentants de ce dernier les sommes dont il pourrait être comptable envers eux en pleine propriété, à la charge d'en servir l'intérêt au taux de quatre pour cent, acquittable par semestre (484).

Ce délai cesserait de plein droit en cas de décès ou de convol du survivant, et les sommes dues deviendraient immédiatement alors exigibles.

27. — Séparation de biens simple ; mobilier à la femme ; donation.

Par devant Me..., notaire à...,
  Ont comparu :
1º M. Paul-Eugène Dufresne, employé, demeurant à...,
  Majeur, étant né à..., le..., du mariage de M. Jacques Dufresne, avec Mme Louise Lechat.

D'une part ;

2º Mlle Marie-Eugénie Lepont, rentière, demeurant à...,
  Majeure, étant née à..., le..., du mariage de M. Joseph Lepont, avec Mme Pauline Duval, tous deux décédés.

D'autre part ;

Lesquels, en vue du mariage projeté entr'eux, et dont la célébration doit avoir lieu prochainement à la mairie de..., en ont arrêté les conditions civiles de la manière suivante :

ARTICLE 1er. — Régime

Les futurs époux adoptent le régime de la séparation de biens.

Par suite, ils ne seront pas tenus des dettes l'un de l'autre créées avant ou pendant le mariage.

La future épouse aura l'entière administration de ses biens meubles et immeubles et la jouissance libre de ses revenus ; elle disposera de ses biens mobiliers et les aliénera, à titre onéreux, de la manière la plus absolue. En conséquence, elle pourra, sans autorisation maritale, toucher toutes sommes qui lui sont ou seront dues, faire tous transferts, transports, cessions et délégations ; convertir au porteur toutes valeurs nominatives ; passer ou résilier tous baux ; donner quittances et décharges, consentir avec ou sans paiement, tous désistements de privilège, hypothèque, action résolutoire et autres, ainsi que toutes main-levées et radiations ; faire tous placements, acquérir tous immeubles au comptant (262 à 267).

ART. 2. — *Charges du mariage*

Les futurs époux contribueront aux charges du mariage chacun pour moitié, sans être assujettis à aucun compte, ni à retirer quittance l'un de l'autre ; chacun devant être toujours réputé avoir fourni sa part jour par jour (276).

ART. 3. — *Apport du futur*

M. Dufresne ne possède que les linges, vêtements et effets à son usage.

ART. 4. — *Apport de la future*

Mlle Lepont déclare posséder et apporter en mariage :

1º Les linges, vêtements et bijoux à son usage personnel ;

2º Divers linges et meubles meublants, détaillés dans un état dressé par les parties sur une feuille de papier au timbre de 60 cent. et demeuré ci annexé sous leur contre-seing.

3º Une maison avec jardin située à... :

4º Dix obligations au porteur de la Ville de Paris, emprunt de 1875, nᵒˢ...

ART. 5. — *Propriété du mobilier*

Tous les objets à l'usage personnel de l'un ou de l'autre des époux, tels qu'ils existeront au jour de la dissolution du mariage, seront, de plein droit, réputés appartenir à chacun d'eux, comme étant la représentation des objets de semblable nature qu'ils possèdent maintenant.

Les meubles meublants, ustensiles de ménage et autres objets mobiliers qui garniront les lieux occupés en commun par les époux, seront, de plein droit, réputés appartenir à l'épouse qui possède seule actuellement des objets de cette nature.

Il en sera de même pour l'argent comptant et les valeurs au porteur.

De sorte que le mari ou ses héritiers ne pourront réclamer, parmi les effets mobiliers, titres et deniers, que ceux qu'ils justifieront leur appartenir par piéces et titres réguliers (268, 270).

Art. 6. — Location

Les lieux qu'habiteront les futurs époux seront toujours présumés loués à la femme, à moins de preuve contraire autre que les quittances de loyers qui devront en tout cas être données à son nom.

Art. 7. — Responsabilité du mari

La future épouse sera garantie et indemnisée par le futur époux, de toutes les dettes qu'elle aura pu contracter avec lui pendant le mariage.

Le futur époux ne sera responsable d'aucune somme payée à la future épouse hors sa présence, ni des sommes ou valeurs appartenant à la future ou qu'elle recueillerait pendant le mariage à titre personnel.

Mais, si le futur époux donne son concours pour l'encaissement du prix d'aliénation d'immeubles ou le remboursement de capitaux, il ne sera déchargé que par le remploi à faire des sommes payées en sa présence (271).

Art. 8. — Donation

En considération du mariage, la future épouse fait donation au futur qui accepte, d'une somme de 2.000 fr., payable au futur époux ou à ses héritiers dans l'année du décés de la future épouse, sans intérêts (494, 009).

Le futur époux sera propriétaire à compter de ce jour, et sans aucune condition de survie, de la somme de 2.000 fr. donnée.

Évaluation

Pour la perception des droits d'enregistrement, les parties évaluent les apports du futur à..., et ceux de la future à...

Dont acte...

28. — Séparation de biens ; femme commerçante

Par devant M⁰..., notaire à...,

  Ont comparu :

M. Louis-Maurice Larose, commis des contributions directes, demeurant à...

Majeur, étant né à..., le...;

Mlle Marie-Josèphe Pichot, marchande de bonneterie, demeurant à...,

Majeure, née à le...

Lesquels, en vue du mariage projeté entr'eux, en ont arrêté les conditions civiles de la manière suivante :

ARTICLE 1er. — Régime

Il y aura séparation de biens entre les futurs époux, conformément aux dispositions du Code civil (261).

En conséquence, chacun d'eux conservera la propriété des biens meubles et immeubles qui lui appartiennent, et de ceux qui pourront lui advenir par la suite, à quelque titre que ce soit.

Les dettes contractées avant ou pendant le mariage seront acquittées par celui qui les aura créées, ou du chef duquel elles proviendront, sans que l'autre époux puisse être recherché à ce sujet.

La future aura l'entière administration de ses biens meubles et immeubles, avec le droit de disposer de son mobilier et de l'aliéner comme bon lui semblera.

Elle pourra, sur sa simple signature, sans le concours de son mari, recevoir tous remboursements et généralement toutes sommes qui peuvent ou pourront lui être dues ; faire tous transports, consentir toutes subrogations avec ou sans garantie ; vendre toutes rentes sur l'Etat, actions de la Banque, obligations et autres valeurs mobilières nominatives ; passer, renouveler et résilier tous baux ; donner toutes quittances et décharges ; consentir, avec ou sans paiement, tous désistements, main-levées et radiations ; en tout état de cause, traiter, transiger, compromettre sur tous droits mobiliers.

ART. 2. — *Commerce de la future*

Le futur époux autorise la future à exploiter seule le commerce qu'elle exerce actuellement, ou tout autre qu'elle pourrait acquérir plus tard avec l'autorisation maritale ; par suite, acheter et vendre toutes marchandises, passer tous devis et marchés, souscrire tous billets, effets de commerce et autres engagements, signer tous endos, se faire ouvrir tous comptes courants dans tous établissements et maisons de banque ; faire tous protêts et dénonciations ; comparaître à toutes assemblées de créanciers, prendre part à toutes délibérations, produire tous titres et pièces, affirmer la sincérité de toutes créances, signer tous concordats et atermoiments ; citer et comparaître devant tous tribunaux, obtenir tous jugements et arrêts, les faire exécuter ou s'en désister ; arrêter tous traités, associations et autres actes permis par la loi et les usages à la femme commerçante (43, 261, 279).

ART. 3. — *Mise en commun*

Les futurs époux mettent en commun tous les meubles meublants et objets mobiliers de cette nature, qu'ils pourront acheter ensemble ou séparément pendant le mariage, exception faite des marchandises de commerce et des rentes, créances, actions ou valeurs semblables (277).

Les objets mobiliers qui adviendront à titre personnel à l'un ou à l'autre des époux sont exceptés de cette stipulation, à la condition d'être constatés et détaillés dans un inventaire ou acte en forme.

S'il n'existe pas d'enfants du mariage, le survivant des époux, quel qu'il soit sera propriétaire exclusif de tous ces objets, sans avoir aucune somme à compter à ce sujet aux héritiers de l'époux prédécédé. En cas d'existence d'enfants, les biens qui composeront la société seront partagés par moitié entre l'époux survivant et les héritiers du prémourant.

Art. 4. — *Apport du futur époux*

Les biens que M. Larose déclare posséder consistent dans :
1º Ses vêtements, linges, bijoux et autres objets personnels ;
2º Un livret de la caisse d'épargne de..., portant le nº...,
3º Une petite maison sise à...
Pour l'enregistrement, ces apports sont évalués en capital à...

Art. 5. — *Apport de la future épouse*

Mlle Pichot déclare apporter en mariage :
1º Les vêtements, linges et bijoux à son usage personnel ;
2º Un mobilier de chambre à coucher comprenant... *(détailler)*;
3º Un fonds de commerce de bonneterie...
Pour l'enregistrement. les apports de la future épouse sont évalués à...

Art. 6. — *Contribution aux charges*

Le futur époux contribuera aux charges du mariage pour 100 fr. par mois qu'il versera à la future ; celle-ci fera face au surplus sans être obligée d'y consacrer tous ses revenus sur lesquels elle fera les économies que bon lui semblera.

Toutes dépenses de la vie commune qui se trouveront engagées au moment de la dissolution du mariage, incomberont en entier à l'époux survivant (*ou*, seront acquittées par moitié entre le conjoint survivant et les héritiers du prédécédé).

Art. 7. — *Conservation du bail*

Le survivant aura la faculté de conserver, pour son compte personnel, le bail des lieux qui seront occupés en commun par les époux au décès du prémourant, à la charge de payer les loyers et d'exécuter lés conditions de la location, de manière que les héritiers du prédécédé ne puissent être recherchés. A cet égard, le survivant devra faire connaître sa volonté dans les trois mois qui suivront le décès de son conjoint, à peine de déchéance.

Art. 8. — *Propriété du mobilier*

A la dissolution du mariage, tous les objets à l'usage personnel de l'un ou de l'autre des époux, tels qu'ils existeront alors, seront réputés de plein droit appartenir à chacun d'eux, comme étant la représentation des objets de semblable nature qu'ils possèdent actuellement, et la reprise en sera exercée par eux ou leurs représentants, à quelque somme que puisse s'élever la valeur des objets.

Le fonds de commerce que la future épouse pourrait exploiter alors serait présumé sa propriété exclusive, compris marchandises, matériel, créances et tous autres accessoires.

Les valeurs au porteur seront réputées la propriété de celui des époux qui les aura en sa possession, sauf preuve contraire.

Les créances, valeurs nominatives et immeubles appartiendront au titulaire ; s'ils sont aux noms des deux époux la propriété se divisera par moitié.

Quant aux deniers comptants et à tous les meubles matériels, acquis pendant l'union, ils appartiendront à la société stipulée sous l'article trois ci-dessus.

Art. 9. — *Responsabilité maritale*

Il n'est pas dérogé aux règles du droit commun, sur la responsabilité du mari à l'égard tant des engagements que la femme contracterait avec lui, que des encaissements de capitaux et prix d'immeubles pour lesquels il donnerait son concours.

Art. 10. — *Donation mutuelle*

Les futurs époux se font donation réciproque, aux profit du survivant d'eux, ce qu'ils acceptent respectivement, de la pleine propriété d'une somme de..., à prendre sur les plus clairs biens qui composeront la succession du prémourant.

Le survivant aura la propriété de cette somme à compter du décès de son conjoint.

Si la présente donation se trouvait excéder la quotité disponible, elle comprendrait la portion la plus large permise par la loi en toute propriété.

Le survivant cesserait de jouir de cette donation du jour où il convolerait à de secondes noces, qu'il existe ou non des enfants du mariage (498, 505).

Art. 11. — Frais

La future épouse supportera seule les frais du présent contrat. Telles sont les conventions des parties.

Dont acte...

29. — Séparation de biens ; société partielle ; remploi des immeubles; restriction d'hypothèque légale.

Par devant M⁰..., notaire à...

Ont comparu :

M. Auguste-Pierre Duval, propriétaire, demeurant à..., veuf de Mᵐᵉ Eugénie Moreau,

> Né à..., le..., du mariage de M. Pierre-Paul Durand avec Mᵐᵉ Marie Leroux, tous deux décédés,

D'une part ;

Mᵐᵉ Louise-Céline Pérard, rentière, demeurant à..., veuve de M. Léon Moulin,

> Née à..., le..., du mariage de M. Claude Pérard, décédé, avec Mᵐᵉ Louise Gonnier,

D'autre part ;

Lesquels, en vue du mariage projeté entr'eux, ont arrêté les conventions suivantes :

Aticle 1ᵉʳ. — Régime

Les futurs époux déclarent se soumettre au régime de la séparation de biens, tel qu'il est réglé par le Code civil.

En conséquence, la future épouse conservera l'entière administration de ses biens meubles et immeubles et la jouissance libre de ses revenus ; mais elle ne pourra, sans le concours de son mari, aliéner sous aucune forme ses rentes, actions et créances.

Art. 2. — Dettes des époux

Ils ne seront pas tenus des dettes l'un de l'autre antérieures ou postérieures au mariage, non plus que de celles qui pourraient grever les successions qui écherront à chacun d'eux, ou les donations et legs qui leur seraient faits. Ces dettes, en capital et

intérêts, seront éteintes par celui des époux du chef
duquel elles proviendront, sans que l'autre époux ni ses biens
puissent en être aucunement tenus.

ART. 3. — *Apport du futur*

Le futur époux déclare que son apport consiste dans :
1o Un mobilier comprenant... (*détail*) ;
2o Une ferme située à...

ART. 4. — *Apport de la future*

La future épouse possède et apporte :
1o Un trousseau détaillé dans un état demeuré ci annexé, sous
le contre-seing des parties ;
2o Une maison sise à...;
3o L'usufruit de 2.600 fr. de rente française, trois pour cent,
dont la nue propriété appartient à....

ART. 5. — *Contribution aux charges*

Les futurs époux contribueront aux charges du ménage en
proportion des revenus de chacun d'eux, sans être tenus à aucun
compte à ce sujet, ni à retirer quittance l'un de l'autre (276).
Tant que les enfants issus de la première union de chacun des
époux demeureront avec eux, les frais de nourriture et de logement seront à la charge commune, mais chaque époux supportera seul les frais d'entretien et d'éducation de ses enfants.

ART. 6. — *Présomption de propriété*

A la dissolution du mariage, le linge de la future épouse, l'argenterie à son chiffre, les objets mobiliers garnissant sa chambre
à coucher, ses bijoux, diamants, fourrures et autres objets servant à son usage, seront réputés lui appartenir, sans qu'elle soit
obligée d'en constater ou justifier la propriété.
En ce qui concerne les autres effets mobiliers, sur lesquels la
future épouse ne pourra pas prouver sa propriété par des quittances d'ouvriers, de fournisseurs, ou par d'autres titres, ils
appartiendront au futur époux, comme réputés acquis de ses
deniers personnels.

Les immeubles et les valeurs nominatives seront bien entendu la propriété de celui des époux au nom duquel ils se trouveront.

A l'égard des capitaux et des valeurs au porteur, ceux trouvés dans les meubles à l'usage de la future seront sa propriété.

Quant à tous les autres, ils appartiendront au futur époux, à moins que la future n'établisse sa propriété par bordereaux ou autres pièces.

AR. 7. — *Aliénation des immeubles de la future*

Tous les immeubles, présents et à venir, de la future épouse pourront être vendus et échangés, avec l'autorisation du mari, mais les prix de ventes et soultes d'échanges devront être employés en acquisitions d'autres immeubles ou de rentes sur l'État, au nom de la future, acceptés par elle, portant mention de remploi, et de l'aliénabilité à charge de remploi nouveau.

Les tiers détenteurs et débiteurs ne seront valablement libérés que par la réalisation matérielle des remplois, sans cependant être obligés de vérifier la valeur des immeubles achetés à ce titre (340, 341).

ART. 8. — *Responsabilité du mari*

Dans le cas où la future épouse contracterait avec son mari ou pour lui des dettes, pendant le mariage, elle en serait garantie et indemnisée par celui-ci ou ses héritiers.

ART. 9. — *Restriction d'hypothèque légale*

L'hypothèque légale de la future épouse, en raison de ses apports, créances et reprises de toute nature, ne frappera que la maison sise à..., comprise dans l'apport en mariage de M. Duval.

En conséquence l'hypothèque légale est expressément limitée à cette maison, de sorte que tous autres immeubles, présents et à venir, du futur époux sont complètement affranchis (278).

ART. 10. — *Donation mutuelle*

Les futurs époux se font réciproquement donation au profit du survivant, ce qui est accepté respectivement, de l'usufruit du quart des biens meubles et immeubles qui composeront la succession du prédécédé.

Le survivant jouira de cet usufruit à compter du décès de son conjoint, aux charges de droit (502).

Évaluation

Pour la perception des droits d'enregistrement, les apports des époux sont évalués à...

Telles sont les conventions des parties.

30. — Séparation de biens avec société d'acquêts

ARTICLE 1ᵉʳ. — *Régime*

Il y aura séparation de biens entre les époux, conformément aux dispositions du Code civil.

Par suite, ils ne seront pas tenus des dettes l'un de l'autre créées avant ou pendant le mariage.

Tous les biens mobiliers et immobiliers de la future épouse seront administrés par elle.

ART. 2. — *Société d'acquêts*

Les futurs époux établissent entr'eux une société d'acquêts, composée des bénéfices et économies qu'ils pourront faire en meubles et immeubles pendant le mariage (277).

ART. 3. — *Apport du futur époux...*

ART. 4. — *Apport de la future épouse...*

ART. 5. — *Charges du ménage*

Les revenus des biens de chacun des époux seront appliqués en entier, jusqu'à due concurrence, à l'acquit des charges du ménage.

L'excédant des revenus, qu'elle qu'en soit l'origine, entrera dans la société d'acquêts constituée sous l'article 2.

ART. 6. — *Faculté de conserver le mobilier...*

ART. 7. — *Délai pour restituer...*

31. — Propriété du mobilier

I. Tous les meubles meublants, ustensiles de ménage et autres objets mobiliers qui garniront, au jour du décès du prémourant, les lieux occupés en commun par les futurs époux, appartiendront au survivant, à la charge de tenir compte aux héritiers du prémourant, d'après la prisée de l'inventaire qui sera fait, de la valeur des objets mobiliers qui seraient justifiés lui appartenir par factures de fournisseurs ou autres titres.

Quant à l'argent comptant et aux valeurs au porteur, ils seront réputés appartenir à celui des époux qui les aura en sa possession, sauf la preuve contraire.

Les créances, valeurs nominatives et immeubles appartiendront au titulaire ; s'ils sont aux noms des deux époux, ils leur appartiendront par moitié.

II. Les meubles meublants, effets et ustensiles de ménage, l'argenterie et les autres objets mobiliers qui garniront les lieux occupés en commun par les futurs époux seront de plein droit réputés appartenir au futur époux, sans qu'il soit obligé d'en constater la propriété par aucun titre, sauf la preuve contraire.

Les effets personnels de la future épouse, les vêtements, linges, dentelles et bijoux à son usage corporel, et l'argenterie à sa marque, seront de plein droit réputés lui appartenir, à quelque somme que la valeur en puisse monter.

La future épouse reprendra également tous les objets mobiliers sur lesquels elle justifierait de son droit de propriété, ainsi que les valeurs à son nom. En outre, elle aura droit aux valeurs au porteur dont elle établira la propriété.

Les deniers comptants qui se trouveront au domicile commun seront censés provenir des revenus des futurs époux destinés aux charges du mariage ; en conséquence, ils appartiendront à cha-d'eux par moitié.

32. — Responsabilité du mari

La future épouse ou ses héritiers seront garantis et indemnisés, par le futur époux et sur ses biens, de toutes les dettes qu'elle contractera avec lui ou pour lui pendant le mariage.

Le futur époux ne sera responsable d'aucune somme payée à la future épouse hors sa présence, ni des sommes ou valeurs appartenant à celle-ci ou qu'elle recueillerait pendant le mariage à titre personnel.

Mais, si le futur époux donne son concours pour l'encaissement du prix d'aliénation d'immeubles ou le remboursement de capitaux, il ne sera déchargé que par le remploi à faire des sommes payées en sa présence. Ce remploi devra être accepté par la future, et le futur ne répondra ni de son utilité, ni de ses suites.

A défaut de remploi, le futur ou ses héritiers seront tenus de rembourser les capitaux et les prix de vente à la future épouse ou à ses héritiers.

Les tiers acquéreurs ou débiteurs de la future n'auront point à demander le remploi et n'encourront aucune responsabilité à ce sujet.

33. — Exclusion de communauté

Par devant Me..., notaire à...

Ont comparu :

M. Auguste-Louis Moreau...

Mlle Lucie Donnet...

Lesquels ont arrêté de la manière suivante les conditions civiles du mariage projeté entr'eux.

ARTICLE 1er. — *Régime*

Les futurs époux déclarent se marier sans communauté.

En conséquence, les dettes de chacun, créées avant et pendant le mariage, seront acquittées par celui qui les aura contractées ou du chef duquel elles proviendront.

Les droits de la future se borneront à la reprise, soit en nature, soit en argent, tant des biens et valeurs par elle apportés en mariage que de ceux qui pourront lui échoir ultérieurement, par succession, donation, legs ou à tout autre titre personnel.

Quant au futur, il aura droit non seulement à ses biens personnels présents et à venir, mais encore à toutes les économies qui seront faites pendant la durée du mariage (249, 257).

ART. 2. — *Apport du futur époux*

Les biens et droits du futur époux se composent de meubles et d'immeubles consistant en : 1º...

Pour l'enregistrement, les biens actuels du futur époux sont évalués en capital à...

ART. 3. — *Apport de la future*

Mlle Donnet, future épouse, apporte en mariage :

1º Les vêtements, linges, bijoux, et autres objets de toilette à son usage ;

2º Un mobilier de chambre à coucher comprenant : ... (*détailler*).

3º Et une maison située à..., rue...

Pour l'enregistrement, les biens de la future sont évalués à...

ART. 4. — *Constatation des biens de la femme*

Le futur époux devra faire constater, par inventaire ou état authentique, les biens mobiliers qui adviendront à la future pendant le mariage, à quelque titre que ce soit, afin d'en faciliter la restitution, à elle ou à ses représentants, lorsqu'il y aura lieu (251).

ART. 5. — *Présomption de propriété du mobilier*

Le linge à la marque de la future, l'argenterie portant son chiffre ou celui de sa famille, ainsi que les effets, bijoux et autres ornements servant à son usage personnel, seront réputés de plein droit lui appartenir, sans qu'elle soit obligée d'en constater la propriété par aucun titre, et ce comme représentation du trousseau dont elle a fait apport en mariage.

Tous autres objets mobiliers et valeurs quelconques, sur lesquels la future ne pourra pas prouver sa propriété par titres réguliers, appartiendront de droit au futur époux,

ART. 6. — *Administration des biens de la femme*

Les biens meubles et immeubles de la future épouse seront administrés par le futur époux qui profitera de tous les revenus

Mais la future touchera annuellement, pendant le mariage, sur ses simples quittances, la somme de..., des locataires de sa maison de...

Les économies que la future pourra faire sur les revenus par elle réservés lui seront personnelles, ainsi que les biens mobiliers qu'elle aurait acquis avec ces épargnes, et les revenus des mêmes biens ; le tout sous la condition de justifier de la propriété (258).

ART. 7. — *Garantie des dettes*

La future épouse ou ses héritiers et représentants seront garantis et indemnisés par le futur époux, ou ses héritiers, de toutes les dettes que la future aura contractées pour lui pendant le mariage.

ART. 8.   *Restitution des biens de la femme*

Le futur époux ou ses héritiers restitueront à la future épouse, ou à ses représentants, les biens qu'elle a apportés en mariage et tous ceux dont elle deviendra propriétaire à titre personnel.

Pour faire cette restitution, le mari survivant jouira d'un délai de... ans, sans intérêt ; les héritiers seraient tenus de restituer dans le mois de son décès (484).

ART. 9. — *Donation par le futur*

En considération du mariage, le futur époux fait donation à la future épouse qui accepte, d'une somme de..., payable dans l'année du décès du donateur, sans intérêt.

La future épouse sera propriétaire à compter de ce jour et sans aucune condition de survie, de la somme donnée et l'hypothèque légale de la donataire en garantira le paiement (494, 495).

Frais

Tous les frais des présentes restent à la charge exclusive du futur époux.

**34. — Régime dotal simple ; immeubles dotaux alié-
nables ; société d'acquêts ; don manuel** (1)

Par devant Me..., notaire à...

　Ont comparu :

M. Emile Aubry, cultivateur, demeurant à...,

　Majeur, étant né à..., le..., du mariage de M. Jacques
Aubry avec Mme Eugénie Bodet.

D'une part ;

Mlle Pauline-Marie Duval, ménagère, demeurant à...,

　Majeure, née à..., le..., du mariage de M. Pierre Duval
avec Mme Marie-Jeanne Larue, décédés,

D'autre part ;

Lesquels ont arrêté les conditions civiles du mariage projeté
entre eux et dont la célébration aura lieu à... :

ART. 1er. — Régime dotal

Les futurs époux adoptent le régime dotal établi par le Code
civil,

Tous les biens présents et à venir de l'épouse seront dotaux ;
néanmoins les immeubles dotaux pourront être vendus, échangés
et partagés avec la seule autorisation maritale, à la charge d'employer les prix et soultes en acquisitions de fonds de terre ou de
maisons, ou encore en rentes sur l'Etat dont les titres mention-
neront l'origine des deniers et la dotalité ; ces biens resteront
aliénables aux mêmes conditions de remploi.

A l'égard des acquéreurs et débiteurs dotaux, les remplois
seront suffisants et réguliers dès l'instant de l'acceptation par la
femme (301, 302).

La future pourra aussi : 1o faire le partage entre-vifs de ses
biens entre ses descendants ; 2o toucher, sans remploi, les indemnités d'expropriation publique n'excédant pas 200 fr. ; 3o vendre
les immeubles dotaux pour payer les dettes et frais concernant

____

(1). Comp. Dépinay, Régime dotal. p. 509.

17

les succession, dons ou legs qui lui adviendront ; 4° consentir toute antériorité ou renonciation d'hypothèque légale, sur les immeubles de société, en cas d'emprunt ou de vente par le mari.

La dot mobilière sera recouvrée et aliénée par les deux époux, sans aucune condition d'emploi ni de remploi (314).

Art. 2. — *Société*

Il y aura société d'acquêts entre les futurs époux. Tous les bénéfices de société appartiendront en pleine propriété au survivant. mais seulement s'il n'existe pas d'enfants du mariage.

Art. 3. — *Apport du futur*

M. Aubry apporte en mariage :

1° Les linges et effets à son usage personnel, évalués, pour l'enregistrement, à 200 fr.;

2° Les meubles, bestiaux, instruments aratoires et objets mobiliers de toute nature garnissant la ferme qu'il exploite, estimés à 4.000 fr.

Le futur déclare son apport grevé de 2.000 fr. dus à divers, et qu'il lui provient de ses économies, à l'exception de 1.000 fr. donnés manuellement par ses père et mère, à charge de rapport à leurs successions (576).

Art. 4. — *Apport de la future*

La future épouse fait apport :

1ent Des linges, hardes et bijoux à son usage corporel, estimés à 500 fr. pour l'enregistrement;

2ent Des objets mobiliers suivants :

1° 24 draps estimés à 240 fr.	240 fr. » »	
2° 30 serviettes (346).	» »	» »
Total des estimations. 2.500 fr.	2.500 fr.» »	

3ent Un herbage situé à..., nommé...

Le tout provenant à la future de ses économies et des successions de ses parents.

Duquel apport, libre de charge, Mlle Duval a justifié au futur, qui le reconnaît et consent à en demeurer chargé à compter de la célébration civile du mariage.

ART. 5. — *Reprise de mobilier*

A la dissolution de la société d'acquêts, chaque époux, ou ses héritiers, exercera la reprise en nature des vêtements, linges et bijoux à son usage, comme représentant ceux de même nature apportés en mariage (357).

L'estimation donnée aux meubles de la future, détaillés plus haut, n'en transfère la propriété ni au mari, ni à la société, de sorte qu'à tout évenement, la femme ou ses héritiers en exerceront la reprise en nature ou en argent, à leur choix (358).

Quant au mobilier de ferme apporté par le futur, son estimation en vaut vente à la société d'acquêts (353, 356).

ART. 6. — *Donations*

Le futur époux fait donation à la future épouse ce acceptant, pour le cas où elle lui survivrait, de la pleine propriété de tous les biens meubles et immeubles qui composeront la succession du donateur.

Si le donateur laissait des enfants demandant la réduction de cette donation, la donataire aurait la quotité disponible la plus large en propriété et en usufruit (501).

De son côté, la future épouse déclare donner au futur époux, qui accepte, s'il survit, l'usufruit pendant la vie du donataire de la totalité des biens, mobiliers et immobiliers, qui formeront la succession de la donatrice.

En cas d'existence d'enfants réclamant leur réserve légale, la présente donation sera réduite à moitié en usufruit.

Dans tous les cas d'usufruit, le survivant sera tenu de faire dresser un inventaire et un état des immeubles, moyennant quoi il se trouvera dispensé de fournir caution (502, 503).

ART. 7. — *Frais*

La société d'acquêts supportera seule tous les frais et droits des présentes, sans recours contre les époux (511).

Telles sont les conventions des parties, arrêtées en présence de leurs parents et amis soussignés, notamment :

1o M...

Dont acte

Fait et passé à...

L'an..., le...

Avant de clore et conformément à la loi, Mᵉ..., notaire soussigné, a donné lecture aux parties des articles 1391 et 1394 du
Code civil, et leur a délivré le certificat prescrit par ce dernier
article, pour être remis à l'officier de l'état-civil avant la célébration du mariage.

Et, après lecture faite des présentes, les parties ont signé avec
les assistants et le notaire.

**35. — Régime dotal; société d'acquêts; aliénabilité;
réserve sur les revenus; délai pour restituer la dot.**

Par devant Mᵉ..., notaire à...

Ont comparu :

M. Paul-Louis Datin...

Mˡˡᵉ Marie-Eugénie Brière...

Lesquels ont établi les conditions civiles du mariage projeté
entr'eux, et qui doit être célébré prochainement à la mairie de...

ARTICLE 1ᵉʳ — *Régime*

Les futurs époux ont déclaré adopter pour base de leur union
le régime dotal établi par le Code civil, sauf les modifications ci-
après.

Tous les biens meubles et immeubles présents et à venir de la
future épouse seront dotaux (280 à 282).

ART. 2. — *Société d'acquêts*

Il y aura, entre les futurs époux, une société d'acquêts composée des bénéfices et économies qu'ils pourront faire durant le
mariage, tant en meubles qu'en immeubles (329, 330).

Chacun des époux se réserve propres et exclut de la société
tant ses biens actuels que ceux qui lui adviendront pendant le
mariage par succession, donation, legs ou à tout autre titre personnel.

La société ne sera aucunement tenue des dettes, antérieures au mariage ou grevant les biens recueillis ultérieurement par les époux ; ces dettes seront acquittées par celui des conjoints qui les aura contractées ou du chef duquel elles proviendront.

Le partage de la société se fera par moitié entre les époux.

ART. 3. — *Aliénation et administration de biens dotaux*

§ 1er. — *Aliénation des immeubles*

Nonobstant la dotalité ci-dessus stipulée, la future épouse aura le droit, avec la seule autorisation maritale, de vendre, échanger, liciter et partager les immeubles dotaux, sous la condition qu'il sera fait des prix ou soultes un remploi, au nom de la future, en immeubles fonciers, ruraux ou urbains situés en France.

Toutefois, l'épouse aura la faculté d'employer les prix ou soultes de ses immeubles dotaux à l'acquisition : soit de rentes sur l'Etat français, ou d'obligations des chemins de fer français dont les intérêts sont garantis par l'Etat, soit en placements hypothécaires sur immeubles situés en France, appartenant à des tiers (et présentant une valeur double de celle employée).

A défaut de remploi ou d'emploi, le bien dotal restera grevé de l'action révocatoire, mais les tiers détenteurs pourront s'y soustraire, à quelque époque que ce soit, en faisant offre des prix ou soultes à charge de remploi, ou en les consignant sous cette condition (302).

Une fois les remplois ou emplois acceptés par la femme, qui sera seule juge de leur valeur et de leur mérite, ils seront définitifs, et, ni elle, ni ses héritiers ou représentants, ne pourront jamais, sous quelque prétexte que ce soit, inquiéter les détenteurs des biens dotaux aliénés.

En cas d'emploi en placements hypothécaires, les acquéreurs et débiteurs dotaux seront affranchis de toute surveillance et de toute responsabilité, notamment pour les inscriptions.

Les biens acquis en remplacement pourront être vendus, transférés ou recouvrés, sous la même condition de remploi, et ainsi successivement.

Les frais de remploi seront prélevés sur le montant des sommes à remplacer toutes les fois que les biens vendus ne proviendront pas eux-mêmes d'un précédent remplacement, ou encore lorsque la vente aura une cause d'utilité publique (302).

§ 2. — Facultés diverses

La future pourra, avec l'autorisation de son mari, et sans aucune formalité judiciaire :

1º Confirmer ou ratifier tous actes et contrats passés par elle ou ses auteurs, et qui n'auraient pas toute la validité désirable ;

2º Faire au profit des enfants à naître du mariage projeté, ou de leurs descendants, toute donation, à titre de partage d'ascendant, de ses biens dotaux (310);

3º Vendre et transférer les biens dotaux, soit pour doter ses enfants, soit pour acquitter les dettes, constatées par inventaires, les droits de mutation et frais d'actes concernant les successions et legs qui lui adviendront ; ou encore hypothéquer ses immeubles dotaux pour les mêmes causes (307).

4º Intervenir dans les ventes et affectations hypothécaires des immeubles de la société d'acquêts, à l'effet de consentir tous dégrèvements ou subrogations d'hypothèque légale en faveur des tiers acquéreurs ou prêteurs (317) ;

5º Accepter en remploi des biens dotaux, tous immeubles dépendant de la société d'acquêts ;

Les immeubles ainsi acceptés en remploi passeront aux mains de la femme, affranchis de son hypothèque légale, sans qu'il soit besoin de remplir aucune formalité (305) ;

6º Toucher, sans remplacement, le prix des aliénations qu'elle consentirait a l'amiable pour cause d'utilité publique, et les indemnités qui lui seraient alloués par le jury chaque fois que ces prix ou indemnités n'excéderont pas... (309) ;

7º Vendre et transférer ses biens dotaux pour en employer le prix à payer l'office ministériel dont le futur viendrait à être pourvu, et à fournir son cautionnement, soit en qualité d'officier ministériel, soit comme fonctionnaire public ; le tout avec déclaration de l'origine des deniers employés et subrogation au profit de la future épouse dans les droits privilégiés accordés par la loi aux bailleurs de fonds.

§ 3. — *Dot mobilière*

Les rentes, créances, et autres valeurs composant la dot mobilière, présente et future, resteront de libre disposition ; en conséquence, ces valeurs pourront être recouvrées, cédées. transférées, transportées et aliénées par les époux conjointement, sans aucune condition d'emploi ni de remploi (314).

§ 4. — *Administration*

Le mari, administrateur des biens dotaux, recevra les revenus à leur échéance, fera les actes conservatoires, passera les baux d'une durée normale ; quant aux baux de 9 à 18 ans ils pourront avoir lieu avec le concours de l'épouse.

Toutefois la future épouse touchera annuellement sur ses simples quittances la somme de..., à prendre dans telle partie des revenus immobiliers que bon lui semblera.

Cette somme destinée spécialement aux dépenses de toilette de la future et à ses aumônes (293).

ART. 4. — *Apport du futur époux*

M. Datin, futur époux, possède et apporte en mariage :

1o Les vêtements, linges et bijoux à son usage personnel, évalués à..., pour l'enregistrement seulement, la reprise de ces objets devant être faite en nature ;

2o Un mobilier de chambre à coucher en noyer frisé, comprenant lit complet, armoire, guéridon, toilette, plus une glace, garniture de cheminée en bronze, 12 draps et 24 serviettes, le tout estimé à... ;

3o La somme de... en deniers comptants et prorata apprécié à forfait de tous fruits et revenus, échus ou courus jusqu'au jour du mariage ;

4o Une créance de..., sur M..., résultant d'un acte reçu par Me..., notaire à..., le..., et productive d'intérêts aux taux de 5o/o, payables par semestre les... ;

5o Une créance de..., sur M. Eugène Datin, pour prêt fait le..., et produisant intérêts à 5 o/o, payables chaque année le... ;

6º Vingt actions de la Compagnie des chemins de fer de l'Ouest, portant les nᵒˢ..., inscrites au nom du futur époux sur les registres de la Compagnie, suivant certificat nº..., évaluées à... ;

7º Quarante obligations de cinq cents francs trois pour cent, anciennes, de la Compagnie des chemins de fer du Nord, inscrites au nom du futur sur les registres de la Compagnie, ainsi qu'il résulte d'un certificat nº...;

8º Cent francs de rente sur l'Etat français, 3 º/₀ perpétuel, en un titre nº... de la section..., au nom du futur époux ;

150 fr. de rente 3 º/₀ amortissable, en un titre au nom du futur époux, nº... de la... série ;

9º Une rente annuelle et perpétuelle de..., au capital de..., payable le... de chaque année, due par M... et résultant d'un acte reçu par Mᵉ..., notaire à..., le... ;

10º Une rente annuelle et viagère de..., payable le... de chaque année, due par M..., légataire universel de M..., en vertu de testament reçu par Mᵉ..., notaire à..., le...;

Il est bien entendu que l'encaissement des arrérages pendant la communauté ne donnera lieu à aucune récompense ou indemnité.

11º Un titre de 200 fr. ou lires de rente Italienne 5 º/₀ au porteur, nº 16342, estimé, d'après le cours de la bourse d'hier, à...

Ce titre porte la mention de timbre suivante : titres étrangers, un pour cent, Paris, 3. 7. 1899 (555).

12º Une obligation au porteur nᵒ... au capital nominal de 500 fr. 3 º/₀, or, des chemins de fer russes, emprunt de 1891 dont les intérêts sont payables les..., estimés à...

Ce titre porte la mention suivante : visé pour timbre à... le... nº.. reçu... (555).

Le futur époux déclare que son apport est libre de toute charge ; il en a donné connaissance à la future épouse qui le reconnaît (362).

ART. 5. — *Apport de la future épouse*

Mˡˡᵉ Brière, future épouse, possède et apporte en mariage :

1º Un trousseau estimé à 6.000 fr. composé de... (346)

2º Une somme de 20.000 fr. en espèces...

3º Une ferme située à..., nommée...

Cet apport est déclaré exempt de toute dette, par la future épouse ; elle en a donné connaissance à son futur qui consent à en demeurer chargé par le seul fait de la célébration du mariage.

Pour garantir à la future épouse la reprise, quand il y aura lieu, de la somme de 26.000 fr. montant de son apport en mariage qui vient d'être constaté, avec tous intérêts et frais. M. et Mme Datin, père et mère du futur époux, déclarent se rendre, et constituer cautions solidaires de leur fils envers Mlle Brière ; en conséquence, ils s'obligent, solidairement entr'eux et avec le futur époux, à restituer à la future épouse ou à ses représentants, à la dissolution de la société d'acquêts, pour quelque cause qu'elle se produise, la somme de..., dont il s'agit, ainsique tous accessoires.

A la garantie de ce cautionnement, M. et Mme Datin affectent, par hypothèque spéciale, au profit de la future épouse qui accepte une ferme située à.., nommée... (314, 565).

ART. 6. — *Restitution de la dot*

Le futur époux ou ses héritiers restitueront à la future ou à ses représentants, lorsqu'il y aura lieu, les biens meubles et immeubles qu'elle a apportés et tous ceux dont elle deviendra propriétaire par la suite.

En cas de prédécès de la future, le futur époux aura, pour se libérer de toutes les sommes dont il sera comptable, un délai de deux années, à partir du décès, sans intérêts, et avec dispense de donner caution.

Si le futur époux était notaire lors du décès de la future, le délai de restitution serait prolongé jusqu,à la cessation de ses fonctions, mais à la charge de payer l'intérêt légal, acquittable par semestre à compter du décès de la future (319 à 321, 484).

ART. 7. — *Donation entre époux*

Les futurs époux se font réciproquement donation entrevifs et irrévocable, au profit du survivant d'eux, ce qu'ils acceptent respectivement, de tous les biens meubles et immeubles qui composeront la succession du prémourant.

Le survivant disposera des biens donnés comme bon lui semblera, en toute propriété, à partir du décès de son conjoint.

En cas d'existence d'enfants, cette donation sera réduite à moitié en usufruit de tous biens, les rapports compris

Le survivant, en cas d'usufruit, sera dispensé de caution, mais il devra faire dresser inventaire et fournir emploi de tous les biens mobiliers soumis à son usufruit, en rentes sur l'État, actions et obligations des grandes Compagnies des chemins de fer français ou autres valeurs nominatives garanties par l'État; le tout immatriculé aux noms de l'usufruitier et des nu propriétaires.

L'usufruitier pourra toucher tous capitaux et aliéner tous biens meubles, même ceux acquis en remploi, sur sa simple signature et sans le concours des nu propriétaires, mais à la charge du remploi ci-dessus exprimé (503).

Les emplois et remplois ne seront valables qu'autant que les titres feront mention de l'origine des deniers, des noms des nu propriétaires et de la faculté d'aliéner à charge de remploi.

Tous tiers, débiteurs ou acquéreurs, seront tenus d'assurer l'accomplissement des emplois ou remplois ; mais, une fois effectués, les tiers ne répondront ni de leur utilité, ni de leurs suites.

36. — Régime dotal ; société d'acquêts; dot mobilière soumise à emploi ; limitation d'hypothèque légale

Par devant Me..., notaire à...,

    Ont comparu :

M. Joseph Dupont...

Mlle Louise-Amélie Galard...

Lesquels, avant le mariage projeté entr'eux, en ont arrêté les conditions civiles de la manière suivante .

ARTICLE 1er — *Régime*

Les futurs époux déclarent adopter pour base de leur union le régime dotal, sauf les modifications ci-après exprimées.

Il y aura entr'eux une société d'acquêts composée des bénéfices et économies qu'ils pourront faire pendant le mariage, tant en meubles qu'en immeubles (329, 330).

ART. 2. — *Apport du futur*...

ART. 3. — *Apport de la future*...

ART. 4. — *Constitution dotale*

La future épouse se constitue en dot tous ses biens et droits mobiliers et immobiliers, présents et à venir ;

En conséquence, ils seront dotaux et comme tels soumis à emploi et remploi, dans les termes qui seront exprimés plus loin, à l'exception toutefois :

1o Des objets, linges et bijoux, que la future épouse a personnellement apportés en mariage ;

2o Des meubles meublants, linge, argenterie, bijoux, livres, objets d'art et généralement de tous. les effets mobiliers de nature corporelle qui adviendraient à la future épouse pendant le mariage, à titre gratuit, soit seule, soit indivisément avec tous autres ;

3o Des revenus échus et proratas de revenus courants des successions et legs qu'elle recueillerait.

Les futurs époux auront la libre disposition de ces objets ; ils pourront les aliener, même gratuitement, comme bon leur semblera, sans aucune restriction ni réserve.

§ I. — *Aliénation des biens dotaux*

Malgré le régime dotal ci-dessus adopté, l'épouse pourra toujours, avec l'autorisation de son mari, et sans être tenue de remplir aucune formalité judiciaire :

1o Procéder à tous comptes, liquidations et partages ; accepter ou repudier toutes donations, successions et legs ; traiter, transiger, compromettre pour le règlement des successions et indivisions ;

2o Faire tous baux des immeubles dotaux pour 18 ans, et renouveler les baux en cours, quelle que soit leur durée, et recevoir d'avance, conformément aux usages locaux, tous loyers ou fermages pourvu qu'ils ne représentent pas plus de six mois de jouissance.

3o Consentir en faveur de tous prêteurs, acquéreurs ou échangistes, toute subrogation ou renonciation d'hypothèque légale sur les immeubles du mari ou de la société d'acquêts (317),

4º Aliéner, échanger ou transférer à l'amiable, de gré à gré ou aux enchères publiques, tous ses biens actuels et futurs, meubles et immeubles, rentes, créances, actions, obligations et autres valeurs quelconques.

Les capitaux provenant de ces ventes, échanges et transferts, ainsi que tous autres capitaux qui pourront appartenir à la future épouse ou lui advenir par successions, donations, legs ou autrement, devront, lors de leur encaissement, être employés à son nom comme il va être dit plus loin (300 à 302, 314).

Les biens et valeurs acquis en remploi pourront aussi être indéfiniment aliénés ou échangés, sans formalité judiciaire, à la charge de remployer les deniers à en provenir au profit de la femme.

§ 2. — *Emploi des deniers dotaux*

L'emploi des capitaux dotaux sera effectuée, au choix de la future épouse :

1º En acquisitions d'immeubles de produit, ruraux ou urbains, mais non industriels, situés en France ;

2º En placements par privilége ou hypothèque, de premier rang, sur immeubles appartenant à des tiers, sis en France et représentant une valeur au moins double du capital à employer ;

3º En rentes sur l'État français ou garanties par lui ;

4º En actions de la Banque de France, actions de capital ou obligations entièrement libérées des grandes Compagnies des chemins de fer français du Nord, d'Orléans, de Paris à Lyon et à la Méditerranée, de l'Est, de l'Ouest ou du Midi ;

5º En obligations également libérées de la Société du Crédit Foncier de France, de la ville de Paris ou de villes ou de départements français ;

6º Enfin au fonds des états étrangers suivants : Angleterre, Allemagne, Autriche-Hongrie, Belgique, Danemark, Hollande, Italie, Norwége, Russie, Suède, Suisse (301).

Les valeurs de nature autre que celles ci-dessus spécifiées qui, pendant le mariage, adviendront à la future épouse par successions, donations ou legs, pourront être conservées en nature, mais à la condition qu'elles seront inscrites au nominatif, avec mention de la dotalité et de l'obligation d'emploi ; toutefois en cas d'impossibilité. elles seront déposées comme il sera stipulé ci-après pour les valeurs nominatives transmissibles par endossement (316).

Les frais en déboursés et honoraires à la charge de la future épouse dans ceux qu'occasionneront les acquisitions ou échanges ci-dessus prévus, les dettes grevant les successions qui pourront échoir à la future épouse, les droits de mutation relatifs aux successions et legs par elle recueillis, les frais de partage de ces successions et autres y relatifs, et ceux des legs et dons à elle faits, serviront jusqu'à due concurrence de remploi, sur les quittances qu'en donneront les fonctionnaires publics ou créanciers à qui ces diverses sommes seront payées (302, 307).

§ 3. — *Conditions relatives aux tiers*

Les acquéreurs, détenteurs de titres et débiteurs ne seront tenus que de la matérialité des remplois et ne seront nullement responsables de leur utilité.

En cas de remploi en l'une des valeurs de portefeuille spécifiées plus haut, la remise des deniers dotaux entre les mains de l'agent de change chargé de l'achat, vaudra décharge pour les débiteurs ou détenteurs de ces deniers. Il en sera de même des espèces remises entre les mains du notaire chargé du placement, s'il s'agit de remploi en immeubles ou en créances privilégiées ou hypothécaires. Dans ces cas, l'obligation du remploi ne pèsera plus que sur l'agent de change ou le notaire, suivant la circonstance.

En cas de conversion au porteur et de vente des mêmes valeurs en bourse ou en banque, la remise des titres entre les mains de l'agent de change chargé de la vente, libérera valablement les dépositaires ou débiteurs de ces titres, dont le prix sera employé, conformément aux dispositions qui précèdent, par les soins de l'agent de change.

L'agent de change et le notaire ne seront eux-mêmes tenus que de la matérialité de l'emploi ; ils ne répondront en aucun cas de son utilité.

Les divers emplois et remplois sus indiqués, qui pourront indifféremment précéder ou suivre le recouvrement ou l'aliénation des biens dotaux, ne seront valables que par l'acceptation de la femme autorisée de son mari ; les titres les constatant, inscrits au nom de la femme, feront mention de la dotalité et de l'obligation d'emploi, sauf ce qui sera dit plus loin pour les titres au porteur et pour ceux nominatifs transmissibles par endos (302).

Il est bien entendu que les lots attachés aux valeurs dotales seront, lors des remboursements et quelle que soit leur importance, considérés comme capitaux de taux et soumis par conséquent aux conditions de remploi ci-dessus indiquées. Mais les titres dotaux sortis aux tirages d'amortissement pourront être remplacés par des titres semblables, sans tenir compte de la prime qui se trouvera dans ce cas acquise à la société d'acquêts (303).

Les frais des quittances qui constateront les remboursements de valeurs et la remise éventuelle de lots, ceux des récépissés et des décharges concernant les dépôts, resteront à la charge exclusive de la future épouse comme étant occasionnés par son régime dotal, et, en conséquence, serviront de remploi à due concurrence.

Le Trésor, la Banque de France, les Compagnies de chemins de fer, le Crédit Foncier de France, la ville de Paris, les États étrangers, la Caisse des consignations, les conservateurs des hypothèques, les Sociétés ou Établissements publics quelconques, n'auront point à s'immiscer dans les emplois ou remplois ; ils y resteront complétement étrangers et ne seront soumis à aucune responsabilité, même en cas d'inexécution ; par suite, ils ne pourront demander aucune justification à l'agent de change ou au notaire seuls chargés d'exécuter ces emplois ou remplois.

Si lors d'une aliénation ou d'un remboursement, les époux ne se trouvent pas en mesure d'opérer immédiatement l'emploi des deniers dotaux en provenant, les fonds seront déposés à la Caisse des consignations ou entre les mains d'un notaire du choix des époux, et les tiers débiteurs ou détenteurs seront par ce dépôt libérés de la charge d'emploi, à la condition qu'il soit constaté : en ce qui concerne la caisse, par la délivrance d'un récépissé; en ce qui concerne le notaire, par un acte authentique ; le tout relatant l'obligation du remploi.

§ 4. — *Dépôt des titres dotaux*

Dans le cas où les valeurs acquises en remploi ou provenant à la future épouse de successions, donations ou legs, seraient,

soit au porteur non susceptibles de conversion en titres nominatifs, soit nominatives transmissibles par endos, le dépôt des
actions, rentes ou valeurs de cette nature sera effectué, en cas
d'acquisition par l'agent de change, et dans tous les autres cas,
par tous détenteurs, dans les caisses soit des Compagnies ayant
émis les titres, soit de la Banque de France, de la ville de Paris,
du Crédit Foncier de France ou de la Caisse des consignations,
soit encore d'une Maison de banque de premier ordre, qui déli-
vreront des récépissés au nom de l'épouse.

Ce dépôt pourra encore être fait, si les époux le préfèrent,
entre les mains d'un sequestre nommé, sur leur requête, par le
Président du Tribunal civil de leur domicile. Le sequestre donnera récépissé authentique du depôt.

Les récépissés porteront les numéros des titres déposés, men-
tionneront le régime dotal avec l'obligation d'emploi et indiqueront
que ces titres ne pourront être retirés que par un agent de
change ou par un notaire, désigné par les futurs époux, pour
en opérer l'aliénation à charge de remploi.

Lors du retrait, il sera donné, par acte authentique, au dépositaire, une décharge des titres, signée des époux et de l'agent
de charge ou du notaire chargé du remploi.

La remise effectuée entre les mains de l'officier ministériel
chargé du remploi, décharge complètement le dépositaire ;
l'agent de change, ou le notaire, seul tenu de suivre le remploi,
sera lui-même déchargé comme il est dit ci-dessus.

§ 5. — Aliénations spéciales

Les futurs époux, par les stipulations qui précèdent, n'entendent pas restreindre les facultés accordées par la loi pour disposer
des biens dotaux. Ils déclarent, au contraire, se réserver pour
tous les biens dotaux, meubles et immeubles, la faculté de les
aliéner ou hypothéquer :

1ent Pour l'établissement des enfants à naître de l'union projetée, soit au moment de leur mariage, soit à tout autre époque
antérieure ou postérieure ;

2ent Pour fournir des aliments à la famille ;

3ent Et pour faire de graves réparations et toutes améliorations

aux immeubles dotaux, pourvu que l'utilité en ait été préalablement reconnue par deux experts nommés sur simple requête
par le Président du Tribunal civil de la situation des immeubles.

Dans ces divers cas, les actes, aliénations et hypothèques,
pourront avoir lieu sans autorisation de justice, mais les deniers
devront être versés directement entre les mains des fournisseurs,
créanciers, entrepreneurs et ouvriers qui donneront des quittances notariées.

ART. 5. — *Partage de la société*

Les biens de la société d'acquêts établie plus haut se partage-
ront de la manière suivante : 1o l'époux survivant aura la moitié
en pleine propriété et l'usufruit de l'autre moitié ; 2o les héritiers du prémourant la moitié en nue propriété (235, 333).

Avant partage, chacun des époux prélèvera ses apports et dot,
avec tout ce qu'il aura recueilli pendant le mariage, tant en
meubles qu'en immeubles, par succession, donation, legs ou à
tout au titre personnel.

D'autre part, la société d'acquêts ne sera nullement tenue des
dettes personnelles antérieures au mariage, ni de celles grévant
les biens qui seraient advenus à l'un ou à l'autre des époux
pendant son cours ; ces dettes seront acquittées par celui des
époux qui les aurait contractées ou du chef duquel elles proviendraient, sans que l'autre époux, ses biens ni sa part dans la société d'acquêts en puissent être tenus.

Enfin, tous les immeubles ou portions d'immeubles qui auront
pu être acquis durant l'union, pour former annexes d'immeubles
respectivement propres à l'un ou à l'autre des époux, pourront
être retirés et conservés par cet époux ou ses héritiers, à charge
de tenir compte à la société d'acquêts des prix payés pour ces
acquisitions en principal, frais et accessoires, afin d'éviter, en
ce qui les concerne, toute estimation, partage ou licitation (233).

ART. 6. — *Limitation d'hypothèque légale*

L'hypothèque légale de la future épouse, en raison de ses
apports, reprises et droits matrimoniaux, ne frappera que sur
les immeubles ci-après désignés, auxquels elle est limitée de
convention expresse :

1º Une maison..., située à...,

En conséquence, tous autres immeubles présents et à venir du futur époux, seront affranchis de cette hypothèque (318).

ART. 7. — *Inventaire*

Dans le but de faciliter à la future épouse la reprise de tous les biens qui pourront lui échoir ou advenir par la suite, le mari sera tenu de les faire constater, avec son concours, par inventaire authentique.

ART. 8. — *Donation mutuelle*

Les futurs époux se font réciproquement donation, au profit du survivant d'eux, ce qu'ils acceptent respectivement, d'une somme de..., à prendre sur les plus clairs biens de la succession du prédécédé (496).

Cette somme sera exigible six mois après le décès du prémourant, avec intérêts aux taux de cinq pour cent à compter de ce décès.

Telles sont les conventions des parties.

37. — Régime dotal sans société ; dotalité particulière; paraphernaux.

Par devant Me..., notaire à...

  Ont comparu :

M. Paul-Emile Busson...

  Majeur, né à..., du mariage de M. Jean Busson avec Mme Marie Pichot.

D'une part ;

Mlle Victoire Duval...

  Mineure, née à..., le..., du mariage M. Joseph Duval avec Mme Octavie Morin,

  Agissant avec l'assistance de ses père et mère.

D'autre part :

M. Joseph Duval, négociant et Mme Octavie Morin, son épouse, qu'il autorise, demeurant ensemble à...

Stipulant tant pour assister Mlle leur fille, qu'à cause de la dot qu'ils vont lui constituer.

Aussi d'autre part ;

Lesquels, en vue du mariage projeté entre M. Busson et Mlle Duval, dont la célébration aura lieu prochainement à la mairie de.., en ont arrêté de la manière suivante les conditions civiles.

ATICLE 1er. — *Régime*

Les futurs époux adoptent pour base de leur union le régime dotal établi par le Code civil (280).

Il n'existera pas de société d'acquêts.

ART. 2. — *Apport du futur*

M. Busson apporte en mariage...

ART. 3. — *Apport de la future*

Mlle Duval, future épouse, se constitue personnellement en dot comme provenant de ses épargnes :

1o Les vêtements, linge, effets et bijoux à son usage personnel, estimés à 1.000 fr;

2o Un trousseau composé de... (*détailler*), le tout estimé à 3.000 fr.

La future épouse déclare que son apport est libre de toute dette ; elle en a donné connaissance au futur époux qui le reconnaît et consent à en demeurer chargé par le seul fait de la célébration du mariage.

L'estimation donnée aux apports de la future épouse a pour effet d'en rendre le futur époux propriétaire ; en conséquence la restitution sera du montant de l'estimation (352).

ART. 4. — *Donation à la future*

En considération du mariage, M. et Mme Duval donnent et constituent en dot, solidairement entre eux, à Mlle Duval, future épouse, leur fille, qui accepte :

1o Une somme de 6.000 fr. qu'ils s'obligent verser dans le délai de trois mois du mariage, sans intérêts ;

2o Une maison sise à..., rue...

(*Désignation, origine de propriété, police d'assurance*).

La future épouse eu aura la pleine propriété à partir du jour du mariage.

Cette donation est faite aux conditions suivantes :

1o La donataire imputera les biens donnés sur ses droits dans la succession du premier mourant des donateurs, et subsidiairement, en cas d'insuffisance, sur celle du survivant (394).

2o Les donateurs, chacun en ce qui le concernera, se réservent le droit de retour sur les biens dont ils viennent de faire donation à leur fille, pour le cas où ils survivraient à la donataire et à sa postérité.

Mais l'exercice de ce droit de retour ne fera pas obstacle : 1o à l'effet de tous avantages en usufruit que la future épouse pourra faire à son futur époux ; 2o à l'aliénation des biens donnés (429).

M. Jean Busson..., ici intervenant, père du futur époux, déclare garantir solidairement avec son fils la restitution des 10.000 fr., montant de la dot mobilière de la future épouse (565).

ART. 5. — Biens dotaux et paraphernaux

Seront dotaux les biens apportés par la future épouse et ceux qui lui ont été donnés par ses père et mère, sous les articles 3 et 4 des présentes.

Les biens dotaux seront administrés par le mari dans les conditions légales.

La future épouse réserve comme paraphernaux tous les biens mobiliers et immobiliers dont elle deviendra propriétaire au cours du mariage par succession, donation, legs ou à tout autre titre personnel.

La future épouse aura l'administration de ses paraphernaux et la jouissance libre des revenus en provenant (324).

ART. 6. — Aliénation de la dot

Malgré la stipulation de dotalité ci-dessus, la future épouse se réserve le droit, avec la seule autorisation du mari et sans formalité judiciaire, de vendre et échanger sa maison dotale, à la charge de remploi des prix et soultes en acquisitions d'autres immeubles fonciers de même valeur, au profit de la future et par elle acceptées.

Les immeubles reçus en échange ou provenant des remplois pourront être aliénés, comme le bien primitif et sous les mêmes conditions de remploi.

Dans aucun cas les rentes sur l'Etat, actions de la Banque de France et autres valeurs ne seront admises en remploi.

S'il y a lieu de faire apprécier la valeur vénale d'immeubles acquis comme remploi, aucune formalité de justice ne sera nécessaire ; il suffira, pour mettre l'acquéreur à l'abri de tout recours, que cette valeur soit fixée dans un procès-verbal signé du maire et de deux propriétaires de la commune où seront situés les biens en formant l'objet (302).

Art. 7. — Délai de restitution…

Art. 8. — Donation par le futur

En considération du mariage, le futur époux fait donation à la future, d'une somme de…, qui sera payée à la donataire dans l'année du décès du donateur, sans intérêt.

La future épouse sera propriétaire de la somme donnée à compter de ce jour ; mais, cette donation est subordonnée à la condition de survie de la future épouse ; en conséquence, elle sera sans effet si la future épouse vient à décéder avant le futur (493).

38. — Régime dotal ; Paraphernalité générale.

Devant Mᵉ…, notaire à…
    Ont comparu :
M. Charles-Jules Demange…,
Mˡˡᵉ Emilie-Pauline Lacoute…
Lesquels arrêtent ainsi qu'il suit les conditions de l'union projetée entr'eux.

Article 1ᵉʳ. — Régime

Les futurs époux ont déclaré adopter pour base de leur union le régime dotal établi par le Code civil.

Tous les biens meubles et immeubles présents et à venir de la future épouse sont réservés paraphernaux (280, 322.)

La future aura l'administration de tous ses biens et la jouissance libre de ses revenus.

ART. 2. — *Conditions d'emploi*

Malgré la paraphernalité générale, il est expressément stipulé : 1º que l'autorisation du mari, sera nécessaire pour l'encaissement des capitaux comme pour l'aliénation, directe ou indirecte, des biens mobiliers et immobiliers ; 2º que les sommes touchées et les prix de vente, cessions et transferts devront être employés, au profit de la future épouse et avec son acceptation, en rentes sur l'Etat français ou en actions de la Banque de France (328).

ART. 3. — *Apport du futur*

Le futur époux apporte en mariage...

ART. 4. — *Apport de la future*

La future épouse possède et fait apport de...

ART. 5. — *Contribution aux charges*

Les futurs époux contribueront aux charges du mariage dans la proportion des revenus de chacun. Ils seront en tout temps respectivement réputés avoir fourni jour par jour leur part contributive, sans être assujettis à aucun compte, ni à retirer quittance l'un de l'autre.

ART. 6. — *Propriété du mobilier*

Chacun des futurs époux conservera la propriété des objets mobiliers lui appartenant actuellement et de ceux qui lui adviendront durant le mariage, à titre gratuit et onéreux.

Lors de la dissolution du mariage, les époux ou leurs représentants feront la reprise des objets dont ils justifieront être propriétaires, soit par titre, soit par l'usage, soit encore par la marque ou les factures des fournisseurs.

Quant aux objets dont aucun des époux ne prouvera la propriété, ils seront réputés appartenir à celui d'entre eux qui sera propriétaire ou locataire des lieux occupés.

ART. 7. — *Donation...*

39. — Clauses particulières de dotalité

A. — Dotalité des biens présents seulement

La future épouse se constitue en dot tous les biens meubles et immeubles dont elle est actuellement propriétaire. Par suite, tous les biens mobiliers et immobiliers qui adviendront à la future pendant le mariage, seront paraphernaux (282).

B. — Dotalité des biens à venir seulement

La future épouse se constitue en dot tous les biens mobiliers et immobiliers dont elle deviendra propriétaire durant le mariage à titre personnel; en conséquence, elle se réserve comme paraphernaux tous les biens et droits lui appartenant actuellement.

C — Dotalité générale excluant des biens déterminés

La future épouse se constitue en dot tous ses biens meubles et immeubles présents et à venir.

Toutefois, les biens suivants sont affranchis de la dotalité :

1o Les effets personnels de la future, et tous les meubles meublants, argenterie, linge, bijoux et objets de ménage qui lui adviendront pendant le mariage à titre personnel;

2o La maison située à..., rue..., no... ;

3o Une ferme sise à..., nommée...

De sorte que les futurs époux auront la libre disposition de ces derniers biens ; ils pourront les recouvrer et aliéner comme bon leur sembleru, suns aucune charge d'emploi ni de remploi.

D. — Somme dispensée d'emploi

ARTICLE...

Aucune obligation d'emploi et de remploi ne pèsera sur les tiers à l'occasion d'une somme de..., à prendre sur les premiers biens que la future épouse recueillera pendant le mariage, par succession, donation, legs, ou à tout autre titre.

Le choix des biens dispensés d'emploi sera fait par la future épouse, avec la seule autorisation maritale, dans un acte authentique placé à la suite des présentes. La valeur pour laquelle ils seront imputés sur cette somme de..., résultera de l'estimation qui leur aura été donnée par les actes destinés à faire cesser l'indivision

Si les actes ne contenaient pas d'estimation, ou, si la future recueillait une succession, une donation ou un legs, sans cointéressé ou copartageant, la valeur des biens choisis qui ne résulterait pas de leur nature comme pour l'argent comptant, les valeurs de bourse et les créances, sera fixée par un expert que désignera sur simple requête le président du tribunal civil du lieu de l'ouverture du droit; expert dont le rapport dispensé dès à présent de toute formalité de justice, sera annexé à la minute de l'acte authentique dont il est parlé plus haut (*ou* serait fixée par les époux eux-mêmes dans l'acte authentique dont il s'agit).

En aucun cas, les tiers n'auront à contrôler les actes déterminant les biens exempts d'emploi, ni à en surveiller l'exécution ; ces actes seront réputés réguliers et suffisants du moment ou ils auront été signés par l'épouse autorisée de son mari.

E. — Disponibilité d'une quotité des biens.

La future épouse se constitue en dot tous ses biens meubles et immeubles présents et à venir.

Mais, la moitié des biens et droits mobiliers et immobiliers qui, pendant la durée du mariage, lui adviendront par succession, donation. legs ou à tout autre titre personnel, sera de libre disposition, sans charge d'emploi ou de remploi.

En conséquence, les biens dont la future épouse deviendra propriétaire au cours du mariage seront divisés en deux lots égaux, dont l'un se trouvera soumis aux conditions d'emploi et de remploi ci-après déterminées, et l'autre restera entièrement libre, c'est-à-dire pourra être vendue, hypothéquée, donnée ou autrement aliénée sans restriction.

Cette division résultera de la simple déclaration passée par la uture épouse autorisée de son mari, soit dans l'acte même d'attribution des biens à son profit. soit dans un acte authentique ultérieur et spécial.

F. — Liberté générale d'aliéner

Malgré l'adoption du régime dotal, la future épouse aura le droit, avec la seule autorisation maritale, de vendre, échanger, donner, et hypothéquer tous ses immeubles dotaux présents et à venir; et d'en disposer de la manière la plus absolue, sans être astreinte envers les tiers à aucune justification d'emploi ou de remploi.

G. — Réserve de doter un enfant

La future épouse se réserve de disposer, quand bon lui semblera, pour l'établissement par mariage ou autrement de l'enfant issu de sa première union, sans avoir besoin de l'autorisation de son mari ni de justice, jusqu'à coucurrence d'une somme de..., à prendre sur ses biens dotaux, en pleine propriété (200).

40. — Communauté d'acquêts ; dotalité d'un immeuble et faculté de vendre moyennant remploi.

ARTICLE 1er. — *Régime*

Les futurs époux adoptent le régime de la communauté, sauf les modifications résultant des articles ci-après ; spécialement de la dotalité partielle stipulée par l'article 5 (337).

ART. 2. — *Exclusion des dettes et réserve des propres...*

ART. 3. — *Apport du futur époux...*

ART. 4. — *Apport de la future épouse...*

ART. 5. — *Dotalisation partielle et faculté d'aliéner*

Par dérogation partielle au régime de la communauté, les futurs époux déclarent soumettre aux régles du regime dotal, la ferme de la Butte, comprise dans les apports en mariage de la future épouse; en conséquence, elle se constitue en dot cette ferme, qui aura le caractère de bien dotal.

Le futur époux administrera la ferme dotale, dont les fruits et revenus entreront dans la communauté ci-dessus stipulée.

Nonobstant la dotalité, la ferme de la Butte pourra être aliénée par vente, échange ou de toute autre manière, par la future épouse sous l'autorisation de son mari, sans aucune formalité judiciaire ; mais les prix des ventes ou les soultes d'échanges devront être employés, au profit de la future épouse et sous son acceptation, soit en acquisitions d'immeubles, qui pourront être faites en vue d'aliénations projetées, ou même en acquisitions d'immeubles du mari ou de la communauté, qui lui seraient cédés en remploi ; soit en rentes sur l'Etat ou actions de la banque de France ; soit en placements sur particuliers, par privilège ou hypothèque, même sur des propriétés propres au futur ou dépendant de la communauté, à l'effet de payer par subrogation les privilèges qui pourraient les grever.

Les immeubles acquis par anticipation à titre de remploi et ceux qui seraient cédés en remploi par le futur époux, passeront entre les mains de la future épouse, affranchis de plein droit de son hypothèque légale, et sans qu'il soit besoin de remplir à cet effet aucune formalité de purge (305).

Les biens provenant d'emplois ou remplois et ceux reçus en échange, pourront être aliénés de la même manière que les biens primitifs, et sous les mêmes conditions de remploi ; il en sera ainsi des nouveaux biens et successivement.

Pour la validité des emplois et remplois, ils devront être acceptés par la future épouse, et il sera fait mention expresse de l'obligation de remploi dans les contrats d'acquisitions d'immeubles, sur les titres des valeurs indiquées plus haut, et dans les actes de placements hypothécaires.

Les tiers débiteurs ne seront tenus que de veiller à ce que les emplois ou remplois soient effectués matériellement; et ils n'encourront aucune responsabilité à raison de leur suffisance ou de leur validité (302).

Si les remplois n'avaient pas été effectués pendant le mariage, les aliénations seraient néanmoins valables, mais sous la condition que les tiers détenteurs des biens dotaux en verseront le prix entre les mains de la femme ou de ses héritiers.

Les frais des actes faits pour arriver aux emplois et remplois et de ceux qui les constateront, seront prélevés sur le fonds dotal.

ART. 6. — *Remploi facultatif*

En dehors de la propriété frappée de dotalité par l'article qui précède, le remploi des biens propres à chacun des époux qui seraient aliénés ou remboursés pendant le mariage, se fera d'après les règles de la communauté, sans que les tiers puissent en aucun cas l'exiger ou soient exceptés à encourir de ce chef une responsabilité quelconque.

ART. 7. — *Préciput...*

41. — Communauté d'acquêts ; dotalité d'une somme fixe sur les biens présents ; clauses d'emploi.

ART. 1er. — *Régime*

Les futurs époux déclarent adopter le régime de la communauté établi par le Code civil, sauf les modifications ci-après exprimées, notamment sous l'article 6, dotalisant une partie de la fortune actuelle de la future (337).

ART. 2. — *Exclusion des dettes et réserve des propres...*

ART. 3. — *Apport du futur époux...*

ART. 4. — *Donation au futur époux...*

ART. 5. — *Apport de la future épouse...*

ART. 6. — *Dotalisation partielle*

Nonobstant l'adoption du régime de la communauté, les futurs époux conviennent de frapper de dotalité et de soumettre aux conditions d'emploi ci-après déterminés, la somme de 80.000 fr., faisant partie de l'apport en mariage de la future épouse.

L'emploi de cette somme de 80.000 fr. sera effectué soit en acquisition d'immeubles, soit à payer, en tout ou partie, et avec subrogation le prix de l'étude de notaire ou autre office ministériel dont le futur époux pourra devenir cessionnaire pendant le mariage.

Si l'emploi a lieu en payement du prix d'un office acquis par le futur, cet emploi sera effectué par le versement aux mains du cédant de l'office ou de tous autres ayants droit, avec déclaration d'origine de deniers et subrogation, dans le privilège.

A cet effet, la future épouse pourra intervenir dans l'acte portant cession de l'office au futur époux, en s'obligeant solidairement avec lui au payement de la somme pour laquelle l'emploi devra être effectué.

Il sera fait mention dans la quittance du prix de l'office, de l'origine des deniers versés au nom de la future épouse et de leur caractère de dotalité, de manière que la créance de celle-ci contre son futur époux soit également dotale et soumise aux conditions d'emploi ci-dessus stipulées.

Si le futur époux cède durant le mariage son office acquis avec emploi des deniers dotaux, il devra assurer la conservation du privilège de la future épouse et lui faire, jusqu'à due concurrence, des délégations sur son successeur.

Et si le futur époux vient ensuite à racheter un autre office, la créance dotale sur son successeur pourra être employée par une délégation, une cession ou de tout autre manière, au paiement total ou partiel du nouvel office et successivement, le tout sous les conditions ci-dessus prescrites.

Art. 7. — Remploi facultatif...

Art. 8. — Hypothèque légale

La future épouse pourra toujours intervenir dans les ventes et hypothèques des immeubles appartenant au mori ou dépendant de la communauté, à l'effet de consentir en faveur des tiers acquéreurs ou prêteurs toutes renonciations ou subrogations d'hyothèque légale, même en tant que cette hypothèque conserverait les 80.000 fr. dotalisés (339).

Art. 9. — Donation mutuelle...

42. — Donations aux futurs époux

A. — Père et mère avec imputation inégale sur leurs successions

En faveur du mariage, M. et Mme D... donnent et constituent en dot à M. Jules D..., futur époux, leur fils qui accepte,

en avancement d'hoiries : le mari pour deux tiers et la femme
pour un tiers, néanmoins solidairement entr'eux, une somme
de... (391).

B — *Père en effets de communauté*

En considération du mariage M. D... donne et constitue en
dot à M. Jules D..., futur époux, son fils, qui accepte, les biens
ci-après désignés, dépendant de la communauté existant entre
lui et Mme..., son épouse, en vertu de leur contrat de mariage
passé devant M^e..., notaire à..., le... (157, 395).

1o Une pièce de terre en labour...

C. — *Mère seule*

En faveur de l'union projetée, Mme D..., autorisée de son mari
donne et constitue en dot personnellement, en avancement
d'hoirie à M, Jules D..., futur époux, son fils, qui accepte, une
ferme... (396).

D. — *Préciput par un oncle*

M. B..., comparant, donne et constitue en dot, par préciput,
au futur époux, son neveu, qui accepte, une maison sise à... (414)

E — *Grands-parents*

En considération du mariage projeté, M. et Mme A..., aïeuls
de la future épouse, font donation entrevifs et irrévocable à
Mme B... leur fille qui accepte, en avancement d'hoirie et par
avancement sur les droits de la donataire, d'abord dans la succession du premier mourant des donateurs, et, s'il y a lieu sur
celle du survivant, et avec obligation pour ce dernier de garantir
à la donataire l'intégralité de cette donation en cas de rapport
réel et effectif à la succession du premier mourant des donateurs,
de...

Cette donation est ainsi faite à la condition que Mme B... constituera cette même somme en dot et par ces présentes à Mlle B..
sa fille, future épouse.

Et, de suite, Mme B..., en exécution de la condition qui précède, et en considération du mariage projeté, donne et constitue
en dot à la future épouse, sa fille, qui accepte, en avancement
d'hoirie et par imputation sur sa succession future, (et sous con-

dition que cette imputation se fera avant celle de la dot constituée par la donatrice et son mari), la somme de... pour laquelle elle remettra à la future épouse, le jour même du mariage qui lui en vaudra quittance et décharge, les mêmes valeurs et sommes que celles à elle données par M. et Mme A... (413, 594).

43. — Biens donnés aux futurs

A. — Argent avec faculté de se libérer en immeuble

En considération du mariage, M. et Mme L..., donnent à titre de constitution de dot à M... futur époux, leur fils qui accepte, une somme de... fr. que les donateurs s'obligent solidairement payer, au donataire, dans le délai d'un an, à compter de la célébration du mariage, en la demeure des donateurs, avec intérêts au taux de quatre pour cent acquittables en même temps que le principal.

Les donateurs se réservent le droit de fournir la somme de... fr., en abandonnant une maison sise à..., rue..., n°...

Le futur époux sera tenu de recevoir cet immeuble, s'il plaît aux donateurs de l'abandonner pour être entièrement quittes de la dot (447, 603).

En recevant l'immeuble, le futur sera tenu, à partir de sa mise en jouissance, d'en acquitter les contributions et autres charges, de souffrir les servitudes, d'exécuter les baux et de payer les frais et droits de l'abandon.

Et, pour sûreté du paiement de la dot en principal et accessoires, les donateurs hypothèquent spécialement la maison située à..., dont il s'agit.

B. — Somme payable au décès

En considération du mariage, M. D... donne et constitue en dot, par préciput et hors part.

A M. L..., futur époux, son neveu :

Une somme de... à prendre sur les plus clairs biens que le donateur laissera à son décès, et dans les trois mois de ce décès.

M. D... s'oblige servir au futur époux l'intérêt de la somme donnée, au taux de cinq pour cent, à partir du jour de la célébration du mariage, payable chaque année, en un seul terme, en la demeure du donateur, et jusqu'à son décès (438, 601).

A la garantie de l'exécution de cette donation, M. D... affecte
et hypothèque une maison située à..., rue..., n°...

Le donateur réserve le droit de retour...

C. — *Immeuble en nue propriété*

Un herbage situé à..., nommé..., contenant...

Cet herbage appartient au donateur...

Le donataire aura la propriété de l'immeuble donné à
compter du jour du mariage ; mais il n'y réunira la jouissance
qu'au décès du donateur qui en réserve l'usufruit aux charges
de droit (592).

Il est convenu que les baux qui seraient faits par le donateur
cesseront de plein droit un an après le premier janvier qui suivra son décès.

D. — *Créance*

Une créance de..., sur M..., résultant d'un acte reçu par
Me..., notaire à..., le...

Le donataire aura droit aux intérêts de la créance donnée à
partir de la célébration du mariage civil.

Et, par le seul fait du mariage, le futur demeurera subrogé
dans tous les droits résultant des titres, notamment dans l'effet
de l'inscription conservant la créance donnée, prise au bureau
des hypothèques de..., le..., vol..., n°...

Les titres de cette créance seront remis au futur lors de la
célébration civile du mariage.

La subrogation sera mentionnée en marge de l'inscription sur
la remise d'un extrait des présentes, sans changement de domicile élu (84, 441, 623).

E. — *Assurance sur la vie*

Une assurance sur la vie de la somme de..., souscrite par le
donateur avec la compagnie..., dont le siège est à Paris, rue...,
suivant police en date du..., enregistrée à... le... folio..., au
droit de...(1).

(1). Le droit d'enregistrement des polices d'assurance sur la vie est de
1 fr. 0/0 sur la valeur totale des primes (L. fr. art. 09 § 2 ; 28 avril 1816,
art. 51 § 2). Quand les primes sont payables pendant la vie de l'assuré, les
parties doivent faire une évaluation (L. fr. art. 16 ; Blois, 9 mars 1898, R. E.
1742, J. E. 25596 ; Sol. 14 novembre 1878, J. E. 19371).

Cette assurance contractée sur la tête de M..., donateur, moyennant une prime annuelle de... exigible le... de chaque année, et le capital assuré stipulé payable à ses héritiers et ayants droit.

Au moyen de la présente constitution de dot, le donataire aura à compter de ce jour la pleine propriété et jouissance de cette assurance sur la vie, pour en disposer comme bon lui semblera.

Les primes restant à payer incombent en entier au donataire.

Ce dernier reconnaît que remise lui a été faite de l'un des originaux de la police dont il s'agit.

Tous pouvoirs sont donnés au porteur d'un extrait des présentes pour les faire notifier à la compagnie.

F. — *Rente française*

Une rente sur l'État français de cent francs 3 o/o inscrite au nom du donateur sous le n°... de la section...

Cette rente est estimée au cours d'hier, convenu entre les parties, à... fr.

G. — *Actions*

Dix actions au capital nominal de... chaque de la compagnie de..., portant les n°s..., inscrites au nom du donateur sur les registres de la compagnie sous le n°...

Ces actions présentent au cours de..., une somme totale de..., convenue entre les parties.

L'évaluation ci-dessus fixera le rapport dû par la future épouse donataire aux successions de ses père et mère, comme aussi la somme sur laquelle s'exercerait le droit de retour ci-après stipulé, le tout lors même que les valeurs données n'auraient pas été aliénées ou quel qu'ait été leur prix d'aliénation (430).

Les titres des valeurs données seront remis au futur époux le jour du mariage dont la célébration vaudra décharge aux donateurs.

M°..., notaire soussigné, délivrera tous certificats de propriété et extraits nécessaires pour faire immatriculer au nom du futur époux les titres des biens et valeurs qui viennent de lui être constitués en dot (85).

H. — *Rente viagère reversible*

Une rente de..., par année, pendant la vie des donateurs, et que ceux-ci s'obligent solidairement payer par semestre, à compter du jour du mariage, au domicile des futurs époux (443).

Il est expressément convenu :

Que les donateurs ne pourront se libérer du service de la rente constituée, par un versement de capital, sans le consentement des futurs époux.

Que cette rente ne donnera lieu à aucun rapport aux successions des donateurs.

Qu'en cas de prédécès de la future donataire, la rente sera continuée au profit des descendants à naître du mariage projeté *(ajouter :* elle sera aussi reversible au profit du futur époux, s'il y a lieu pour effectuer le service des avantages viagers qui vont lui être assurés).

Qu'au décès du prémourant des donateurs, cette rente s'éteindra pour la portion correspondant à l'intérêt au taux de 4% de l'émolument de la future dans la succession du prémourant, et elle sera complètement éteinte si la future recueille la toute propriété d'une somme de... *(capital au denier 25 de la rente).* Mais il est bien entendu que la rente devra être servie jusqu'au moment où la future se trouvera en possession réelle de ses droits héréditaires par la consommation définitive du partage (394).

I. — *Rente temporaire*

Uue somme annuelle de..., que M. D... s'oblige à payer au futur époux, son fils, jusqu'au jour où s'éteindra, par renonciation ou par décès, l'usufruit de Mme L..., aïeule du futur, sur la moitié de la ferme de..., énoncée dans son apport.

Cette annuité sera payable en quatre termes égaux, de trois mois en trois mois, à compter du jour du mariage, au domicile de M. D... père.

Le futur époux ne devra aucun rapport à la succession de M. D..., son père, pour l'annuité dont il s'agit, quelle que soit la durée successive du paiement de cette annuité (444).

J. — *Rente viagère amortissable*

En considération de l'union projetée, M. et Mme A... constituent en dot, solidairement entr'eux à M. Louis A..., leur fils, futur époux, qui accepte :

Une rente ou pension annuelle et viagère de 2000 fr. dont les arrérages courront au profit du futur époux et des enfants à naître du mariage, et seront par semestre et d'avance, en la demeure des donateurs, pour le premier paiement avoir lieu le jour du mariage, le second six mois après, et ainsi de suite.

Cette rente s'éteindra en cas de décès du futur époux et de sa postérité avant les donateurs.

Elle s'éteindra encore en totalité si le futur époux ou ses enfants recueillent, dans la succession du prémourant des donateurs, un émolument, en pleine propriété, d'au moins 40.000 fr. Au cas ou cet émolument serait inférieur à 40.000 fr., la rente ou pension subirait une réduction proportionnelle et le complément de cette rente devrait, dans ce cas, continuer d'être servi par le survivant des donateurs.

Il est bien entendu que le service des arrérages de la rente ne donnera lieu à aucun rapport aux successions des disposants.

D'autre part, M. et Mme A... auront toujours la faculté de s'affranchir du service de cette pension, en versant au futur époux ou à ses enfants un capital de 40.000 fr. en espèces, après avertissement de six mois.

Le même droit appartiendra au survivant des donateurs pour le complément de pension dont il pourrait se trouver chargé.

Dans le cas de versement, au futur époux ou à ses enfants, du vivant des deux donateurs, du capital de 40.000 fr., il s'imputera sur les droits du futur ou de ses enfants, dans la succession du prémourant des donateurs et subsidiairement, s'il y a lieu, sur ses droits dans celle du survivant.

Si le survivant des donateurs juge à propos de se libérer du complément de pension dont il pourra être tenu, par le versement du capital au denier 20, il est convenu que ce capital viendra entièrement en imputation sur les droits du futur époux dans la succession du versant (394, 616).

K. — *Usufruit*

En considération du futur mariage, M. B... consent la réunion à la nue propriété de l'usufruit lui appartenant sur les cent obligations des chemins de fer de l'Ouest, comprises dans l'apport du futur époux détaillé sous l'article...

Cette réunion d'usufruit aura effet à compter de la célébration civile du mariage (592).

L. — Dot par père et mère, sous condition de ne pas demander partage

En considération du mariage, M. et Mme B... donnent et constituent en dot, à Mlle Eugénie B..., future épouse, leur fille, qui accepte :

Une somme de...

Cette donation est faite sous la condition que la future épouse ou ses représentants laisseront jouir le survivant des donateurs pendant sa vie, de l'usufruit, avec dispense de caution, mais à la charge de faire dresser inventaire, de tous les biens qui formeront l'importance de la succession du prémourant.

Par suite, la future s'interdit le droit d'exercer aucune demande en partage avant le décès du survivant des donateurs.

Si, nonobstant cette stipulation, le partage est demandé et a lieu, la somme de..., qui vient d'être constituée en dot, devra être imputée sur la succession du premier mourant qui sera censé avoir seul doté, à concurrence de la part qui reviendra à la donataire, et, s'il y a excédant, l'imputation en aura lieu sur la succession du dernier vivant.

M. — Dot par le survivant, sous condition de ne pas demander partage

En considération du mariage, Mme veuve B... donne et constitue en dot, à Mlle B..., sa fille, future épouse, qui accepte :

Une somme de...

Cette donation a lieu sous la condition que la future ne pourra demander, à la donatrice, le compte de la gestion et de l'administration qu'elle a eues de ses biens en qualité de tutrice légale depuis le décès de M. B..., son mari.

Et si, malgré cette stipulation, la future épouse ou ses représentants vienent à demander le compte de tutelle, la somme de... qui vient d'être donnée, sera imputable sur le reliquat de ce compte et l'excédant, s'il y en a, sur la succession de la donatrice (398, 595).

N. — Dot imputable sur droits indivis et compte de tutelle

Cette dot sera imputée d'abord sur les droits non encore liquidés de la future épouse dans la succession de son père dont elle est

héritière pour..., ainsi que le constate...., ensuite sur le reliquat
du compte de tutelle que doit la donatrice, et, subsidiairement
s'il y a lieu, sur la succession future de cette dernière (595).

O. — Conventions de nourrir et loger

I. En considération du mariage, M. et Mme B... s'engagent,
solidairement, à nourrir et loger, dans leur maison, pendant...
années, à partir du mariage, tant les futurs époux que leurs do-
mestiques, et les enfants à naître du mariage.

Cet engagement cessera d'être obligatoire, avant l'expiration
du délai indiqué, au décès du premier mourant de M. et Mme
B..., ou au décès sans enfants de la future épouse, leur fille.

S'il plaisait à l'une ou à l'autre des parties de faire cesser la
commune habitation, les donateurs paieraient aux futurs époux,
et par trimestre, une pension annuelle de..., jusqu'à l'expiration
des... années sus-indiquées (444, 445, 581).

Cette convention ne fera l'objet d'aucun rapport par *la future
épouse* aux successions de ses père et mère.

II. En considération du mariage, M. et Mme B... s'obligent
solidairement à loger et nourir dans leur maison, pendant...
années, à partir du jour du mariage, les futurs époux et les enfants à naître du mariage.

Cet engagement cessera d'être obligatoire, avant l'expiration
du délai indiqué, et sans aucune indemnité de part ni d'autre,
mais à la charge d'un avertissement donné... mois d'avance, par
la volonté ou par le décès de l'une des parties.

En compensation de cet engagement, les futurs époux s'obligent travailler avec, pour le compte et au profit de M. et Mme
B..., sans pouvoir réclamer aucune rémunération (597).

III. Dans le cas où Mme X..., mère de la future, irait habiter
avec sa fille et son gendre, ceux-ci seraient obligés de la loger,
nourrir et soigner convenablement.

Pour sa pension, Mme X... verserait une somme annuelle de...,
acquittable par quart de trois mois en trois mois, à partir du jour
où elle mettrait ce projet à exécution.

P. — Donation en cas de successions

Mme X... prend l'engagement de faire profiter le futur époux,
son fils, de l'amélioration qui pourrait survenir dans sa position

de fortune par suite de successions ou legs à échoir qui seraient recueillis par elle ; en conséquence, elle s'oblige à remettre au futur époux une rente annuelle et viagèreégale au quart du revenu net des biens meubles et immeubles qui adviendraient ultérieurement à Mme X... de successions ou legs.

Cette rente prendrait cours de l'ouverture de chaque succession et serait servie par semestre, en la demeure de Mme X... et jusqu'à son décès (440, 604).

Q. — Donation sous condition suspensive

Toujours en considération du mariage, Mme X... fait donation à la future épouse, sa fille, d'une somme de 20.000 fr., mais seulement pour le cas où le futur époux traiterait d'un office de notaire, dans le délai de cinq ans à partir du mariage.

En conséquence, l'effet de cette donation est suspendu jusqu'au jour où le futur époux aura traité d'un office de notaire, et si le traité n'intervient pas dans le délai de cinq années du mariage, la présente donation sera nulle et de nul effet.

Si le traité prévu se réalise, la somme de 20.000 fr. dont il s'agit sera versée sans intérêts dans le mois qui suivra la nomination du futur aux fonctions de notaire, entre les mains de son cédant ; et la future épouse ferait, dans ce cas, le rapport de la somme donnée à la succession de Mme X... (604).

44. — Retour conventionnel

M. et Mme B... et M. et Mme C... réservent à chacun d'eux le droit de retour sur la portion dont il sera établi donateur dans les constitutions de dot ci-dessus faites aux futurs époux, après l'imputation dont il a été parlé, pour le cas où ils survivraient l'un ou l'autre à leur donataire et à sa postérité.

Toutefois cette réserve de droit de retour ne mettra pas obstacle à l'effet de tous avantages, en rentes viagères ou en usufruit, que les futurs époux pourront se faire, soit par ces présentes, soit postérieurement, même avec dispense de caution.

Et il est convenu que la réserve de retour ne pourra pas empêcher, pendant le mariage, l'aliénation libre des biens donnés ou leur affectation hypothécaire à la garantie de toutes dettes qu'il plaira aux futurs époux de contracter ; le tout hors la présence des donateurs, sans que les tiers aient à s'en préoccuper ni a demander un emploi, sauf aux donateurs à exercer le retour sur le prix d'aliénation ou les biens acquis en échange, et en ayant d'ailleurs tout recours contre la succession du donataire.

Au surplus, les administrations, sociétés et compagnies sont formellement dispensées de mentionner cette réserve de droit de retour sur les titres (429, 430).

45. — Société agricole

En considération du mariage, M. Jean B..., père, d'une part ; M. Guillaume B..., futur époux, d'autre part, établissent entr'eux une société pour l'exploitation de la ferme de...., située à..., louée pas M. X... à M. Jean B..., pour... années à partir du..., moyennant un fermage annuel de..., et diverses charges, suivant acte sous signatures privées du..., enregistré à..., le..., folio... au droit de...

La société prendra cours le lendemain du mariage projeté, et elle durera jusqu'à l'expiration du bail ci-dessus énoncé.

M Jean B... apporte à la société : 1º le droit au bail ; 2º les meubles, objets mobiliers, chevaux, bestiaux, instruments aratoires, grains, fourrages et autres objets garnissant la ferme, ainsi que les labours, semences et engrais, le tout estimé à 4000 fr., nets des dettes et des fermages courus.

M. Guillaume B... fait apport de 1000 fr., montant de son apport en mariage, et de 2000 fr. constitués en dot à sa future par les père et mère de celle-ci.

Le passif social comprendra le prix et les charges du !bail, la nourriture et l'entretien des associés, le salaire des gens de service, et généralement toutes les charges d'exploitation de la ferme.

La société sera administrée par les deux associés : M. Jean B... s'occupera spécialement des foires et marchés, M. Guillaume B... aura la direction des travaux de culture et de ceux intérieurs; pour ces derniers, la future Mme Guilaume B... donnera sa collaboration.

A la dissolution de la société, les bénéfices appartiendront pour moitié à M. Jean B... et pour l'autre moitié au futur époux ; les pertes seront supportées dans la même proportion.

Chacun des associés réserve en dehors de la société ses linges, hardes et bijoux personnels, ainsi que ceux de son conjoint.

46. — Institution contractuelle

A. — *Universalité*

En considération du mariage, M. et Mme B... instituent le futur époux, leur fils, seul héritier de tous les biens meubles et immeubles qui composeront leurs successions.

Néanmoins, cette institution ne pourra préjudicier aux avantages que M. et Mme B... pourront se faire l'un à l'autre, et ils se réservent expressément de ¦disposer gratuitement, au profit de qui bon leur semblera, chacun d'une somme de...

Si le donataire venait à décéder avant les donateurs, ses descendants à naître du mariage profiteraient de la présente institution (456, 459).

B. — *Quotité disponible*

En considération du mariage, M. B... fait donation entre vifs, par préciput, à la future épouse, sa fille, qui accepte :

De toute la portion dont la loi permettra la libre disposition au donateur à l'époque de son décès, à prendre dans les biens meubles et immeubles qui composeront sa succession.

En cas de prédécès de la donataire, ses enfants à naître du mariage projeté recueilleront le bénéfice de la libéralité.

Le donateur se réserve de disposer gratuitement, au profit de qui bon lui semblera, d'une valeur de...

C. — *Somme fixe*

En considération du mariage, M. E... fait donation entre vifs, par préciput, à Mlle D..., future épouse, sa nièce, qui accepte :

D'une somme de... sur les plus clairs biens que le donateur laisssera à son décès.

Cette somme sera payée en argent ou en nature à la future

dans les six mois du décès du donateur, sans intérêts, à..., en l'étude de M[e]..., notaire.

En cas de prédécès de la donataire, ses enfants à naître du mariage projeté recueilleront la libéralité (457).

D. — Objets déterminés, avec substitution

En considération du mariage, M. B... institue le futur époux, son fils, héritier par préciput et hors part : 1º du domaine de... sis commune de... comprenant château, communs, parc, bois, deux fermes, le tout contenant environ... ; 2º de tous les meubles meublants, tableaux, objets d'art, vaisselle plate, linges et objets corporels garnissant le château et ses dépendances,

Tels qu'ils existeront au décès du disposant.

Le donataire sera tenu de conserver les biens qui lui écherront au moyen de la présente donation pour les rendre à ses enfants à naître au premier degré, que M. B..., donateur, déclare lui substituer à cet effet.

E. — Confirmation d'institution contractuelle

Dans le contrat de mariage de M. A... avec Mme B.... reçu par M[e].... notaire à..., le..., Mme D... a fait donation à M. A..., son neveu, à titre d'institution contractuelle, d'une somme de... à prendre sur les plus clairs deniers de la succession de la donatrice, et il a été dit qu'en cas de prédécès du donataire les enfants à naître du mariage alors projeté recueilleraient cette libéralité.

Le mariage de M. A... avec Mme B..., célébré à la mairie de... le..., s'est dissous par le décès de l'épouse arrivé à..., le..., et aucun enfant n'est issu de cette union.

Ceci expliqué, Mme D..., en considération du mariage projeté entre M. A.., et Mlle C..., déclare confirmer la donation à titre d'institution contractuelle de... ci-dessus rappelée, dans le but d'étendre le bénéfice de cette disposition aux enfants à naître de l'union projetée, pour le cas de prédécès de M. A..., ce qui est accepté par ce dernier.

En conséquence, il est formellement stipulé que dans le cas de
décès de M. A... avant Mme D... les descendants issus de son mariage avec Mlle C..., recueilleront le bénéfice de la donation de...
dont il s'agit, s'ils survivent à la donatrice.

F. — *Donation à l'un des futurs par les père et mère de l'autre*

Prévoyant le cas où *la future épouse*, leur fille, décèderait
avant eux, M. et Mme B... font donation éventuelle au futur
époux, de l'usufruit de la part que la future épouse recueillerait
dans leurs successions ; pour le futur jouir de cet usufruit jusqu'à
son décès, ou jusqu'au jour où il contracterait un second mariage.

S'il existait des enfants du mariage projeté, l'usufruit donné
éventuellement serait réduit de moitié.

En tous cas, le futur est dispensé de caution et d'emploi, mais
il devra faire dresser un inventaire authentique (458).

47. — Promesse d'égalité

I. En considération du mariage, M. et Mme B..., père et mère
du futur époux, s'interdisent de faire aucune disposition, par
acte entre vifs ou testamentaire, en faveur de qui que ce soit, au
préjudice du futur époux ou des enfants à naître du mariage
projeté ; en conséquence, ils leur garantissent l'intégralité de la
portion héréditaire du futur époux dans leurs successions.

Cette institution ne nuira pas aux avantages viagers que M. et
Mme B... pourront se faire l'un à l'autre (467, 468).

II. M. et Mme... assurent à la future épouse, leur fille qui accepte, tout ce qui pourra lui revenir dans leurs successions et
même dans la portion disponible ; en conséquence, ils renoncent
formellement à faire aucune disposition à son préjudice de leurs
biens présents et à venir ; voulant qu'elle recueille l'intégralité
de ses droits dans leurs successions, ainsi que la portion dont ils
seront en droit de disposer par préciput au moment de leur décès.

48. — Etat de meubles donnés

Etat descriptif et estimatif, des objets mobiliers donnés par
M. Jean-Paul Durand à Mlle Louise Durand, sa fille, en considération de son mariage avec M. Emile Burnouf :

1º Une armoire en bois noir, avec glace, estimée à
400 fr.   400   »
  2º Un canapé et quatre fauteuils recouverts en
reps groseille, estimés à 500 fr.   500   »
  3º Une pendule et deux candelabres en bronze
doré, estimés à 400 fr.   400   »
  4º Une couche...   »   »

      Total des estimations 3.600 fr. . . . . . .   3.600 fr.»
Certifié véritable par les parties (380).

          (Signatures : *J.-P. Durand, L. Durand, E. Burnouf*).

49. — Etat de dettes

Etat des sommes dues actuellement par M. Edmond Pellerin,
propriétaire, demeurant à..., dressé en vue de la donation qu'il
se propose de faire à Mlle Marguerite-Lucie Lemonnier, sa nièce,
en considération du mariage projeté entr'elle et M. Eugène Roland :
  1º 6.000 fr. à M. Paul Havard..., en vertu d'une
obligation reçue par M^e..., notaire à..., le..., . .   6.000   »
  2º 4.000 à M. Jean Marteau,... reliquat de prix de
vente par contrat devant M^e..., notaire à..., le..., .   4.000   »

      Total des sommes dues 10.000 fr. . . . . .   10.000 fr.»
Certifié véritable (474).

                          (Signature : *Ed. Pellerin*).

50. — Certificat pour la mairie

Je soussigné Laroche, notaire à..., certifie que le contrat de
mariage de :
  M. Emile Burnouf, propriétaire, demeurant à...
  Et Mlle Louise Durand, sans profession, demeurant à...
  A été passé devant moi, aujourd'hui deux août mil neuf cent cinq·
  Et je leur ai délivré le présent certificat pour être remis, ainsi
qu'ils en sont avertis, à l'officier de l'état-civil avant la célébration
de leur mariage (64).

              (*Sceau et signature du notaire*).

51. — Extrait à publier

D'un contrat passé devant M° Laroche, notaire à..., le..., portant cette mention :

Enregistré à... (*copier*).

Contenant les conditions civiles du mariage de :

M. Emile Burnouf, négociant, demeurant à...,

Avec Mlle Louise Durand....

Il a été extrait littéralement ce qui suit :

ARTICLE 1er. — Les futurs époux déclarent adopter pour base de leur union le régime de la communauté, avec exclusion des dettes et réserves des propres, conformément à l'article 1498 du Code civil.

Extrait par M° Laroche, détenteur de la minute (72 à 74).

52. — Réception de signatures

Et le trois août mil neuf cent cinq.

Devant M° Laroche, notaire à...

    Ont comparu :

M. Emile Burnouf...

Et Mlle Louise Durand.,.

Lesquels, désirant conserver un témoignage authentique de l'agrément donné à leur futur mariage par divers parents et amis

Ont requis M° Laroche de recevoir les signatures des parents et amis, sur le présent acte qui fera suite à la minute du contrat de mariage de M. Burnouf et Mlle Durand, passé devant M° Laroche, le...

En conséquence, le notaire a reçu au pied de cet acte les signatures des personnes ci-après nommées :

Du côté du futur : 1° M...

Du côté de la future : 1° M...

Dont acte

Fait et passé à...

Lecture faite, les parents et amis ont signé avec les comparants et le notaire (58).

53. — Certificat de propriété

Dette publique : trois pour cent
EXTRAIT D'INSCRIPTION AU GRAND-LIVRE
No 32. 812 - Série 6e - Rente 600 francs
Au nom de : Bousset (Pierre)

—

Je soussigné..., notaire à...

Vu :

1o L'extrait d'inscription dont l'énoncé précéde ;

2o La minute d'un contrat passé devant moi le..., contenant les conditions civiles du mariage de M. Louis Thulié, négociant, demeurant à..., avec Mlle Augustine Bousset, sans profession, demeurant à...

Par ce contrat, les futurs époux adoptant le régime de la communauté, en ont exclu leurs apports et dots qui restent propres à chacun d'eux.

Et, en considération du mariage, M. Pierre Bousset, propriétaire, demeurant à..., a fait donation à la future épouse, sa fille, de l'inscription de 600 fr. de rente 3 % ci-dessus énoncée, avec jouissance du mariage.

3o Et la copie en forme d'un acte inscrit aux registres de l'état civil de..., constatant que M. Thulié et Mlle Bousset se sont mariés à la mairie de..., le...

Cette copie m'a été déposée pour minute par acte du... ;

Certifie que l'inscription de 600 fr. de rente 3 % appartient en toute propriété et doit être immatriculée au nom de Bousset (Augustine), femme de Louis Thulié.

Avec jouissance du...

En foi de quoi j'ai délivré le présent certificat.

A..., en mon étude, le... (85).

54. — Décharge de dot

Et le dix août mil neuf cent cinq,
Devant Me Morand, notaire à...,

Ont comparu :

M. Louis Keller, négociant et Mme Eugénie-Marie Glin, son épouse, qu'il autorise, demeurant...

Lesquels ont reconnu qu'il leur a remis dès avant ce jour ;

Par M. Jacques Glin, propriétaire, demeurant à...

1º Les objets mobiliers constitués en dot par M. Glin à Mme Keller, sa fille, et estimés à..., aux termes de son contrat de mariage passé devant M^e..., notaire à..., le... ;

2º La somme de..., en espèces, donnée par le même contrat.

Desquels objets et somme M. et Mme Keller ont consenti décharge à M. Glin (615).

Mentions sont consenties pour avoir lieu où besoin sera.

55. — Résiliation

Et le trois août mil neuf cent cinq,

Devant Me Laroche, notaire à...

Ont comparu :

M. Emile Burnouf...

Et Mlle Louise Durand...

Lesquels ont dit et arrêté ce qui suit :

Aux termes d'un contrat passé devant Me Laroche, le..., dont la minute précède, les comparants ont arrêté les conditions civiles du mariage alors projeté entre M. Burnouf et Mlle Durand.

Les comparants n'ont plus l'intention de donner suite à ce projet de mariage.

En conséquence, ils ont déclaré résilier le contrat du... dans toutes ses dispositions, voulant qu'il soit considéré comme non avenu et ne produise aucun effet (108, 610).

Mention des présentes seront faites sur toutes pièces que besoin sera

Dont acte...

56. — Contre-lettre

Et le deux août mil neuf cent cinq,

Devant Me Laroche, notaire à...

Ont comparu :

M. Emile Burnouf...

Mlle Louise Durand...

M. Paul-Jean Durand...

Lesquels ont dit que depuis la signature du contrat contenant les clauses et conditions civiles du mariage projeté entre M. Burnouf et Mlle Durand, passé devant Me Laroche, le..., dont la minute précède, ils ont décidé d'apporter à ce contrat divers changements.

Et qu'ils sont unanimement d'avis de le modifier de la manière suivante :

Article 5

L'article 5 contenant..., est entièrement supprimé et remplacé par la disposition qui suit :

. . . .

Article 7

Par l'article 7, tous les biens présents et à venir de la future ont été constitués en dot ;

Les parties sont convenues de laisser aux époux la libre disposition de la ferme de..., située à... ; en conséquence, cette ferme ne sera pas soumise à la dotalité, et l'épouse pourra la vendre ou aliéner comme bon lui semblera, sans aucune obligation d'emploi ni de remploi.

(*Enoncer très clairement tous les changements*).

Il n'est apporté aucune modification aux autres dispositions du contrat qui devront recevoir leur entier effet (99 à 105).

Mention des présentes sera faite en marge du contrat de mariage dont il s'agit.

Dont acte...

TABLE DES MATIÈRES

TABLE DES FORMULES

TABLE DES TEXTES

CITÉS DANS L'OUVRAGE

―――――

CODE CIVIL

―――――

ART.	Nᵒˢ DE L'OUVRAGE	ART.	Nᵒˢ DE L'OUVRAGE	ART.	Nᵒˢ DE L'OUVRAGE
144	17	850	413	1091	486
145	18	851	414	1092	486, 491
148	19	858	415	1093	486, 497
149	21	866	421	1094	49, 434, 498, 499
150	19, 23	868	415	1095	39
152	19, 21	900	283	1096	49
153	21	904	39	1098	49, 144, 163, 226
159	19, 27	906	382		499
160	19, 26	914	434, 500	1099	485
183	16	917	499	1130	46, 413, 433
204	387	921	501	1179	94. 449
217	256, 267	931	387	1181	449
223	42	939	83, 381	1187	437
228	15	943	39	1189	447
296	15	948	380, 436, 477	1196	449
299	487	951	423, 479	1213	509
396	272	952	423, 427, 428	1241	409
469	398	954	487	1248	437, 514
472	452	959	373, 487	1341	61
511	384	960	374, 487	1387	1, 37, 40 142
528	146	1081	377, 378, 382	1388	2, 42, 45
587	159, 286, 349	1082	39, 454, 459	1389	3, 46
589	342	1083	460	1390	48
600	502	1084	39, 83, 469, 474	1391	38, 54, 64, 142
747	433, 479		478	1392	38, 281
767	479, 489	1085	39, 469	1394	50, 54, 64, 92
770	489	1086	39, 376, 461	1395	95, 277
791	46, 413, 433, 450	1087	370	1396	101
815	398, 452	1088	371	1397	57, 103
818	160	1089	379, 465, 473	1398	17
843	414	1090	372, 421	1399	49, 94

ART.	Nᵒˢ DE L'OUVRAGE	ART.	Nᵒˢ DE L'OUVRAGE	ART.	Nᵒˢ DE L'OUVRAGE
1400	38, 141, 143	1499	180, 204, 345, 348	1548	6, 404
1401	39, 145, 149. 212	1500	181, 202, 209, 210	1549	189, 288, 290, 293
1402	145, 150, 343	1501	6		313
1403	148	1502	6, 212, 359	1550	313
1404	151, 152, 206	1503	211	1551	159, 182, 286
1405	151	1504	204	1552	90, 290
1407	150, 151	1505	164	1553	281, 323
1408	151	1507	90	1554	6, 39, 41, 294
1409	153, 396	1508	167	1555	297, 383
1410	49, 154	1509	164	1556	297
1411	153	1510	49, 180, 204, 214,	1557	301
1413	49		268, 346,	1558	94, 281, 298
1414	153	1511	210	1559	281, 299
1415	231	1512	49, 216	1560	6, 39, 295
1416	49	1513	218, 362	1561	396
1418	153	1514	49, 219, 220	1564	320
1419	49, 396	1515	227	1566	357
1421	156, 159	1516	229	1571	289, 290
1422	157, 395, 399	1517	230	1573	422
1424	49	1519	49	1574	280, 322
1426	49, 396	1520	235, 238	1575	276
1427	49, 383	1521	49, 236	1576	42, 324, 326
1428	6, 159, 160	1522	238	1577	325
1429	159, 263	1524	49, 238	1581	329
1430	159, 263	1525	39, 239, 240	1593	302, 515
1431	273	1526	39, 90, 168	1690	84, 89, 441
1434	150, 207	1527	49, 144, 226, 229	1837	39
1435	150, 207, 248, 302	1528	143	1971	443
1436	49	1530	6, 38, 249, 256	2002	516
1437	154	1531	249	2045	294
1438	6, 391	1532	159, 251	2075	88, 89
1439	6, 355	1533	256	2121	156
1440	400, 404	1534	189, 258	2134	87
1441	49	1535	252	2135	49, 63, 91
1448	276	1536	38, 262, 280	2140	33, 49, 318
1450	274	1537	276	2144	49, 305
1453	49	1538	42, 267	2146	87
1470	181, 343	1539	262	2148	87, 624
1471	49	1540	6, 38, 281	2166	63
1472	49, 485	1541	281	2200	441
1474	225	1542	282	2277	407
1483	49	1543	283	2279	270
1492	357	1544	6, 391, 395		
1496	49, 144, 163	1545	398		
1497	38, 143, 174	1546	390		
1498	174, 175, 181, 183	1547	400		
	329				

CODE DE PROCÉDURE

872	72	909	63	1004	294
883	26	997	298		

CODE DE COMMERCE

1	68	69	80	632	68
67	72, 73, 74	447	389	633	68
68	75	560	270, 345, 348, 357		

LOIS ET DÉCRETS

2 thermidor an II	53	21 juin 1875	586
13 brumaire an VII	547, 548, 550, 553	28 août 1875	622 à 624
		27 février 1820	272
22 frimaire an VII	554, 557, 559, 560, 647, 565, 579 à 581, 585, 586, 607	20 juillet 1886	147
		4 mars 1889	389
		24 juin 1889	21
		28 avril 1893	557, 591
28 floréal an VII	88	28 décembre 1895	555
25 ventôse an XI	51, 54, 55, 121	24 décembre 1897	517
24 prairial an XI	53	9 avril 1898	147
21 avril 1810	146	21 avril 1898	147
21 septembre 1810	623 à 625	22 juin 1898	556
28 avril 1816	548, 554, 557, 619	25 août 1898	512, 518, 519, 520, 523, 528, 535
16 juin 1824	550, 554		
18 mai 1850	582, 583, 605	27 juillet 1900	549, 621, 623 à 625
23 mars 1855	156		
24 novembre 1855	622	25 février 1901	573, 589, 592, 618
23 août 1871	553, 584		
28 février 1872	557, 559	27 juin 1904	92
30 mars 1872	555, 556		

TABLE ALPHABÉTIQUE

Force légale, 59 à 63.

Forfait de communauté, 238.

Formes. Solennités, 50 ; force légale, 59 ; publicité générale, 64; publicité commerciale, 67 ; formalités d'exécution, 82 ; contre-lettre, 101 à 105.

Frais. Coutribution, 507 ; contrat, 509 : donation, 510, 511 ; quittance de dot, 514 ; d'action en paiement, 516,

Français. Contrat en pays étranger, 128; devant le consul, 130; mariage à l'étranger sans contrat, 137, 139.

Fraudes. Dettes cachées, 217, 218 : donation déguisée, 365 à 368 ; donation par père et mère, 387, 388.

Garantie. Apport, 218; dot, 400 à 403.

Greffe, 72, 78.

Hollande, 124, 126, 136.

Honoraircs. Règles générales, 506 à 517 ; calcul, 518 à 523 ; apports personnels, 524, 525 ; donations actuelles, 526 à 531 ; donations éventuelles, 532 à 537 ; société, 538 : contre-lettre, 539: résiliation, 540 ; actes d'exécution, 541 à 546,

Hypothèque légale. Restriction, 33, 278, 318 ; transfert, 49 ; date du mariage, 94 ; renonciation par la femme dotale, 305, 317 ; donation au profit de la femme, 495.

Immeubles. Apport en mariage, 343 ; donation, 420, 446,

Imputation de dot, 394, 398, 410 à 414 ; enregistrement, 595.

Inscription hypothécaire, 87, 439; bordereaux, 541 ; droits et salaires, 624 ; certificats, 625.

Institution contractuelle, 454 à 466 ; honoraires d'exécution, 534 à 537 ; enregistrement, 598.

Interdit. Dot à son enfant, 384.

Intérêts de la dot. 404 à 407.

Italie, 124, 126, 129, 135, 136, 139,

Langue, 53.

Lecture, 54, 55,

Loi, personnelle, 123 ; locale, 128, 129.

Lot attaché à valeurs propres, 354.

Mandat. Futurs, 11 ; ascendant, 30.

Mari. Chef de l'association conjugale, 42 ; administration biens

TABLE MÉTHODIQUE DES FORMULES

(Les chiffres renvoient aux pages)

CORRECTIONS

N⁰ 7, ligne 5, lire : En examinant les nombres de contrats de mariage par départements, *en dehors des pays de dotalité*, on remarque...

N⁰ 30, ligne 4, lire : 1⁰ *Pour* les ascendants.

N⁰ 42, ligne 5, lire : Telle serait *l'établissement d'une société entre les époux et un tiers, ou encore* une autorisation.

N⁰ 200. La série est erronée à partir du n⁰ 189.

N⁰ 270, note 4, lire : C. civ., 2279.

N⁰ 341, ligne 4, lire : capitaux lui appartenant, sans emploi ou *avec* charge.

N⁰ 501, ligne 2, lire : des *descendants* et des ascendants.

OUVRAGES DE L'AUTEUR

Dictionnaire de Droit civil, commercial, administratif et de procédure, dans les matières intéressants le Notariat. 4 volumes in-8º, 1890. . . . . **32** fr.

Régime dotal (Le) dans la pratique (droit civil — droit fiscal — formules). In-8º, 1888. . . . . **3 50**

Testaments (traité pratique et formulaire des) et des actes relatifs à leur exécution (2ᵉ édition) In-8º, 1891 . . . . . **4** fr.

Liquidations et Partages de communautés, successions, sociétés, etc. (traité et formulaire). 2 forts volumes in-8º, (2ᵉ édition), 1903. . . . . **20** fr.

Vente d'Immeubles amiables, judiciaires et administratives (traité et formulaire). 2 volumes in-8º, 1894. . . . . . **14** fr.

Code annoté du Notariat. In-18, 1895. . . . . **4** fr.

Coutumes de Normandie sur le voisinage et les servitudes. 1 volume in-18 (2ᵉ édition) 1905. . . . . **5** fr.

Régime hypothécaire (traité pratique du), contenant transcriptions, privilèges, hypothèques, inscriptions, radiations, purges, saisies, ordres, responsabilité des conservateurs, droits fiscaux et salaires, etc., suivi de formules d'inscriptions et de réquisitions de formalités hypothécaires (2ᵉ édition), in-8º, 1898 . . . . **10** fr.

Partages d'Ascendants (traité pratique des) entre-vifs et testamentaires, et des actes qui en dérivent, avec nombreuses formules, 2ᵉ édition, in-8º, 1899 . . . . **7** fr.

Formulaire général du Notariat, dans l'ordre alphabétique avec la législation notariale, des explications théoriques et pratiques sur chacun des actes, un traité du droit fiscal et les honoraires. 4ᵉ édition (2ᵉ tirage), 2 gros vol. in-8º, 1903 **20** fr.

Traité des Droits d'Enregistrement contenant les principes généraux, l'étude des tarifs, le contentieux, la loi du 25 février 1901, et un tarif général alphabétique, in-8º, 1901 . . . **8** fr.

Tarif des Droits d'Enregistrement, avec la loi du 25 février 1901. In-8, 1901. . . . . **1 50**

Déclarations de Successions (manuel-formulaire), 5ᵉ édition revue et augmentée, vol. in-8º, 1901 . . . . **4** fr.

Inventaires (traité pratique et formulaire des) de communautés, successions et autres, avec les honoraires et les droits fiscaux (3ᵉ édition), 1 volume in-8º, 1904 . . . . **5** fr.

Rennes — Imp. L. EDONEUR, 10, Place du Palais